古典文獻研究輯刊

三五編

潘美月・杜潔祥 主編

第 23 冊

清儒周永年研究

尹 承 著

國家圖書館出版品預行編目資料

清儒周永年研究／尹承 著 -- 初版 -- 新北市：花木蘭文化事
業有限公司，2022〔民111〕
目 6+206 面；19×26 公分
（古典文獻研究輯刊 三五編；第 23 冊）
ISBN 978-626-344-125-5（精裝）
1.CST：（清）周永年 2.CST：傳記 3.CST：學術思想
011.08   111010311

ISBN-978-626-344-125-5

9 786263 441255

古典文獻研究輯刊
三五編　第二三冊　　　　　ISBN：978-626-344-125-5

清儒周永年研究

作　者　尹承
主　編　潘美月、杜潔祥
總 編 輯　杜潔祥
副總編輯　楊嘉樂
編輯主任　許郁翎
編　輯　張雅淋、潘玟靜、劉子瑄　美術編輯　陳逸婷
出　版　花木蘭文化事業有限公司
發 行 人　高小娟
聯絡地址　235 新北市中和區中安街七二號十三樓
　　　　　電話：02-2923-1455／傳真：02-2923-1452
網　址　http://www.huamulan.tw 信箱 service@huamulans.com
印　刷　普羅文化出版廣告事業
初　版　2022 年 9 月
定　價　三五編 39 冊（精裝）新台幣 98,000 元

清儒周永年研究

尹承 著

作者簡介

尹承，1984 年出生，山東濟南人，山東大學歷史學博士（2015 年），現為山東師範大學歷史文化學院講師，主要研究領域為唐宋禮制、文獻學。

提　　要

　　本書是清代學者周永年（1730 ～ 1791）的文集與年譜合訂本。周氏為乾隆時期山東歷城人，四庫全書纂修的重要參與者。他提出的「儒藏說」，被認為有相當重要的時代意義，並深刻影響到了當代的古籍文獻整理活動。本書上編為《林汲山房遺文》及從各處搜集的周氏文章匯為補遺，各文於所涉及的史事、人物、文獻等擇要施以箋注；下編為《周林汲先生年譜》，將有關周氏生平的資料分年綴繫。

畫像

桑梓之遺　周書昌致李
　　　　　南澗手札

藍下今學愚弟周永年謹頓首奉書
苾蕘大兄先生蓋室初七日得接手示備悉一切
伯母夫人大故弟不能親赴吊唁至今耿耿求礼云云
益增罪疚矣　三兄病幸而更生然亦危矣
大寒之齊恐不可多眼積熱發作大抵保參附
之毒但以解毒之藥與之如廿豆濁之類富自愈
寒劑久眼恐又變他症語云不藥得中醫不可
不慎也
大兄左體不仁或苦吹受濕所致亦宜善為調理歷乘
一事過蒙獎惜但謝陋愧不足以任之吾
兄苦能來弟當盡出所有之書以供採擇耳儀禮一經數

年來粗涉數過苦不能記憶其辭何云深乎然
覆讀他經似似暑見端緒竊意此書乃周禮之傳而
戴記之經也惜向來無誦讀之功致力為難耳
敖氏集說雅而藏本然初讀但以鄭注為
主而參以賈疏再佐以楊氏之圖足矣顏敬本諸
家紛挐之說且勿及之可也　三兄病如大愈更
祈示知為慰
蕙著諸城志初見惠一刻本近中想無暇及此不必改
本也匆々不盡統惟
原鑑冬至前二日永年戴頓拜具

手札

文昌閣記

海內士大夫閒不修文昌之祀相傳鄉會試輙步進退皆神主之
故奉事蔡嚴或以此為世道汚之侮慢不足信也一曰竹塊菱谷
之文辦矢而其考核尚有未盡者周官大宗伯以橝燎祀司中司
命注先鄭云司命文昌宮星康成則謂司中司命文昌第五星第
四星也文昌之祀之掌於春官者也小司冦孟冬祀司民獻民數
于王注司民星名謂軒轅角于祀司民而獻民數重民也司民掌
登萬民之數及三年大比此王拜受之登于天府注先鄭云文昌宮
三曰䰠屬軒轅角相興為骭近文昌為司命次司中次司祿次司民

書影一

儒藏說

歷城周永年書昌

書籍者所以載道紀事益人神智者也自漢以來購

書藏書其說甚詳官私之藏著錄亦不為不多然未

有久而不散者則以藏之一地不能藏於天下藏之

一時不能藏於萬世也明侯官曹氏學佺欲仿二氏

為儒藏庶免二者之患矣蓋天下之物未有私之而

可以常據公之而不能久存者然曹氏雖倡此議探

顯本就今不揣譾劣願與海內同人共府斯任務俾

古人著述之可傳者自今永無散失以與天下萬

一在和吳氏

書影二

目

次

凡　例

　　一、本書係清代學者周永年（1730～1791）的文集與年譜合編，文集包含周氏裔孫所編《林汲山房遺文》及散見他書的文章，年譜係已刊的《周林汲先生年譜》及其補正文字。

　　二、《林汲山房遺文》係以上海古籍出版社《續修四庫全書》影印的清抄本為底本，參校了上海古籍出版社《清代詩文集彙編》影印的另一個清抄本，二者係出同源，差別微小。

　　三、《林汲山房遺文》之外的補遺篇章，大致按類排列，與《遺文》一起擇要施以校箋。

　　四、年譜部分是對已刊的《周林汲先生年譜》及其補正文字的合編與改寫。

上編：林汲山房遺文校箋補遺

林汲山房遺文

歷城東嶽廟文昌閣記〔1〕

　　海內士大夫罔不修文昌之祀。相傳鄉會試黜陟進退，胥神主之，故奉事綦嚴。或以為此道流之傅會，不足信也。予曰：竹垞、蓼谷之文辨矣，〔2〕而其考核尚有未盡者。《周官》大宗伯「以槱燎祀司中、司命」，注先鄭云：「司命，文昌宮星。」康成則謂：「司中、司命，文昌第五、第四星。」此文昌之祀之掌於春官者也。小司寇「孟冬祀司民，獻民數於王」，注：「司民，星名，謂軒轅角。於祀司民而獻民數，重民也。」司民「掌登萬民之數，及三年大比，王拜受之，登於天府」，注先鄭云：「文昌宮三台，〔3〕屬軒轅角，相與為體。近文昌為司命，次司中，次司祿，次司民。」疏謂：「三年大比，年年民數皆有增減。」此祀文昌以獻民數之掌於秋官者也。《地官‧鄉大夫》：「三年則大比，考其德行道藝，而興賢者、能者。厥明，鄉老及鄉大夫群吏，獻賢能之書於王。王再拜受之，登於天府。」注司農云：「興賢、能，若今舉孝廉、茂才。」夫三年大比而獻民數，其中賢者、能者久別異而書於鄉師、黨正矣。豈獻民數則告於神，而獻賢能之書反不告乎？其於經即無明文，而可比類以得之。司民之神，先後鄭注互異。而軒轅角與文昌相近，則謂文昌六星與軒轅角，大民小民之星共司其事可也。然則道家之說實昉於此，而非出於傅會。至於一十七世為士大夫，身事近忽怳。然謂在周為張仲，以孝友之人上配文

－1－

昌之星，而因以主士子之予奪，與《周官》「六德」、「六行」之教，幽明正相表裏，此即五行之神配以五人帝之義，而其理固章章不可誣也。吾邑南門外舊有東嶽廟，大殿之右有文昌殿。道士胡常喜謀移建於民隅，邑人士醵金成之。吾友楊子果亭致書來索予文。〔4〕因即竹垞、蓼谷之說而更考之，以著於碑。

【校箋】

〔1〕本文原題「文昌閣記」，又載毛承霖修、趙文運等纂（民國）《續修歷城縣志》卷三二《金石考》二，係據碑文過錄。今用碑文原題。碑文前款：「賜進士出身翰林院編修邑人周永年撰，賜同進士出身長山縣訓導曲阜桂馥書。」後載：「乾隆五十有六年辛亥春二月成。刻者楊敬，時年七十七。」碑高二尺零三分，橫四尺三寸，文三十六行，行十八字，字徑九分，八分書。在東嶽廟文昌閣。今已不存。

〔2〕文昌宮三台「台」字，阮元校刻《十三經注疏》本《周禮注疏》作「能」。

〔3〕所謂「竹垞、蓼谷之文」，謂朱彝尊（1629～1709）《曝書亭集》卷六九之《開化寺碑》，其文云：「摶土以為神，傅以彩飾，綠衣烏幘，兩童子夾侍，縶白馬於前，曰文昌之像者，古有之乎？吾不得而知也。築室以為宮，刻梲丹楹，旁三門，門三塗，若王者之居，以棲文章之神，號為帝君者，古有之乎？吾不得而知也。然則文昌之祀，非與？曰：何可非也。司馬遷《天官書》斗魁戴筐六星為文昌，一曰上將，二曰次將，三曰貴相，四曰司命，五曰司中，六曰司祿。班固《漢志》謂五曰司祿，六曰司災。《晉志》則謂四曰司祿，五曰司命，六曰司寇。此文昌之名也。《書》曰『禋於六宗』，孟康以為星、辰、風伯、雨師、司中、司命。《周禮·大宗伯》『以槱燎祀司中司命』，《小宗伯》『兆四類於郊』，《月令》『季冬之月，畢祀天之神祇』，鄭康成謂：『司中司命與焉。《漢律》曰：祠祀司命。」此祀文昌之見於傳記者也。若今帝君之名，特出於道士之說，謂士之以文進者，其姓字悉書之，帝君得以進退其柄。由是海內爭祠之，至徙其像學官，與孔子並居。噫，亦甚矣！道書稱帝君之神屢降於世，必為王侯將相，其可知者，在周為張仲，在晉為涼王呂光，五代為蜀主孟昶。予嘗怪其說，以為帝君既能以文化成天下，其降生之人，宜有迴異下土之才，闡天地之大文，以垂教於世。乃張仲者，世遠勿論，若昶之所能，僅聞打球走馬而已。至呂光者，史譏其不好讀書，則於義何居焉？吾知之矣。古之祀文昌者，司中、司命。而今之號為帝君者，蓋司祿也。世之享厚祿者，不皆善文之人。則司祿亦無事

於文矣。使夫天下之士，才者不必祿、祿者不必其才，則帝君進退之權，不已重乎？雖然，其祀於學官則舛也。原道士之說，所以誇大帝君者，不過欲撼我孔子焉爾。彼謂詩書雖孔子之教，若富貴利達則皆帝君司之，孔子不與焉。陋儒不察於理，遂徙而祠之學官。神之靈豈妥於是哉？開化寺者，大同之士人別築以奉所謂帝君者也。其堂室之制，不庳不侈，視世之崇祀者，不改於度，宜神之妥於是焉。予悲夫世之人狥道士之說，未暇究文昌之名義，又感流俗並祀學官之非，而大同之人獨得也。既為之文，復綴以詩，曰：倬彼文昌，帝車之次。觀象於天，戴筐是似。稽古肇祀，司命司中。維今之人，司祿是崇。有嚴頖宮，釋奠孔子。雜祭於祊，匪國之紀。懿彼塞垣，誕啟大局。為堂為阺，殖殖其庭。祀典既一，牲醪孔時。佑我髦士，受祿於斯。先民有言，禮失在野。我作此詩，敢告來者。」文後自識：「按武陵太守《星傳》，三台一曰司命，二曰司中，三曰司祿。《星經》又云：司命二星在虛北，司祿二星在司命北，司危二星在司祿北，司中二星在司危北。蓋四司鬼官之長。《祭法》『王為群姓立七祀，諸侯五祀，其一曰司命』，鄭康成以為小神，居人之間，司察小過，作譴告者。熊安生亦曰，非天之司命，故祭於宮中也。漢制，掌之荊巫。應劭云：『刻木長尺二寸為人像，行者置篋中，居者別作小屋，祠以春秋之月。』而屈平作《九歌》，分司命為二。疑所謂少司命者，即《星經》所云，故其辭多近《山鬼》，而大司命之辭曰『廣開兮天門』，又曰『乘清氣兮御陰陽』。斯則文昌之第四星也。」胡德琳修、李文藻等纂（乾隆）《歷城縣志》卷四〇《列傳·文苑》：「王苹字秋史，號蓼谷，其先臨山衛人。父鉞，官江南上元後衛守備，始徙於縣。苹性孝好讀書，負才落拓，視鄉里人無當意者，鄉里人群起而謏之，自信乃益堅。德州田雯過歷下，見其詩，物色之，遂補諸生。雯稱於巡撫張鵬，延見講布衣之好。顧終以坎壈而詩益骯髒有奇氣。所居草堂為明大學士殷士儋別業，在望水泉上，頗擅水樹之勝。苹吟哦其間，有『黃葉林間自著書』句，新城王士正絕愛之，呼為王黃葉。名藉甚，嘗曰：『吾受知於新城、德州兩先生，而與蓮洋為友，雖不遇何傷。』蓮洋謂吳雯也。康熙四十五年成進士，例當作縣令，以母老就成山衛教授，年已五十餘矣。成山瀕海僻陋，苹載書往，集諸生，日夕講論，人始知學。居歲餘，以道險難迎養，投牒歸。白頭侍母，孺慕若少時。人尤加敬焉。某年卒，年如干。苹詩本性靈，而慷慨悲歌，一往蕭槭，亦善運故實。刻於文登于氏。文雅潔有義法，駢體尤工，手定四巨冊，格在其詩之上。惜無為刊行者。」其文檢乾隆胡德琳刻王苹《蓼村集》未見，

俟考。

〔4〕（民國）《續修歷城縣志》卷四一《列傳三·文苑》：「楊龍泉字果亭，幼穎悟，
能文章。年十六，應童子試，屢冠其曹，聲譽大起。時錢塘桑調元以碩德夙學
來主濼源講席，從遊之士，皆一時鴻俊。然理法兼到，學養深醇，以制藝擅長，
無出龍泉右者。而龍泉故不售，數益奇，文亦益工。教授鄉里，誘掖後進，如
恐不及。四方學者，皆願執贄。弟子之掇巍科登高第者纍纍也。性好結納遇文
士，相投一語之合，披瀝肝膽，不屑屑於曲謹小廉。乃竟以此株連被棄。久之，
肅寧陳廷傑來守郡，夙耳龍泉名，下車即為延訪，強之應試，復以第一人為博
士第子員。時嘉慶二年，年已周甲。六年，遂膺鄉薦。明年，赴禮部試，遇疾
歸里卒。有《如圃文稿》若干卷，藏於家。」

盛秦川先生六十壽序〔1〕

　　先王之道自有其大全，而拘墟者，輒不能相通。見內者非外，見外者非
內，於是儒墨孔老，不勝異同之譏。《易傳》曰：「天下同歸而殊塗，一致而百
慮。」聖人之論，何嘗分疆而畫界乎？自是以後，惟莊生《天下篇》及司馬公
之《自序》，班氏之志藝文，綜論道術，波異水同。比而觀之，內聖外王之旨，
其不遠矣。余友秀水盛秦川先生，生於秦，長於齊於粵，宦學於齊魯，所至之
地，必與其賢士大夫遊，擇其長而取之，始也為詞章之學，既而為陰陽術數
之學，又既而為名法經濟之學，務為深博，各極其致。閱歷既久，有會於同歸
一致之理。又喜觀二氏書，偶有著述，若朱子之託名於空同道士，自署為雲
臺真逸者，不啻身親遇之。故與先生遊者，愛其詞章，則曰詩人也、文人也；
聞其宦跡，則曰能吏也、循吏也；聽其議論之宏肆，則曰先生實負經濟才。此
尚無深知之者。讀其《尚書釋天》及《筆談》、《續筆談》諸書，〔2〕則曰先生
其今之僧一行、沈存中、郭守敬、洪容齋乎！或以問於余。余曰：是皆得先生
之似者。余交於先生二十年矣，先生自言少在嶺南受濕氣，體甚弱。三十以
後，斷酒服蒼朮數年。至四十以後，體反勝前。余嘗見其掩關卻掃，觀鼻端之
白，守中黃之氣，夢寐之中，時與神明遇，而亦不自以為得也。《內經素問》
及老莊之書，每言古之真人、至人，若先生者，非其流亞歟。蓋內聖外王之
道，秦漢以來諸儒，各守其一偏者，吾於先生庶幾觀其會通而得所依歸也。
精者以治身，緒餘以治國家，一以貫之而已，紛紛之論何多歧為！己亥春仲，
為先生六十覽揆之辰，因書一時問答之語以侑觴焉。

【校箋】

〔1〕本文作於乾隆四十四年（1779）。二十五年（1760），盛百二（1720～？）遊濟南，先生始與結識。王培荀《鄉園憶舊錄》卷三：「秀水盛百二，字秦川。丙子孝廉，官淄川令。博覽載籍，善於考證，所著書如《周禮句解》、《尚書釋天》、《柚堂筆談》、《續筆談》、《棣華樂府》，皆刊行傳世。其孫世綺言未刻者尚多也。有《題邱氏古樹》云：『松柏參為友，於今六百春。宅為傳一姓，樹肯屬他人？苦節風霜飽，青枝雨露新。東皋他日約，試一訪輪囷。』先生與先王父交善。主灤源書院，一時名流，多所賞拔。」（道光）《濟南府志》卷三八《宦跡六》：「盛百二，字秦川，浙江秀水人。舉人，乾隆三十三年知淄川縣，慈祥寬厚，蒲鞭示辱。退食之暇，不離書史，以文學為政事，有《般陽書院記》，以丁憂去。」李銘皖等修、馮桂芬纂（同治）《蘇州府志》卷一一二《流寓二》：「盛百二字秦川，秀水人。乾隆丙子舉人，官淄川知縣。百二精研六經，陸中丞燿聘主山東任城書院，曾館黎里陳氏。」

〔2〕程晉芳《勉行堂文集》卷五《尚書釋天跋》：「此吾友盛秦川所撰也。凡為書六卷，專釋堯命羲和及《洪範》數則，取古今成說而折衷之。吾友戴東原精於推步儀象，嘗取是書觀之再三，歎為精到不可易。六經之書，《易》之體段最精，《書》之體段最大，天文、輿地尤典據中最要者。此書與胡氏《錐指》分道揚鑣矣。秦川名百二，秀水舉人，作令於山東，今不復仕。教授歷城，所謂讀書種子是也。」

吳虛白先生八十雙壽序〔1〕

　　《周官》之制，五宗為比，比有比長。五比為閭，閭有閭師。自是而遞上之，為黨正，為族師，為鄉大夫：莫不精其選於鄰里鄉黨之間，而人材之盛，迥非後世所能及。降及兩漢，此義猶存，令、長雖非本地之人，而蒞任以後，必遴其屬內之賢且材者，任為丞尉掾曹，故事無不舉，而材無或匿。唐宋以來，此制浸變，然杜少陵之依嚴武，韓昌黎之在汴州，皆幕職也。范文正經略關中，而尹師魯、梅聖俞之流，幕中賓客皆極天下之選，而其人亦各有以自樹於古今之際。元及明初，猶不盡拘於科目。其以吏出身者，往往為一代名臣，若張養浩、況鍾，〔2〕尤其表之者也。斯亦幕官之遺，而其制因酌乎漢唐之間，而參用之者也。明之中葉，用人始盡出於科目，而此意浸失矣。我朝右文稽古，作人之化，遠符三代，而督撫藩臬，往往延攬賢豪以自佐。若魏伯

子、陸桴亭、朱錫鬯、邵子湘、沈白樓諸先生，道德、經濟、文章豈拘守八比、濫取青紫者所可及乎？而今又得之誥封朝議大夫、吏部稽勳司郎中吳虛白先生。先生石門諸生，家世貴盛。弱冠補博士弟子員，屢受知於聊城鄧少宗伯，[3] 尤有國士之目。乃己酉、壬子倖得，而後失之，因絕意名場，益肆力於經史古文。當事者重其學，乃爭延致之。由是西至秦，南至閩，若安徽、江蘇、山東西、湖南北，遊蹤殆遍。曾一主閩中講席，勖多士以通經學古，從遊者多所成就。所至皆交其賢豪，而與諸城王木舟太史交最深。[4] 凡地方有飢饉之災，賑給之事，晝夜殫心。防吏胥之侵欺，察惸獨之苦孤，全活不可勝算。德配誥封恭人董太恭人，吳興望族。少穎慧，父南石先生授以《孝經》、《論語》，[5] 能通大意，兼工聲韻、尺牘之學。雖中外姻族皆貴顯，而絕無綺羅之習。於歸後，佐夫子事徐太安人，婉娩聽從，能得歡心。虛白先生客遊之時，多太恭人綜覈家政，訓誨子女，事事得其大體。嗣君初恬同年，[6] 辛卯進士，登第後，皇上簡置詞館，既而察其材，復改官西曹，政聲籍甚，屢書上考，卿貳在指顧間。今歲夏秋間為兩老人八十誕辰，某某等以年家猶子，謀制文為壽。浙東、西士大夫之官於朝者皆曰：先生學問、文章，蓋錫鬯、子湘之流亞。雖未大顯於時，而其利人濟物，德之所施者溥矣。然則初恬之持身、服官，卓然不同於流俗，蓋有所自來，而所以光顯其親者，在今日特始基之云爾。聞兩老人雖年躋大耋，而精神、步履不異四五十歲人。後此福祿之臻，正未可涯量。某某等異日或得拜杖履於湖山之間，進百歲之觴，當更為祝嘏之詞，以就正於有道焉。

【校箋】

〔1〕余麗元修、譚逢仕等纂（光緒）《石門縣志》卷八《義行列傳》：「吳日燴，字自韜，號虛白，增廣生。生平敦尚氣節，不苟言笑。邑人素所敬服。好學能文，十赴鄉闈，旋以母老家貧，遂擯舉業。遊學閩江，所至多善事。歲得脩脯除上供養贍、延師課子外，不肯妄用一文。遇親族有貧不能婚葬者，輒出己資經理，毫無吝色。即邑之廩生鍾君名綺者嘗款於家延師課讀，俾虛心勉學，早列宮庠，旋即食餼，皆燴有以成之也。後雖年屆九旬，猶勤於學。凡遇邑中善事，必踊躍贊成，至今猶藉藉人口。」

〔2〕宋濂等《元史》卷一七五《張養浩傳》：「張養浩字希孟，濟南人，幼有行義，嘗出，遇人有遺楮幣於途者，其人已去，追而還之。年方十歲，讀書不輟，父母憂其過勤而止之，養浩晝則默誦，夜則閉戶，張燈竊讀。山東按察使焦遂聞

之，薦為東平學正。遊京師，獻書於平章不忽木，大奇之，辟為禮部令史，仍薦入御史臺。一日病，不忽木親至其家問疾，四顧壁立，歎曰：『此真臺掾也。』及為丞相掾，選授堂邑縣尹。人言官舍不利，居無免者，竟居之。首毀淫祠三十餘所，罷舊盜之朔望參者，曰：『彼皆良民，飢寒所迫，不得已而為盜耳；既加之以刑，猶以盜目之，是絕其自新之路也。』眾盜感泣，互相戒曰：『毋負張公。』有李虎者，嘗殺人，其黨暴戾為害，民不堪命，舊尹莫敢誰問。養浩至，盡置諸法，民甚快之。去官十年，猶為立碑頌德。仁宗在東宮，召為司經，未至，改文學，拜監察御史。初，議立尚書省，養浩言其不便；既立，又言變法亂政，將禍天下。臺臣抑而不聞，乃揚言曰：『昔桑哥用事，臺臣不言，後幾不免。今御史既言，又不以聞，臺將安用！』時武宗將親祀南郊，不豫，遣大臣代祀，風忽大起，人多凍死。養浩於祀所揚言曰：『代祀非人，故天示之變。』大違時相意。時省臣奏用臺臣，養浩歎曰：『尉專捕盜，縱不稱職，使盜自選可乎？』遂疏時政萬餘言：一曰賞賜太侈，二曰刑禁太疏，三曰名爵太輕，四曰臺綱太弱，五曰土木太盛，六曰號令太浮，七曰幸門太多，八曰風俗太靡，九曰異端太橫，十曰取相之術太寬。言皆切直，當國者不能容。遂除翰林待制，復搆以罪罷之，戒省臺勿復用。養浩恐及禍，乃變姓名遁去。尚書省罷，始召為右司都事。在堂邑時，其縣達魯花赤嘗與之有隙，時方求選，養浩為白宰相，授以美職。遷翰林直學士，改秘書少監。延祐初，設進士科，遂以禮部侍郎知貢舉，進士詣謁，皆不納，但使人戒之曰：『諸君子但思報效，奚勞謝為！』擢陝西行臺治書侍御史，改右司郎中，拜禮部尚書。英宗即位，命參議中書省事，會元夕，帝欲於內庭張燈為鰲山，即上疏於左丞相拜住。拜住袖其疏入諫，其略曰：『世祖臨御三十餘年，每值元夕，閭閻之間，燈火亦禁；況闕庭之嚴，宮掖之邃，尤當戒慎。今燈山之搆，臣以為所玩者小，所繫者大；所樂者淺，所患者深。伏願以崇儉慮遠為法，以喜奢樂近為戒。』帝大怒，既覽而喜曰：『非張希孟不敢言。』即罷之，仍賜尚服金織幣一、帛一，以旌其直。後以父老，棄官歸養，召為吏部尚書，不拜。丁父憂，未終喪，復以吏部尚書召，力辭不起。泰定元年，以太子詹事丞兼經筵說書召，又辭；改淮東廉訪使，進翰林學士，皆不赴。天曆二年，關中大旱，饑民相食，特拜陝西行臺中丞。既聞命，即散其家之所有與鄉里貧乏者，登車就道。遇餓者則賑之，死者則葬之。道經華山，禱雨於岳祠，泣拜不能起，天忽陰翳，一雨二日。及到官，復禱於社壇，大雨如注，水三尺乃止，禾黍自生，秦人大喜。時斗米

直十三緡，民持鈔出糴，稍昏即不用，詣庫換易，則豪猾黨蔽，易十與五，累日不可得，民大困。乃檢庫中未毀昏鈔文可驗者，得一千八十五萬五千餘緡，悉以印記其背，又刻十貫、伍貫為券，給散貧乏，命米商視印記出糴，詣庫驗數以易之，於是吏弊不敢行。又率富民出粟，因上章請行納粟補官之令。聞民間有殺子以奉母者，為之大慟，出私錢以濟之。到官四月，未嘗家居，止宿公署，夜則禱於天，晝則出賑饑民，終日無少怠。每一念至，即撫膺痛哭，遂得疾不起，卒年六十。關中之人，哀之如失父母。至順二年，贈據誠宣惠功臣、榮祿大夫、陝西等處行中書省平章政事、柱國，追封濱國公，謚文忠。」張廷玉等《明史》卷一六一《況鍾傳》：「況鍾，字伯律，靖安人。初以吏事尚書呂震，奇其才，薦授儀制司主事。遷郎中。宣德五年，帝以郡守多不稱職，會蘇州等九府缺，皆雄劇地，命部、院臣舉其屬之廉能者補之。鍾用尚書蹇義、胡濙等薦，擢知蘇州，賜敕以遣之。……正統六年，秩滿當遷，部民二萬餘人，走訴巡按御史張文昌，乞再任。詔進正三品俸，仍視府事。明年十二月卒於官。吏民聚哭，為立祠。鍾剛正廉潔，孜孜愛民，前後守蘇者莫能及。鍾之後李從智、朱勝相繼知蘇州，咸奉敕從事，然敕書委寄不如鍾矣。」

〔3〕豫咸修、葉錫麟等纂（宣統）《聊城縣志》卷八《人物志》：「鄧鍾岳，字東長，號悔廬，基哲子。賦質端厚，穎敏過人。於書無所不讀，尤邃於《易》《禮》。康熙四十七年，舉順天鄉試。六十年，登進士一甲第一，入翰林。雍正元年，充江南副考官。道丁內艱。四年，起任江蘇學政，刊《近思錄》《白鹿洞規》等書訓士。七年，以少詹學士任廣東學政，旋遷內閣學士、兼禮部侍郎。屏謝一切供頓舊習。依程氏《分年讀書法》令諸生治經，各置一簿，朔望會講，互相討論。治一經畢，教官以名聞。按試時，面叩之。至今粵人頌學政者，必為稱首。十一年，遷禮部右侍郎，充《一統志》總裁。轉左侍郎。尋降太常卿，考定樂章。奏請下府州縣學校祭禮樂器、舞蹈、節奏，當一依太常法贊奏。又以《周易》當依十二篇古本出題，不得經傳合併。又論政治之要在正風俗，上並嘉納之。乾隆元年，督浙江學政。先是，以奏對不稱降級待補。到浙，始補通政司參議。四年，再留學政任。七年，仍晉禮部右侍郎。九年，轉左。甲子、丁卯，兩充江南正考官。十三年，扈從聖駕東巡，請增祀復聖顏子分獻樂章。夏，以疾致仕。鍾岳操行方正，不為苟同。所薦舉如左都御史梅毅成、通政使雷鋐，皆當世正人。父病，惡聞煙草氣，遂終身不忍御。待諸弟甚摯，督課亦不少寬。在浙江時，嘗訓諸生以『恥為羞惡之本；干謁標榜、頌辭連篇，或因

細故，骨肉成隙，恥何在焉？能於《小學外篇》逐條體認，自然心平氣和矣』。又云：『學孔子而不由朱子，猶捨車登陸也。』每試事暇，詣同年陸奎勳論《易》，至日夕忘倦。卒年七十有四。著有《知非錄》一卷、《寒香閣詩集》四卷《文集》四卷。」

〔4〕宮懋讓修、李文藻纂（乾隆）《諸城縣志》卷三六《列傳・文苑》：「王中孚，字木舟，四歲學切韻，能辨五聲，人號為神童。父燾，舉於鄉，有經術。攜中孚遊京師，與桐城方苞交。苞過燾寓舍見之，叩以九經，皆成誦。時苞方修三禮義疏，中孚因舉禮經疑義十餘條相質，苞大驚，為延譽。中孚年始十二也。十四應童子試，學使徐鐸奇其文，更試以詩，立成三首，遂補諸生第一。每試皆冠其曹。乾隆九年，年十八，舉鄉試第四。明年，會試後，詔選逸卷明通者，授教職，中孚與焉。以年少不就而歸。父母相繼沒，家貧甚，哀毀勞勤。遘危疾，臥床褥者年餘，幾不起。病癒則妻馬弟中夏覆沒。中孚數遭艱困，而自命益堅。二十五年中會試第一成進士。改庶吉士，授編修。二十七年，為河南副考官。榜發，喧傳梁園四才子，皆在前十人中。覆命，蒙問沿途賑饑狀，對甚悉。溫旨獎諭。俄奔祖父喪，哀感行路。酒肉蔬果不入口。既葬，已柴立矣。遂卒，年三十七。中孚資稟清粹，望之翛然如鶴，而意度深沉，有志略。早年為文橫肆，晚歸醇潔，似曾王。詩好為歌行大篇，嘗曰：『為詩如作史，須兼才學識三者。日取風花雪月數十字顛倒之，雖工不足傳也。』卒之夕，遺命用柳棺凶服斂。天下學者痛惜之。」沈廷芳《隱拙齋集》卷二五《周生詩》詩末稱「君不見六上春官王木洲」。參本書下編年譜乾隆二十四年末條。

〔5〕董浩，字扶搖，初名南鵬，字翰飛，號南谷。與族兄南江董煥齊名，時號「二南」。康熙庚子（五十九年，1720）舉人，以外孫吳震起官贈朝議大夫。〔註1〕

〔6〕（光緒）《石門縣志》卷八《政績列傳》：「吳震起，字省吾，父曰燴，有至行，嘗葬族人十三櫬，並捐田以供祭掃。震起明敏力學，以優行貢成均，登乾隆辛卯進士。由翰林改授刑部主事，歷員外郎，披覽積案，反覆推求，不數月而塵牘一空。陞吏部郎中，亦以勤慎稱。」及阮元《兩浙輶軒錄補遺》卷六：「吳震起，字省吾，一字初恬，石門人。乾隆辛卯進士，官吏部郎中。」

鄭母江太恭人八十壽序

古之碩儒、名臣，功建於當世，聲施於奕葉者，莫不本乎先德之深厚，

〔註1〕龔肇智：《嘉興明清望族疏證》下，北京：方志出版社，2011年，第910頁。

而又多有賢母之教，足以勖其學行而督之成立。歷考往牒，若晉之陶潛，唐之王珪、柳仲郢、宋之寇準、歐陽修，何可僂指數？而我國家崇修陰教，降德兆民。溥海內外，閭閻之間，閨門之內，往往以懿淑著稱，上達乎宸聰而流芳於彤史。我皇上御極以來，如博野尹公之母李太夫人，親荷御筆賜之匾聯，〔1〕朝野歆羨以為榮。斯固曠古之異數也。其在今日，則有舊觀察濟東泰武、今調兩淮鹽運使鄭公之母江太恭人實相繼而足以媲美者矣。〔2〕太恭人生於名門，迨於歸贈中憲大夫養性公之後，〔3〕時姑氏春秋高矣，太恭人雖初鳴即盥，饋問起居。治膳飲必謹，人胥稱其孝。養性公嗜讀書，每漏鼓三下，猶挑燈不輟，太恭人紡績以佐之，人胥稱其恭。迨丸熊畫荻以課觀察，勤苦視養性公在日為更劇，又莫不頌其以慈母而兼嚴師也。及觀察成進士釋褐之後，歷官皆有治聲，屢擢至分職。先是，官於北直通遠，不能迎養。丁丑之夏，奉制府使入朝，皇上詢問官守，兼及家世，觀察一一奏對，遂蒙溫諭：「有弟在家侍養，便可安心供職。」夫王事靡盬，不遑將母。古者，臣之心事不敢自言，而上代為之言。說者曰，無私恩非孝子也，無公義非忠臣也。不以私恩害公義者，純臣之心，而上之人乃略分而言情。形諸歌詠，被之絃管，士君子每執簡慨慕，恨不生逢其時。今皇上之慰觀察者，何異於古聖王之待其臣哉。此固觀察之攷歷勤勞，有以上邀主知，而亦太恭人明訓有素，故觀察能移孝作忠，蒙天語之諄懇如此其至也。今歲嘉平之月，太恭人年開八秩，僚屬咸乞余言以佐壽觴。餘習於觀察，素聞太恭人淑慎之德，不但為里閈之圭臬，而實可為遐邇之儀型。乃果蒙聖天子清問及之，且以勉觀察之供職。斯其遭逢，信足嗣音乎尹母，而史籍所稱若陶母諸人，又何遽多讓也哉？抑余聞曾子之論孝也，以能成其親之名為大。觀察既以才德簡在帝心，嗣是以後，必將歷旬宣登臺輔，以翊贊乎王化，而為一代不數覯之人。斯乃顯親揚名之實，而所以壽太恭人於無窮者。世俗之所謂富貴壽考，蓋猶不足以盡之也。爰書之以為序。

【校箋】

〔1〕趙爾巽等《清史稿》卷五〇八《列女一》：「尹公弼妻李，博野人。公弼早卒，家貧，舅姑老，父母衰病，無子。養生送死。拮据黽勉。教子會一有法度，通籍，出為襄陽府知府，李就養。雨暘不時，必躬自跽禱，禳疫驅蝗亦如之。冬寒，民六十以上，量予布帛。襄陽民德之，為建賢母堂。李賦詩辭之，不能止。會一移揚州府知府，揚州俗奢，李為作《女訓》十二章，教以儉。累遷河南巡

撫，所至節俸錢，畀高年布帛，周貧民，佐軍餉，皆以母命為之。民間輒為立生祠，如在襄陽時。會一內擢左副都御史，李以疾不能入京師，陳情歸養。復以母命，里塾社倉次第設置。居數年，高宗賜詩嘉許，榜所居堂曰『荻訓松齡』。」

〔2〕《清史稿》卷三二四《鄭大進傳》：「鄭大進字退谷，廣東揭陽人。乾隆元年進士。授直隸肥鄉知縣。累遷山東濟東道。二十九年，山東淫雨，高唐、茌平諸縣水漲阻道。大進相度宣洩，水不為患。巡撫崔應階薦其能，遷兩淮鹽運使。三十六年，丁父憂，去官。……加太子少傅。卒，賜祭葬，諡勤恪。」

〔3〕周碩勳修纂（乾隆）《潮州府志》卷二九《人物·文苑》：「鄭養性，字舜齋，揭陽人。性孝友，積學篤行，康熙辛丑、壬寅，吳門惠公士奇督學嶺南，崇尚經術，養性以所注《周禮》《左氏》等書呈之，士奇謂為開風氣之先。為文經營慘淡，法律甚細，而持躬嚴正，亦如之。」

李母張太孺人八十壽序

余家自國朝定鼎之初，始由長清遷居歷下。先曾祖僅昆季二人，而女兄弟則倍之。一時聯姻多豪族，而東門內之李為尤著。余猶憶少時，歲時節序從先君子後，拜見曾姑祖與諸表祖、表祖母。其時，曾姑祖已年將九十，諸子婦亦皆六七十歲人，白髮蒼顏，侍立唯謹。故雖居城市之中，而家庭之間，不啻遊杞菊之谷，逢耆英之會。蓋其家自上世以來，世守耕讀，咸以才猷起家掾吏，名登士籍。諸孫及外孫，或列膠庠、登賢書。而宅舍之寬廣，門戶之區別，人丁之繁衍，又未有過之者，故咸推為一方著姓。然數十年來，隆者漸替，富者漸貧。歲在乙巳，余自京師歸來，訪問戚友之家，則多易其故居，求之而不知所在。惟李氏諸表兄弟，不惟能守其世宅，而且高其閈閎，飭其屋宇，丹漆黝堊，煥若新居。一門之內，子姓濟濟，詩書弦誦之聲，溢於家塾。此固本於先世積纍之厚，而非其昆季之間，束脩矜飭，克自振拔，勉紹箕裘，曷易臻此？然曩者諸老人亦大半化去，而惟表叔母張太孺人猶健在。余同學友於兄十樂嘗客於其家，謂余曰：更閱三年月日，張太孺人年開八秩，子曷為祝嘏之言以侑觴乎？竊觀書傳所載：人家之興，必由婦德；賢子之成，端本母教。余聞張太孺人之來歸也，時猶及事余曾姑祖及諸表祖。雞鳴盥櫛儼笄宵衣隨余表叔後，敬問安否，罔敢後時。退則烹熟膳羞，佐以旨甘柔滑，菹醢脩脯，粉餈饘餌，凡可以養老之物，罔弗預具。表叔常客遊於外，孺人躬操

家枳,井井秩秩。課子讀書,督以義方,弗事姑息。為女擇配,選貢入太學,筮仕中州。今旬照之所以能承先人之緒而光大之者,則孺人之力居多也。抑余觀兩漢名臣,多由佐史著跡岩廊,流譽青史。元張文忠公至今猶尸祝而社稷之,〔1〕其後竟為一代名臣。此非吾歷下之鄉先生乎?旬照勉之。口體之養,僅一時之事,而壽親於無窮者,固在彼而不在此也。

【校箋】

〔1〕(乾隆)《歷城縣志》卷一一《建置考二》:「張文忠公祠,在雲莊,明初,移於城內,在布政司街。」

王母劉太孺人八十壽序

曩者壬辰之秋,南川家松崖明府將為余置別業為借書園。〔1〕余素耳蕭然山陽邱壑林麓之美,因往遊焉。得至淄川大窵橋莊,與王立齋三兄識。〔2〕立齋喜余至,白諸太孺人。太孺人督率家人作盤飧酒醬,既豐且潔,淄邑人士群為余言:太孺人之相惇翁先生之治家也,克孝於親,克慈於眾。閫以內,井井秩秩,數十年以來,勖立齋兄弟讀書力行,友教四方賢士大夫。有偶懈於學者,太孺人即為述先訓以勵之。或與不悅學者相往來,太孺人即愀然不樂,以故立齋兄弟皆束脩自愛,焚膏繼晷,名藉甚庠序間。余觀自古賢豪多由母教,若晉之陶母、唐之柳母、宋河南之呂、廬陵之歐陽,皆因其母之賢以成其子之賢。後之人,因其子之賢而愈稱其母之賢者,不可勝數。間又嘗讀吾鄉李滄溟集所為《許母張太孺人序》有云:「余與殿卿讀書負郭窮巷,不能視家人生產,落落每過殿卿,縱酒談笑,或仰屋竊歎,重念昔人盛年功名,扼腕之間,志在千里。太孺人從旁觀之,乃亟為殿卿言:兒勿失此人哉!」〔3〕後殿卿竟以詩名海岱間,頡頏於函山、滄溟而無愧色,〔4〕非以母孺人之賢而能至是哉?余嘗舉是為立齋兄弟誦之,立齋因言:「明年某月為吾母八十設帨之辰,戚友皆將製屏幛以頌吾母之婦德母儀,敢乞以此意為文以侑觴,先生其許之乎?」余因念蕭齋借書園之盛舉雖已成往事,而是行也,所得山川之勝、交遊之樂,殊不易易,今因太孺人之壽而及之。余於滄溟固無能為役,而立齋兄弟將來所以大其家聲以榮其親者,以眡殿卿,要當有過之而無不及也。是為序。

【校箋】

〔1〕王培荀《鄉園憶舊錄》卷八:「南川周蕭齋先生,名士孝,號松崖,以孝廉宰

禹城。……先生官山東，與先王父小山公、歷城周林汲先生莫逆。」桂馥《晚學集》卷八《周君墓誌銘》：「周君以嘉慶元年五月四日卒於官，年六十。將以是年歸葬於蜀。嗣子來請銘，余與君交三十年，知最深，不容辭也。君諱士孝，字資敬，號肅齋。其先江西吉水人，轉徙貴州。曾祖芝芳，始居四川，遂為南川人。祖師文，父萬殊。君少日為文，數易稿不就。一日眺遠山有悟，下筆千言不加治點。乾隆庚辰舉於鄉，丙戌治山東禹城縣。時有水患，漂沒廬舍，君為復舊隄，增新堰，迄今數十年，民賴以安。丁父憂，解官。釋服，除廣東新寧縣，未滿，以前攝電白事罷去。直隸總督舉君霸州屯田，復除文安縣。其地窊下，形如仰金。隄決則一縣為魚。己酉七月，水大至，君率人早夜修隄。既而大風雨，水勢滶漾，隄且壞，眾懼奔散。君堅立不動，眾乃感發，各毀牆垣，負土助工。隄得完固。甲寅，調選安縣。君歷官皆有惠政，而不飾名譽。前去新寧，有欲為君建祠者，力止之，曰：『民果思我，口碑不勝於生祠乎。』君篤信釋典，長齋趺坐，夜以達旦。每有祈請，輒得奇應。文安苦蝗，君既虔禱，遂有異鳥群下啄蝗。遷安蟲食禾，田夫稱此蟲畏雷君。立時致祝，雷雨交作，蟲果震死。嘗曰：『事神莫如治心，心清則神靈矣。』君飲人以和而取友不苟，歷城周永年、秀水盛百二、益都李文藻，皆多聞高行，君與定交，終身無間。病篤，謂其子曰：『我平日無損人利己事，實亦無損於己。此時此心，但覺暢足耳。』端坐而逝。夫人徐。子三人，長石蘭，次立矩，次琨。女三人。銘曰：君治縣，我以為譜也。君取友，我以為輔也。我銘君藏，不敢不從古也。」

〔2〕方作霖修、王敬鑄等纂（宣統）《淄川縣志》卷九《三續封贈》：「王相符字立齋，以孫培荀貴貤贈文林郎、四川榮縣知縣。」王培荀《鄉園憶舊錄》卷二：「林汲先生……與先大父往還手跡最多，獨未見其詩。」又：「王父小山公結客好遊，渡黃河，遊洛下，歷揚州，入金陵，涉八閩，三載而歸。所居舊名南園，宅東老槐數株，綠幄沉沉；西則雜植桑棗，棗為海州公自南土移來異種。後為居室，中辟書舍，庭前梅杏桃李甚夥，丁香、海棠尤巨，雜以紫荊、迎春、牡丹。」

〔3〕李攀龍《滄溟先生集》卷一八《許母張太孺人序》：「余弱冠時，吾黨士蓋多從殿卿遊矣。則殿卿乃三顧余廬中，信宿與言天下事，握手不置也。吾黨士至，相謂曰：『久不見殿卿，何至與李生友哉？李生，狂士也。』人皆以余為狂生，蓋殿卿謂余非狂生云。余與殿卿讀書負郭窮巷，不能視家生產，落落羈身鄉校內占畢業，為之俊傑相命，以好古多所博外家之語，慕左氏、司馬子長文辭，

與世柄鑿不相入。日月省試有司，伎不能稱。既稟，室家嗷嗷，視一弟子員如匏瓜矣。余復每過殿卿，即縱酒談笑，上嘉版築屠釣之遇，下及射鉤贖豎之役，苟富貴，無相忘也。仰屋竊歎，重悲昔人盛年功名。扼腕之間，無不志在千里，計未使吾黨士知也。太孺人從旁觀之，乃亟為殿卿言：『向從兒遊者，無豪易高也。此人亦孤貧，泥淖中意若颺去，才乃大常兒，急之勿失此人哉。彼不知李生，奚為知若也？』」

〔4〕錢謙益《列朝詩集小傳‧丁集上‧許長史邦才》：「邦才字殿卿，歷城人。嘉靖癸卯解元，官永寧知州，遷德周二府長史。隆慶初，相周藩。六年，周王崇易序其詩曰《梁園集》。魯藩觀熰曰：『殿卿與李于鱗同調相唱和，氣格不逮。然于鱗詩多客氣，而殿卿溫厚或過之。』殿卿與于鱗相友善，著《海右倡和集》。因于鱗以聞於當世。今之尊奉濟南者，視殿卿直附驥之蠅耳。而齊魯間之論乃如此。于鱗與人書云：『殿卿《海右集》屬某中尉為序。不佞嘗欲畀諸炎火，元美亦以為然。』一時文士護前樹黨，百年而後海內人各有心眼，于鱗亦無如之何也。」函山謂劉天民（1486～1541），有《函山集》。《列朝詩集小傳‧丙集‧劉副使天民》：「天民字希尹，濟南人。正德甲戌進士，除戶部主事。……累遷至河南副使，改四川。乙未考察，以貪罷。王道思序其詩，稱其為豪雋俶倘之士，屢擯而稍進，一進而輒斥。晚年好為詞曲，雜俗兼雅，歌者便之。」《列朝詩集小傳‧丁集上‧李按察攀龍》：「攀龍字于鱗，歷城人。嘉靖甲辰進士，……遷參政，拜河南按察使。母喪，歸，逾小祥，病心痛卒。……高自誇許，詩自天寶以下、文自西京以下，誓不污我毫素也。宦郎署五六年，倡五子、七子之社。吳郡王元美以名家勝流羽翼而鼓吹之，其聲益大噪。及其自秦中掛冠，構白雪樓於鮑山、華不注之間，杜門高枕，聞望茂著。自時厥後，操海內文章之柄垂二十年。」

王母顧太孺人壽序

蓋聞《禮》傳《內則》，《易》著「坤元」。閫範承天，懿德萃玉閨之祉；母儀配地，遙光連寶婺之精。是故賡眉壽以言歡，公侯奉母；舉長生而作頌，庶士隆親。效舞彩於蒙山，追蹤萊子；奉板輿於洛涘，比跡安仁。此誠慶無不宜，壽未有艾者已。今我王母顧太孺人，君翁王老先生之繼配也。少習婦儀，風傳林下；長嫻母訓，秀葉閨房。迨夫奠雁來迎，鳴雞共勖。餐同鴻案，顧梁子以相莊；臥在牛衣，對王章而自喜。無違夫子，常遵經禮之文；仰事舅姑，

罔愧晨昏之節。性非痀惰，汝南承箕帚之風；力謝鉛華，太原羞車馬之飾。縫裳辛苦，宵火常明，瀚葛淒其秋風，無斁亡何。魚分比目，不畫雙蛾；鴇賦將雛，還哺四鳥。惟孺人一經教子，三卜遷鄰。念昔日鳧弋宜家，琴瑟共瓊琚並好；顧今日熊丸授課，呀唔與絡緯同聲。睦族展親，樂慈顏之仁厚；推恩廣惠，致休吉之駢來。陶韋儷其女箴，宜登上壽；鍾郝侔其家法，定享高年。茲當設帨之辰，正值仲冬之候。屏開畫錦，何殊閬苑風光；牓遠斑斕，不異蓬瀛景色。門盈賓客，萃珠履之三千；璧湧詞章，頌冥靈之五百。西池酒進，筵登金母之桃；東海籌添，座獻安期之棗。鹿齡增茂，咸歌閫內之玉衡；寫莫楊輝，共頌閨中之金鏡。某某等情深桑梓，誼切朱陳，一進清觴，載陳彤史。裁桃花之鮮紙，未殫芳香；染秋兔之豐毫，難颺淑範。洵無慚於女表，實增重於壺儀。謹序。

周母鄒姚太孺人六五十壽序 [1]

自一身而上，推之則為父母，再上推之則為祖。旁推之則為兄弟，下推之則為子孫。子夏之釋《禮》、《爾雅》之《釋親》，於一身所屬，言之詳矣。初無「母弟」之文，「母弟」之文始見於《春秋》諸傳，而何休注《公羊》「左媵」、「右媵」，復引而伸之，蓋為有國家者嚴嫡庶之防，而非所以論手足之義，而有為親親尊尊、變文從質之說則鑿矣。後世倫紀不明，爭奪之事屢見於骨肉之間，因借母弟非母弟之說以遂其私。審若是也，舜何為負罪引慝於二人之前，而弟傲若象，且懼拂其意，以忤吾親也。惟其無纖芥歧視之心，所以致烝乂克諧之化。故曰，聖人，人倫之至也。余同姓在蜀之南川者曰士孝蕭齋，初筮仕，得山東之禹城，獲與訂交。其持身也謙以謹，其與人也厚以和。與予交幾二十年矣，以兄事予。因命其兩弟及兩子皆從學於予，[2]得悉其家事。蓋蕭齋昆弟八人，惟蕭齋為嫡出，其七皆側室所出也。而蕭齋之友於諸弟也，初無毫髮芥蒂存於胸中；七弟之恭於兄也，亦然。去年夏，四弟士節自蜀中來省蕭齋於京師。明年，將歸，為母孺人壽，而以壽言屬予。蓋鄒孺人籍出武昌之江夏，自郴州公宦於楚，即聘為籬室。事夫子及君楊太孺人，竭情盡慎。後楊太孺人歿時，祖母陳太孺人猶健在。鄒孺人問甘旨，潔瀡灑，克得陳太孺人歡心。陳太孺人壽至九十有四，疾亟，執孺人之手泣曰：「爾之事吾，可為諸孫婦法。」又謂諸子婦曰：「爾之事爾姑，當如爾姑之事吾也。」及郴州公致仕以後，蕭齋迎養於山東。鄒孺人率諸子回蜀，延師課讀，嬉戲則嚴飭

之。故孺人所出之子五曰：士廉、士節、士濫、士禧、士壽，其曰士康、士岳者，則姚孺人出也。姚孺人，粵東番禺人。勤儉婉娩，與鄒孺人之懿行，更不啻塤箎之相和也。今自士□以下皆有聲庠序間，而士濫且以拔貢例選教諭。夫其同父兄弟八人，而予得交其四，肅齋年最長，以庚辰舉於鄉，為名孝廉。其仕於山東、廣東也，惠澤在民，既去而民思之不忘。諸弟年尚幼，皆循循謹飭，無膏粱紈綺習氣。則兩孺人之賢而能教其子，固可於諸子現之也。而諸子能善承父母及長兄之教，無一不就於範者，亦宦族子弟所難。《詩》不云乎：「釐爾女士，從以孫子。」此蓋由歷世以來積德累祥，以至今日。故淳氣所鍾，萃於一門。不但鬬爭訌誶泯焉不聞，而且束脩向學，所以淬勵其志氣，以光大其門閥者，行且日進而無已也。彼以錐刀之利，輒不顧天顯之懿，反藉端於同母不同母之間以規肥己者，聞肅齋兄弟之風，不可以旋其面目乎？夫壽文盛於明之中葉，熙甫、子桑諸公，所作皆衷於經訓，可以風世勵俗。余多飾浮詞相誇諛，識者無取焉。近來儒者則桐城方氏，每因壽序以發明經義。母弟之辨，亦自望溪發之。〔3〕予觀於肅齋昆弟間，偶有感於望溪之言，而為引申其旨。蓋嫡庶之際，世情之所諱言，而不知古人既著之於經，垂之為典，則所以佐內職者，惟在於酒漿豆籩、織紝組紃，自盡其分之所宜為。斯真賢於流俗。而兄弟之間，尤不可畫界分疆，以蹈望溪之譏，斯乃一族將大之兆。而異日繼繼繩繩之祥，綿延於奕葉者，固不由於彼，而由於此也。士節行歸矣，書吾言以揭於廳屏之間，為兩孺人誦之，當必有追念往事而惕然以思，俯視夫子姓，繞膝弦誦之聲洋溢家塾間，而色然以喜者乎！謹序。

【校箋】

〔1〕據董鵬翱修、牟應震纂（嘉慶）《禹城縣志》卷七《官守志》，周士孝以乾隆三十一年官山東禹城縣，本文云「與予交幾二十年矣」，以是推之，本文約作於乾隆五十年。

〔2〕王培荀《聽雨樓隨筆》卷二：「南川周士壽，號仁山。從其兄松崖宦山東，延歷城周林汲先生永年授經。」柳琅聲等修、韋麟書等纂（民國）《重修南川縣志》卷一一《人物》：「石蘭，萬殊孫，士孝子。好讀書，父令遷安隨任，遊周書倉先生之門，涉獵經史，尤肆力於古文。工草書兼漢隸，書法遒勁。乾隆乙卯登順天鄉試榜。在京偕諸名士文酒流連，有《海天閣詩鈔》六卷、古文二卷。立矩，萬殊孫，士孝子，字石書。乾隆五十一年丙午科舉人。天資秀逸，嗜飲工書，不醉不肯搦管。求書者挈榼其門，俟其醉書之，運筆如飛，一揮而就。

尤工詩，常遊西湖，過虎邱，登黃鶴樓，覽洞庭雲夢諸名勝，詩愈豪放。著有《松風閣詩集》十卷，經趙甌北、洪稚存、張船山諸先生評定。」

〔3〕方苞《望溪集》卷七《送佘西麓序》：「昔公羊氏之說經也，其謬戾多矣。然猶幸顯悖於道，不足以惑人。而習而不察者，莫如母弟之說。故程子辨之，以謂母弟者，所以別嫡庶。嫡死則母弟以次立。非謂有疏戚於其間也。夫《春秋》之以兄弟書者，以其未有爵列，故以其屬稱，用別於公子之為大夫者耳。曷由知其母之同異哉？程子所以不深辨者，徒以解時俗之所惑，而於經之本義，有不暇詳焉耳。自吾有聞見，凡前子之於母，後母之於子，一視如所生者，十不二三得焉；異母之兄弟，篤愛而無間疑者，十不二三得焉。自子言之，則為不有其父；自母言之，則為不有其夫。豈非人道之極變哉？而相習為故常，甚矣其不思也。吾友佘西麓，博學有文名，稱蓋州部，而少壯未嘗一至京師。近六十，忽來遊，叩之，曰：『昔吾有弟能服賈以養吾親，吾是以能不離親於外也。吾弟死而家落，父不能葬，母無以養，故顛頓至此。』館於余。逾年，凡春秋霜露，未嘗不痛其弟也；風雨寒暑，未嘗不念其母也。一日告余，將南歸，曰：『吾女弟之夫死，吾不歸，吾母疾將作矣。』因叩其家事，始知西麓少失母，母撫之不異於所生，而西麓之於弟妹，亦終其身無間疑。夫古稱孝者，多以後母之不慈而彰；而西麓之孝，乃以母之慈而隱。是其母子皆可風也。於其行也，遂見於文，兼著母弟曰弟乃公羊氏之過言，而《春秋》本無此義。以補程子之所不及云。」

湖南直隸郴州州判周公暨配楊孺人合葬墓碣〔1〕

余同姓之在四川南川縣者，原籍江西吉水人縣之泥巷。明萬曆中，以官籍居貴州婺川縣之旦平，有諱培衡者，公之曾祖也。配商氏子芸芳，因明季兵亂，奉母徙南川，始居梧漢壩，又徙居鯉魚塘。為人磊落，以義氣自負。娶令狐氏，姑商年高，無齒。每晨起，則盥沐拜姑而乳之。事聞於知府某公，為送匾額曰「事姑一等」。子師文，贈文林郎，娶陳氏，總鎮諱維綸之季女也，誥封孺人。文林公性恬淡，好讀書，不求仕進。後由鯉魚塘徙梨香溪。子三，長諱萬祥、季萬諮，公行居二，諱萬殊，字同川。幼穎異，讀書過目能背誦。年十三，應童子試，維綸之弟賞之，於稱人中以孫女字之。甲辰，遭父喪，毀瘠幾至滅性。葬巴縣之方斗山，廬墓側三年。及門從遊日益眾，經指授者，多有名於庠序間。為文力追古文大家，不屑時趨。鄉試屢薦不售。丙辰後，徙居

鄧家橋。辛酉,學使張公仕遇奇其文,[2]拔貢太學。癸亥,歸里,值母病危,割左肱肉和藥以進,而病癒。甲子,就試北闈,場後選授湖南直隸郴州州判。乙丑,迎母至署,色養倍至。奉檄辦桂東縣礦務,礦徒五方聚集,公感之以恩,約之以法,皆帖然從服。運鉛數十萬斤赴京,過江,有覆舟,公出數十金募人拯救,全活多人。丁卯,母氏歸蜀。癸酉,遭兄喪,公泣曰:「吾母其何以堪!」急遣妻妾及子先歸侍養。是年,恭逢覃恩,得封典。甲戌,告養回籍。丁丑,遭母憂,盡心喪葬。庚辰,赴部候補,子士孝舉於鄉。辛巳,奉發湖南,歷署長沙、道州、衡州、永州諸府通判。檄勘水災,不辭勞瘁。乙酉,補原缺,郴人聞之,額手相賀。丁亥,以末疾乞歸,祖餞者相望於道。時子士孝知禹城,迎養來東。時時戒以防吏胥之奸欺,恤百姓之疾苦,故禹城之治,至今百姓猶頌太翁之德於不衰。配楊孺人,幼篤孝,曾割臂以愈母疾。年二十歸於公,躬紡績以供母甘旨。教訓子弟,不事姑息,視庶子無異所生。戚黨間貧苦者,每輟衣食以周之。公生於康熙四十三年,卒於乾隆三十四年,壽六十有六歲。乾隆十八年贈徵仕郎,三十七年贈文林郎。楊孺人生於康熙四十二年,卒於乾隆十八年,壽五十有一歲。子九,長士孝,庚辰科舉人,歷仕山東禹城縣、廣東新寧知縣。現任直隸文安縣知縣,楊孺人所出也。次士廉,廩生;士節,庠生;士澐,丁酉拔貢生,中江縣教諭,丙午科舉人;士衡,早卒;士岳,增生,側室鄒孺人出。士禧,廩生;士壽,丙午科舉人;士康,側室姚孺人出。女子十二人,楊出者七人。婿為韋儒卿、韋巨琰,庠生;唐正,庠監生,夏漢、鮮紹端,庠生,袁士襲、楊崧道。鄒出者四人,婿為陳為柱,舉人;陳夔讓,庠生;潘暨,庠生;何元勳。姚出者一,壻倪某。孫男十人,立規,監生;立矩,丙午科舉人;立楷、立箴、立模、夢熊、立範、立璋、立瑛、立誠,俱幼。曾孫十三人。公與楊孺人前後俱葬於鄧家灣宅後紫栢坡者久矣,戊申之春,士孝以墓碑未樹,持狀來乞余為表墓之文。按公之治郴能得士民心,士孝與余交二十餘年,言皆可信,因仿姚文公志梁孝子之例以表其墓,[3]且贅以銘。

【校箋】

〔1〕湖南直隸郴州州判周公暨配楊孺人合葬墓碣:「郴」字原作「彬」,據《周母鄒姚太孺人六五十壽序》內「郴州公致仕以後」句改。後「郴」多誤作「彬」,不另出校。又按湖南無彬州,郴州為直隸州。

〔2〕據錢實甫《清代職官年表‧學政年表》,張仕遇以乾隆三年(1738)至六年

（1741）為四川學政。

〔3〕元姚燧（1238～1313），黃宗羲、全祖望等《宋元學案》卷九○《魯齋學案‧文公姚牧庵先生燧》：「姚燧，字端甫，柳城人，樞之從子也。年十三，見許魯齋於蘇門，十八，始受學於長安。為文法昌黎，魯齋戒之曰：『弓矢以待盜也，使盜得之，亦將以待主人。文章固發聞士子之利器，然先有能一世之名，將何以應人之見役者哉！非其人而與之，與非其人而拒之，鈞罪也。』魯齋累為國子祭酒，召弟子十二人，先生自太原驛至館下。累官翰林學士承旨。年七十六卒，諡曰文。先生由窮理致知，反躬實踐，為世名儒。至元以後三十年間，名臣世勳，顯行盛德，必得先生文始可傳信。先生亦慨然自任，曰：『文章以道輕重，道以文章輕重。復有班孟堅者出，表古今人物，九品中必以一等置歐陽子，則為去聖賢也有級而不遠。然予觀先生之文，類宋宣獻公耳，則又何也？』自號牧庵。所著有《牧庵文集》五十卷。」《牧庵集》卷二五《奉訓大夫知龍陽州孝子梁公神道碣》：「維梁氏世彰德安陽人，金進士棟生偉，皇府錄事，生圭。嚴忠濟為東平侯，力能生殺人。彰德時為屬城，招不能致，足白自信，不可威屈。生君，諱琮，字文玉，修幹美鬢，好學篤古。考府君卒，廬於墓側，晨夕悲號，不異祖括，手理垣木。鄉鄰傷之，眾佐其力。終喪，初事北安王，再辟掾宥密，後從濟江，以平宋勞官承務郎，尹湖之長興。民俗生女則教琴築歌舞，長利技色，事人取貨，歲滿則質他室。生男，謂無所於得，率不鞠，投棄諸水。為檄曉曰：『若新國也，未知吾元為律，倚市門子，猶不敢棄，況茲天民，長賴給上力役者，不特傷汝父子之親，亦乖聖世繁育生齒之旨。敢復然者，論以違制。』由讀木蘭院碑載宋寶應丁亥湖水大溢，流死數萬，聚葬於此，若京觀然。遂盡傷心，罪前為令，罷是大厄，猶不為虞，安必異時湖水不再至耶？發民築防，延數十里，高袤及丈，日急其程，如水朝夕至者。悅以使之，民不怨勞。竟工，種柳雜木其上，以捍沖齧。縣有李王祠百區，皆非法食。毀取瓦木，用新縣治、廟學，尤麗高敞，加什其舊。即其羨材，倉廩府庫，病坊遞舍，無不改為；居民行旅，為之改觀。效命義軍，故皆鹽夫，群行市中，人無誰何。一日椎釀甕眇酒翁目，叱衙兵追捕。或諫如是驟繩，恐不利尹。君曰：『吾奉天子命尹此土蒞此民，安能坐視鼠子與尹爭長雄自為名哉！』盡收其黨二十餘輩，杖之鄰死。自爾鄉民效尤，夗號難令，小裂公牒，大殺兵吏者，皆側足斂手，無敢肆暴。嘗裹糧絨印行田，老父為具食，發橐償直。父問所絨為何，曰：『吾令也。絨縣印耳。』父出告其鄉，鄉民百數十人，追及於行，爭

持酒炙遮留。後至者觸器覆酒流地，酒主憤云：『令去必刃汝！』觸者曰：『吾亦有刃報之。』君曰：『民以吾故相仇，其咎在令。』眾惶駭，罪其失言，二人慚伏。君為曉曰：『吾元禁挾弓矢刀槊嚴甚，輕杖重死。若曹何苦幹禁挾此為耶？且戍兵以索此為名。得之則破汝產。其皆納置令所。』乃得兵數千事而還。後衙兵暮夜追呼，民燭令署，畫刻而至。訟牒至前，決以其日，未嘗滯囚，圜土屢空。去之日，士民號送，填道擁馬。既久猶思，求頌其德，刻石縣門。後令不可，民請不置者數年。一監縣者曰：『梁令非有惠民，何能致然？從汝樹石公堂右方，書今歲陽歲名，以彰其賢，且俾人灼吾不昧善也。』至元二十四年丁亥，去寶應實一甲子，湖大溢水，不冒防才二尺，民始歎曰：『微梁，今葬魚腹矣。雖求為魚，得乎。』加承直、福建勸農營田副使。巡行建寧時，群盜聚浦城。戍將方加兵，君止之，請身至其棚，曉曰：『汝皆平民，逃州縣重賦繁役出此，甚不得已之策。汝曹自計甲兵堅利，儲饋有繼，訓練有素，徵發日多，孰與官軍？而乃以就盡獸聚鳥散之人抗之，不敵明矣。能從吾言，捨險即夷，相率而歸。小可以徼賞，大可以得官，孰與鬥官軍，身膏草野，妻子奴人乎？』因血指為盟，民感泣，投戈拜賜，不煩兵而附順者若干千人。後議事福建省，會南劍俘賊妻孥三百餘人至，公曰：『是多平民為賊驅脅，宜旌別之。』縱歸者半。尋遷福建都轉運副使。丁妣夫人憂，又廬墓終喪。升奉訓大夫，知常德龍陽州。民聞有惠長興，爭境逆而遲其來，方大施張，以變前習。數月代至，民復境送而速其去。大德四年，為子鎮畢婚南劍。夏六月十一日卒，歸葬其鄉先塋。夫人同郡李氏。二子：伯也鈷，有學行。二女，已從同郡趙某、許昌程某。二孫：浩、浦。至大己酉，有司上群從共居，族子亦能喪親如君。《詩》曰：『教誨爾子，式穀似之。』宜特旌異，風勵四方。庭臣用嘉，揭諸大逵，為孝義坊，過者式焉。鎮恐先德猶未白世，聞燧舟應宮賓之招，自淮安逆至儀真，拜而請曰：『先君墓碑，未敢遽言。俟他日，必即京師見懇。』今而果來。為之詩曰：『聞古有訓，孝子之至。不於養生，於喪自致。敦古如君，未忍其親。玄宅長還，曠野無隣。即邱築室，僅蔽雨日。呱呱三年，忘盥與櫛。家本之身，克爾親親。推以為國，何有仁民。長興孩乳，脫不冤夭。患防悍馴，庶弊皆矯。於福營田，劭農是官。往造賊巢，舌柔暴殘。雖生平為，蓋棺廼定。不有太史，孰筆卓行？瀰瀰清漳，源出太行。有碣其壙，流芳與長。』」按是書為先生自《永樂大典》中輯出，見本書下編年譜乾隆三十八年。

陳君金南墓表

　　陳君諱鉥，字金南，號立齋，先世自洪洞遷東平，代有聞人。曾祖情，明薊州知州。祖嘉，嗣父鳴桐，皆不仕。君少工制藝，年若干，入州庠。未幾，食餼，乃肆力詩古文詞，一方推為作者。事親有至性，居喪，輯《喪禮略解》一卷，晚得《朱子遺書》刻本，大好之，嘗手抄《近思錄》、《延平答問》以教子孫。曰：「學聖之方，基於此矣。」及病劇，以聞道遲暮，不及著書，著《看書說》一則，謂書理皆在人心，而闡發於朱子，以吾無蔽之心，靜味朱子之書，自灑然有得。又謂陸王之學，別有宗旨，今惟師朱子可也。嗚呼！聖賢之道，至周、程、張、邵而始明，集其成者厥為朱子。自南宋至明，初學者守朱子之書，皆經明行修，循循然弗畔於規矩。及明之中葉，陽明獨師陸子，標舉良知，震動天下，其中非無卓犖奇偉之士，而宋元以來，宿儒老師之所灌灌以傳者，多悍然莫之顧矣。山東諸儒若穆伯潛、張志仁、孟子成，皆為陽明之言者也。嗣是以後，惟張稷若、劉昆石篤信程朱，其所撰著，實足羽翼經傳，啟迪後學。而流傳弗廣，信從者少，欲推闡朱子之說，而拳拳以不得成書為恨。[1] 嗚呼！可謂識所歸矣。君生於康熙十二年二月二十五日，卒於乾隆十一年十二月初二日，子三人：養源，乾隆戊子舉人；養洛，壬午舉人，出嗣；養渭，廩生。孫男七。君之葬以某年月日，閱□□年，養源持狀請表，爰撮其學行之大者書於石。

【校箋】

〔1〕左宜似等修、盧崟等纂（光緒）《東平州志》卷一五《人物傳·儒林》：「陳鉥，東平廩生，潛心理學，一以朱子為宗。嘗吟詩云：『宋代出真儒，千秋朱紫陽。居敬與窮理，示我為學方。子靜既偏闕，陽明更猖狂。學術辨真偽，吾心有主張。』康熙五十九年知州李繼唐續修《東平志》，鉥與其事焉。」

齊河縣蠻子營旌表王氏雙節婦墓表 [1]

　　余表弟王希閔，先舅氏諱琳之嗣子也。舅氏字美玉，高祖諱居以，五世皆逸其諱。曾祖諱福見。父諱者度，字欽之，即余之外祖，世居齊河城北之蠻子營。明季有連姻於德邸者，入國朝，族人皆以耕讀為業，惟外祖父竇甚，徙居省垣西關，配外祖母瞿太孺人，生吾母及舅氏。後外祖得心疾，暑月大雨，偶遠出，不知所之。久之，訖無音耗。時外曾祖母簡太孺人亦孀居，姑婦相依，終日涕泣。蠻子營遺薄田十餘畝，不足給衣食，晝紡夜績，能得外曾祖母

之懼。暨吾母來歸吾父時，先繼曾祖母馬太宜人、吾祖母劉太安人亦兩世孀居，貧苦無異於外家。四老人時相過從慰藉。後舅氏年十七，娶妻魏氏。未三年而以瘵疾歿。瞿太孺人悲痛至不識人，余猶記往哭舅氏時，外祖母乃反謂余曰：「汝何為哭耶？」舅氏遺一子，逾年復殤。時魏孺人年未及二十，或勸之改適，泣曰：「子死矣，而姑尚在。若吾復他適，不愈重老人痛耶？」族人乃擇於支屬之近者，為立嗣子。希閔長而克家，入國學。於魏孺人歿後，以兩世苦節，籲於當事，得旌如例。〔2〕時余官京師，希閔屢以字趣余為文，每執筆則泣下。吾母嘗言：「汝生而每患腹泄瀕死，余時亦患瘖疥，惟汝外祖母懷保汝，嘗終夜不敢反側。」後老人病腳氣，晝夜號痛。余為延醫合藥，或曰：得此，於外孫難矣。嗚呼！安足以仰答老人顧復之勤於萬一哉！今年夏，吾母復歿，距外祖母之歿已三十餘年矣。吾母時為余述兩家舊事，自今以後，亦無從復聞矣。嗚呼痛哉！乾隆五十有一年歲次丙午仲秋、賜進士出身、文淵閣校理、翰林院編修充四庫全書館纂修、兼分校、己亥萬壽恩科充貴州鄉試副考官、加三級外孫歷城周永年頓首謹撰。

【校箋】

〔1〕本文原題「王世雙節墓表」，今據楊豫修等修、郝金章等纂（民國）《齊河縣志》卷三〇《藝文》所錄原文。

〔2〕（民國）《齊河縣志》卷二九《列女》：「瞿氏、魏氏。瞿氏為王者度之妻。者度字欽之，世居邑北蠻子營。祖以上皆力田，至欽之欲營商，因徙居濟南西關，娶瞿氏，生子女各一人。女適濟垣周姓，即翰林周永年之母也。子名璘字美玉，未成人。欽之偶染精神病，暑月間冒雨迷出不返。瞿遣人遍尋無蹤，悼痛欲死。斯時孀姑在堂，子女幼弱，一家食指賴瞿為生。以瞿客居濟垣，度日維艱，仍回蠻子營故里，晝紡夜績，藉以餬口。後子璘年十七娶魏氏，未三載，璘以瘵疾歿。瞿悲慟愈恒，至不識人。魏年方十九，誓守節以事孀姑。後族人為擇近親之侄希閔為嗣。希閔長而克家，入國學。於乾隆四十三年以兩世苦節，籲請上憲得旌『兩世冰操』四字。嘉慶三年季春建坊於東郊，並經翰林翁方綱等十二學士各題節孝詩一首。屏幅尚存，採入《藝文詩志》。」

附：（民國）《齊河縣志》卷二九《藝文》所載《王氏雙節婦詩》

北平翁方綱題云：兩節婦，婦與姑。後有魏，前有瞿。上有孀母下諸孤。三世之孀，兩世猶勤劬。後先三十餘載俱。宜有周翰林，為母為舅史筆濡。嗚呼！王氏雙節天下無。

欽州馮敏昌題云：峨峨岱山高，鬱鬱孤松生。山勢峻不極，松節勁難名。霜雪自撐持，風雨寧欹傾。四時不改柯，千春保其貞。俛視桃李花，誰能與同盟。如何一鶴寡，飛來抱微誠。羽毛得餘陰，啄菢傷中情。鶴喜松不移，鶴喜松長青。一朝松受封，鶴亦奮其鳴。豈冀思軒乘，所貴聞天聲。鶴分有餘潔，松分有餘榮。千春復千春，高名兩相併。所願後裔隆，十八為公卿。

鉛山蔣士銓題云：華山如姑，鵲山如婦。清清鬱相望，貞介石而壽。皇帝丙申年，命建王家坊。婦姑表雙節，矗矗兩山旁。姑瞿而婦魏，守節三十春。翁出死心疾，姑鞠子女身。女嫁事君子，男婚瘵而死。新婦才兩年，立繼存夫祀。可憐卅載間，辛苦誰與傳。茹荼集蓼意，可以知其艱。堂堂周翰林，為瞿女子子。含悽語嗚咽，乞詩遍閭史。天地有正氣，散之男女中。得者苦其生，令聞垂無窮。我不知其詳，表著亦已多。遙把鵲華山，再拜嗟如何。

雲間曹錫寶題云：雙桐生南嶽，古幹何蒼然。枝葉葊以萋，貞幹凌歲寒。漫言青松姿，此樹節亦堅。高枝巢鸑鷟，低枝棲鴛鴦。鴛鴦一朝拆，雙柯枯不繁。王氏有節婦，婦姑徽音傳。姑也先守志，《柏舟》詠詩篇。上以奉慈親，下以啟後昆。誰謂冰蘗苦，持以報所天。兒女各長大，擇配淑且賢。芳蘭一夕隕，白璧埋重泉。婦也又茹荼，苦節三十年。明燈照闈鑪，畫荻訓簡編。鳥啼三更月，慘淡不可聞。令子克成立，珠玉為灰塵。使者上其事，綽楔烏頭懸。我欲緪雙桐，徽以朱絲絃。上弦別鶴怨，下弦寡女彈。行人為回首，千載有餘歡。

秋室余集題云：淑譽傳中壼，琅琊母氏儀。千年悲化鶴，隻影痛騎箕。荻髻霜飛鏡，熊丸雪映幃。玉修懷至性，涕淚有餘思。鍾郝堪垂範，珩璜待表微。一門標雙節，卅載映慈暉。天上鸞書貴，庭前鳳羽輝。濂溪矜宅相，史筆記芳徽。

新安程晉芳題云：有夫出不歸，蹤跡無可問。妾甘守孤幃，事姑亦吾分。所冀見長成，力學能自奮。奈何婚二年，秀質與蘭隕。密雪兼嚴霜，成此千古恨。煢煢撫嗣兒，燈影冰花暈。上堂奉孀姑，眠食視必慎。入戶課兒書，勉之以精進。於今三十春，兒已壯年近。姑耄婦就衰，舉屋但慈順。敬請於長官，表此松節峻。從來苦心人，

食報非所論。天道若可知，報弗爽分寸。一雙秋竹竿，不比朝榮蕣。一片鐵心腸，不必以身殉。斯為禮法中，足以扶世運。

襄平王爾烈題云：名門德聚婦姑賢，命薄何堪失所天。駕鶴已悲遊萬里，棲鸞未許盡三年。霜寒共屬松筠操，歲久難移鐵石堅。彤史芬芳貽善慶，定知弈葉福綿延。

楚緗羅國俊題云：無波古井水，有節修竹竿。閨中重矢志，未語心先酸。吁嗟王氏門，三葉巢孤鸞。卓卓瞿太君，青年遇獨難。良人遘心疾，補心恨無丹。上養嫜姑志，下調兒女餐。女嫁男婚娶，力盡淚痕乾。媳魏歸二載，所天忽不完。撫嗣續宗祧，補天無缺殘。雙旌雲中下，貞名永不刊。

錢塘潘庭筠題云：琅琊女宗閨閣模，一門雙節婦與姑。魏為婦氏姑氏瞿，姑年三十悲望夫。雲山杳杳萬里徂，曰歸不貴其仙乎。瞿尚有姑老且痛，一女一子啼呱呱。俯仰家計良辛劬，男婚女嫁差可娛。佳兒又殞天何辜，嗟哉鵠寡鸞更孤。霜幃燈影寒與俱，魏亦如瞿甘食荼。各三十年節不渝，鵲山女貞青兩株。下有五色鵷鸞雛，籲告大吏言天樞。旌門錫以綽楔烏。行人過者拜路隅。

錢塘沈孫璉題云：杞婦受弔辭郊逢，闕司徒妻石甯封。卓哉齊女多女宗，華山歷水靈所鍾。琅琊望族烏衣從，導述相嬗閨門雍。一堂在世苦節重，遭家不造罹鞠凶。羈雌寡鵠相於喁，姑化望夫登危峰。婦歌苯莒悲填胸，蓼辛荼苦充晨饔。天涯地角心撞舂，仍倚漆室啼霜蠶。均三十年矢孝恭，匹彼徂徠雙喬松。冰霰踐歷無春容，梱閫潛德難可壅。聲聞由鼓宮中鐘，文孫籲請羅芳蹤。遂霑旌善恩露濃，烏頭綽楔官為供。碑材伐石音硠礚，玉堂宅相人中龍。每述懿範起敬共，要余琢句揚管彤。采風兩髦篇中廊，筆力孱恭心徒忪。雙節之名貴璧琮，惟德不朽非詩庸。

吾邱李中簡題云：慈烏育子心獨苦，沒世銜悲不得語。孝烏反哺亦何時，剩有孤雛報兩慈。雪霜殘促寒原靜，陰崖翠柏天廻景。雲章一字徹重泉，冰蘗相望三十年。豈知恤緯窮嫠屋，過者走趨乘者式。《柏舟》可詠傳可稽，煌煌天祿照青藜。

筍河朱筠題云：沈水清清兮魚之逸，夫遊不歸兮心有疾。石之不可

以化兮望日。二目瞿瞿兮，懼妾氏之不如，不慕姜與姑。奉事君姑
兮儀子與女一，教夫如妾兮妾躬卑。冰寒於水兮水還為冰，邁天粟
冽兮人則成。人之成兮妾天之死，妾之道地兮妾姑似。謂不祥兮，
姑及婦稱未亡。謂祥之祥兮，婦於姑有光。當塗高兮坊擬闕。有魏
繼厥姑之節兮，刻石視年月。

刑部直隸司員外南豐縣知縣楊公墓誌銘

楊公諱士奇，字伯儒，一字德煜。先世關西人，自明遷居魚臺縣。曾祖
坤，祖之魁，代有隱德。父斌，候選州同知，勤儉喜施，多智略。兩世俱於乾
隆三十八年誥贈中議大夫。公幼聰穎，讀書不屑屑章句，而於山經地志、邊
陲阨塞，無不覽究，思以功名自見。於乾隆十四年援例筮仕得江西鉛山縣知
縣。〔1〕縣俗尚氣好訟，公繩以法而勸以義，訟漸衰息。調係南豐，視鉛山為
難治。公至載星出入，積案一空。重懲其桀黠者，民俗丕變。歲旱，先開倉以
振，而後請於上官。十五年，復大祲，有奉檄來勘者，故薄其災。民大嘩，乃
單騎叩諸制府。事悉解，而民慶更生。數年間，連攝貴溪、興安、南城三縣
事，後委護建昌府，即署理同知。以母馬太淑人患病思歸，陳情乞養。去之
日，民扶老攜幼，焚香以送，無不頌君之孝，而又深惜其去也。歸里後，兩老
人年皆八旬，左右晨昏不離跬步。未幾，俱謝世。公哀毀骨立，兩服闋，無意
仕進。家故臨湖，日與二三老友，風晨月夕，北渚南垞，每扶杖登舟，白髮飄
蕭，望之者以為神仙中人。暇則研精《靈》《素》、秦越人之書，合良藥以拯疾
者，建義塾以肄寒畯。二十一年，大水，五十年、五十一年，大旱，公前後凡
捐粥米千餘石，而亦於九月二十日丑時以疾卒，距生於康熙四十九年正月二
十二日，得壽七十有七。卒之日，來弔者填溢衢巷，哭聲震野，不知為誰何
也。嗚呼！依古以來，善無不報，而耳目所及，凡振業貧民者，後必昌熾，尤
彰灼不誣。公初以子樞捐道員職誥封中議大夫，後以員外加級，晉封中憲大
夫。元配梁、繼配馬、側室王俱贈封淑人。三子：長崋，貢生，早卒。次樞，
刑部員外加三級。三柱，候選通判。孫八，大寧、大焯、大炘、大炊、大煒、
大炯、大傑、大烺。孫女八，婚娶皆名族。今樞將以某年某月某日葬公於某
原，持狀來乞銘。余綜其孝行、治理，澤及於人之實，果宜銘。銘曰：

江右粵區，山駿水駛。賦錯中下，風稱難理。輦金濟公，家私以毀。公罔
吝色，民歌樂只。趙褚吳張，輿訟盈耳。薦劾已削，而胡儒軌。曰余親在，翩

然歸里。以朝以夕，何鄉何止。盤匜潃灖，慕猶孺子。乙巳丙午，旱等焚毀，傾廩倒困，用賑瘡痏。計口分餐，道饉以起。蒿目煎心，公則瘁矣。竟以是秋，蟬脫泥滓。鼎鼎百年，生會有死。以其仁壽，川流嶽峙。子舍孫枝，永錫繁祉。天章疊賁，綿綿青紫。高平之原，大澤之涘。我銘其藏，庶幾信史。

【校箋】

〔1〕柏春修、魯琪光纂（同治）《南豐縣志》卷一九《秩官》：「楊士奇，山東貢生，由賑饑特授知縣。十六年自鉛山調任，次年告養。」

附：（同治）《南豐縣志》卷一八《名宦·楊士奇傳》

> 楊士奇字伯儒，山東魚臺人。家素封，好行其德。士奇於書無所不覽，然不屑章句，一以紀論為本。以出粟賑饑得授鉛山縣令，有嚴名。乾隆辛未，調南豐，乃更務為寬簡，不輕予笞撲。折獄必引古據今，動其天良，民皆感激悔悟去。禮下紳士，延見無虛日。顧不可干以私。每歲自家輦金給官舍用，以其餘興作以利民。期年之間，政敷人和，事簡於始至時。以母思歸急，遂乞養去。士奇步導母輿登舟，卻顧怡愉，民扶老攜幼，頂香而送之。感其孝，又悲其去也。有請於士奇者，曰：「公治鉛以嚴著，而寬於豐，何也？」對曰：「治豈一端而已？豐之民警而善感，一得其情，終不復撓。吾安用嚴為哉？」論者以此為南豐定品云。

陝西河州鎮掛印總兵官楊公暨配張夫人合葬墓誌銘

公諱大立，字華如，號卓庵，歷城人。原籍山西洪洞人，曾祖世興，子三，長天奇，始遷於縣。由武舉仕至廣西左江鎮標前營都司簽書。值歲饑，設粥廠以飼流亡。〔1〕子二，長璋，公父也，貢生，候選通判。由通判公以上三世，皆以公兄弟累贈至榮祿大夫。通判公配柳太夫人，有丈夫子七，皆貴。公行七，少負異稟。康熙五十九年，以第一人領武鄉薦。明年，以第二人及第，選御前侍衛。雍正元年，遷乾清門頭等侍衛。二年，授廣東提標中營參將，陞四川化林協副將。六年，加總兵銜，隨吏部尚書查郎阿征西藏、阿爾布巴等。逾雪山、渡瀘水，屢著戰功。事平，駐防泰寧，建城。〔2〕十一年，隨定邊大將軍、平郡王剿準噶爾。〔3〕乾隆元年，授直隸督標中營副將。歷張家口副將、〔4〕浙江金華協副將。十三年，遷江西南昌鎮總兵官。所轄山深水曲，奸宄多伏匿其中。公相度地勢，奏防汛數事皆得諭旨。十五年，以病告歸。十六年，

病痊，授陝西河州鎮掛印總兵官。鎮西連番地，袤延數千里，回部雜處，素點悍。諸將不加撫恤，甚者擾害之，往往生變。公奏免游擊、都司各一人，鞭守備、千總數人。一軍凜然，無敢犯命者。值伊犁用兵，疾復作，〔5〕十九年三月卒於軍，得年五十四。娶張氏，海豐人，父可舉，葉縣知縣，贈通議大夫、福建按察使。幼嫻女訓，年二十一歸於公。潃瀡爨濯，必躬親之。姑柳太夫人內治嚴，夫人恒先志承顏，得其歡心，板輿所至，以夫人隨侍為樂。既自河州歸里，囊橐蕭然，鬻簪珥，買薄田數十畝，朝虀暮鹽。勉子若孫於學，既嘉幹以臨朐訓導保舉知縣，而夫人以病卒，時乾隆四十一年之十二月也，得壽八十有一，距公之歿，二十有二年矣。未卒前數日，猶為家人輩講說書史，夜分不倦。比歿，謂嘉幹曰：「汝父歷封疆二十年，未嘗殖貨財、蓄聲伎，惟儉可以養廉，其勿忘乃父之教！」子二，嘉榮，國子監生，早歿；嘉幹，乙酉選拔，候選知縣。孫四，淮，國子監生，渤，丁酉拔貢生，嘉榮出；湛、潾，俱幼，嘉幹出。曾孫三。嘉幹將於乾隆四十三年九月十七日，葬公於長清縣東峨嵋山祖塋之次，而夫人附焉，來乞銘。銘曰：

負檄而趨，磨質而書。鐃歌自和，雅雅魚魚。有崇者邱，鬱鬱松楸。祖武是繩，邦家之休。

【校箋】

〔1〕（乾隆）《歷城縣志》卷四三：「楊天奇字傑宇，順治間自洪洞遷於縣，由武舉仕廣西左江鎮標前營都司僉書。告歸，值康熙二十八年歲祲，出貲設粥廠，日飼流亡數百人。自十一月至明年二月始罷。巡撫佛倫額其門曰『樂善不倦』。子孫世貴顯，為縣巨族。人皆謂好善之報。」

〔2〕曹掄彬等修、曹掄翰等纂（乾隆）《雅州府志》卷一〇《兵制》：「楊大立……雍正五年任化林協。八年移駐口外，改名泰寧。」

〔3〕據《清代職官年表·軍事統帥年表》，定邊大將軍、平郡王為福彭。

〔4〕歷張家口副將「副將」前，《濟南府志》卷五三《楊大立傳》有「協」字，當是。

〔5〕按準噶爾部自乾隆十八年（1753）內訌不已，十九年（1754）正月，高宗命薩喇勒等討入卡之準噶爾烏梁海，見《清史稿·高宗本紀二》。楊氏致病之由，《濟南府志·楊大立傳》稱「羽檄旁午，日夜靡定」。

附：《濟南府志》卷五三《楊大立傳》

楊大立字華如，璋第七子，年十六舉康熙五十九年武鄉試第一。明

年，以第二人及第，選御前侍衛。雍正元年，遷乾清門頭等侍衛。二年，授廣東提標中營參將，仍帶花翎，陞四川化林協副將。六年，加總兵銜，隨吏部尚書查郎阿征西藏阿爾布巴等，踰雪山，渡瀘水，深入賊地，有功。事平，駐防泰寧，建城。十一年，隨定邊大將軍平郡王剿準噶爾。乾隆元年，授直隸督標中營副將，歷張家口、金華協副將，遷江西南昌鎮總兵官。所轄江山險峻，條奏防汛數事，皆允行。十五年，因巡邊染瘴氣，告歸。十六年，病瘳，授陝西河州鎮掛印總兵官。鎮西連番地，袤延數千里，回部雜處，所理三營諸將多草菅番命，奏免游擊都司各一人，鞭守備千總數人，諸將始戢。值伊犁用兵，羽檄旁午，日夜靡定，疾復作。十九年三月，卒於軍，年五十四，祭葬如例。

牛君墓誌銘

因果之說，儒家所弗道，然與經傳絕不相背。每見人極口詆之者，多冥意妄行，動遭殃禍。否則束脩自愛，惕惕如有所畏，而事弗越畔，錯履無咎，康強逢吉。牛君滋藍，字蔚光。先世棗強人，洪武初，有諱伯川者，始遷邑之王村鎮，至君十二世矣。曾祖諱詳問，祖諱扶成，父諱仰瑁，監生，貤贈朝議大夫。母宋氏，貤贈恭人，繼母李氏。兄滋蒲，監生，例封儒林郎，宋氏出。君，李氏出。兄滋蒲出嗣伯父，既生子滋蓮。監生未三歲，失怙、恃，遂並依李太孺人。君十二歲，父去世。十七歲，祖去世，仍與兄蒲、蓮合居。李太孺人樂施與，君善體母心，冬則施粥，夏則施藥，以解人厄。凡道路、橋樑、廟宇有圮壞者，必捐貲修葺。李太孺人性慈悲，君即無故不殺生。母既歿，延舅氏在家，朝夕奉養，如侍母焉。究因思母，成心血不足之症而卒。君兄滋蒲得傷寒症，絕粒四十餘日，君未嘗解衣而寢。叩天禱祝，果愈。凡事必稟於兄而後行。從兄滋蓮患瘡症，君左右服事調養，不幸以瘡卒。其子文儒尚幼，君撫養如子，延師訓誨，先君子文仔入庠。兄滋蒲子二，長文任，監生；次文份，附貢生，授布政司經歷職，加一級，充國史館、武英殿校錄官，[1]君撫之如己子。文任多病，君勤恤之，賴以無慮。文份讀書，君督之更嚴，卒有成就。元配高氏，誥贈恭人，邑庠生復任女。善事嫜姑，友待娣姒。子一，文仔，附監生，授布政司理問銜，加四級。女四，壻王際，貢生，孟繼校、李志升、李宗源。先君卒，續娶博邑孫允采女，誥封恭人，生女一，尚幼。孫二，作楫、

作棟。君愛近讀書人，聽其言論，以教其子姪。與人談論，多言因果事，獨處則觀因果書。歲丙午春，大饑，君日施粥飯不倦，又捐義地以葬貧人，立義學以訓鄉里之子弟。卒於乾隆五十五年三月十七日申時，及年五十四歲。今將以本年十二月初三日葬於祖塋之次。文份以狀來乞銘。銘曰：

作室堅巨必累年，一旦徹之瓦礫然。文忠家訓昭日月，[2]屹立長白之西偏。牛氏始來自棗強，王村卜居四百年。積德累世培之厚，潛德弗耀世罕傳。君之生也孝且謹，門內之行恭而虔。母氏百齡方見背，朝夕孺泣成痼瘵。以身殉母世所稀，太史采風重輶軒。諸兄多疾臥床蓐，眼弗交睫能安眠。子姓一視無區別，教誨飲食數十年。迄今成立見頭角，奮飛北溟思圖南。諸孫較然森玉樹，品重瑜珥與瑤環。世儒多不信二氏，制行如君誰能攀。寒山一片東陵下，久而彌光不可刓。

【校箋】

〔1〕（道光）《濟南府志》卷五四：「牛文份字郁堂，淄川人，先世有積德，鄉里稱善。文份行尤醇粹，弱冠蜚聲黌序，由謄錄議敘布政司經歷。試用江南，歷任潛山縣丞，池州府同知，太平府通判，皆能其職。離任時，子民攀轅泣送。乞假旋里，扶危濟困，恤孤憐貧，尤加意義學，於村西購地十二畝，將營新阡，啟壙逢古墓盡掩之。施於義學，為膏火地。訓飭子姪，以樸誠篤厚為務。臨終戒其子，曰：『人生才力幾何？分量幾何？而智巧必欲用盡，便宜必欲占盡，是焚林而狩，竭澤而漁矣。輕薄為道，必無長久之理。』道光十年卒。」

〔2〕文忠家訓，元張養浩家訓碑，（乾隆）《歷城縣志》卷二四《金石考二》錄其文：「維人之生，或孩而殤，或冠而夭，或壯而疾廢。幸而不殤、不夭、不疾廢，則生於陋邦遐邑，而不於中原。幸而生中原，則又屬沽貧賤，而不於富貴好禮之家。嗚呼！其孩焉而不殤，冠焉而不夭，壯焉而無疾廢，而又生於中原好禮之家者，天既全之如此，而人之所以求稱其全者，顧可苟簡而不力哉？夫學不求至於聖賢，皆負德造物者也。道萬里而不以為遠，陟千仞而不以為高，洞金石而不以為難，□水火而不以為殆者，志焉而已矣。志苟一立，天下無不能為之事，而況讀書乎？志苟不立，目擊所有而不能致，而□□聖賢乎？嗚呼！士而無志，可與有為耶？自開闢以來，□□為年幾千，而汝始生焉；自祖宗以來，不知傳世幾百，而汝始承焉。嗚呼！以開闢以來始有之身，祖宗以來承傳之□，而於汝託焉，則汝所以兢兢業業，□學禔身，克肩厥任者，當何如哉？汝其齋心凝慮，以思古之學者，皆有所志。志者，心所向也。志高而或下者有矣，

志下而能高者，未之有也。故古人謂取法於上，猶得乎中；取法於中，不免為下也。信矣。右張文忠公家訓。公之子御史引屏立書而□□石。不特以訓其家，凡士夫家舉可訓矣。後學諭立書，彭文舉刻。」縣志按語：「右碑高四尺五寸五分，寬二尺九寸五分，文十八行，行二十二字，字徑一寸二分，正書。額字徑二寸許，八分書。在張文忠公祠內西側東向。」

附：（宣統）《淄川縣志》卷九《三續封贈》

牛滋蒲，字鄰藻，監生，以子文份貴誥封奉直大夫。善於持家，篤於為善，周濟鄉鄰，施惠勿念。嘗重修大興教寺，為一方善士焉。

牛滋蘭，字蔚光，監生，以子文仔貴誥封朝議大夫。性慈祥樂施予，捨棉衣，施藥餌，立義學，置義田，修橋補路。

翰林院編修焦公墓誌銘

焦先生諱傑，字偉功，號海石，青城人。始祖之彥，金季登童子第優等，授長山簿。之彥子瑾，元初有全城功，以子文炳贈中順大夫、上騎都尉、中山郡伯。詳見元明善碑。[1]曾祖永芳，廩生。祖扶，庠生。父有榮，貤贈編修。子二，先生行一。弱冠入邑庠有聲。康熙庚午科鄉試，倐得復失，遂棄舉子業而讀書，至老不懈。旁及醫、卜家言，皆博覽，而心知其意。族黨及朋友中子弟，有欲讀書而資不足者，每伙助之，無少吝惜。事親以孝聞，讓產與弟，甘取其瘠者。娶李孺人，子一，早卒。繼娶丁孺人，子八人，汝翰，丁丑科庶吉士，授編修。汝棟，儒士。汝檀，廩膳生。汝揆，增廣生。汝礪，監生。汝燮，儒士。汝谷、汝甸，附生。孫十七人，檁、檢、桐，附生。曾孫六人。先生生於康熙二十五年二月二十日卯時，卒於乾隆三十五年正月二十四日子時，年八十五歲。以子汝翰貴，封如具官。將以乾隆三十七年十月十四日葬於陳家莊西北。孫檁持狀來乞銘。余嘗慨富貴之家，恒以虛美，如其親即有一二懿節，翻為浮文所掩。今狀所述者，皆質行無飾辭，即此可觀先生之家教已。是宜銘。銘曰：

其言諄諄，其行循循。抱古處以化鄉黨，敦詩書而安貧賤。惟潛德之必耀，弓宜子姪之振振。吁嗟乎！陵谷有時而變，弓石不可湮。

【校箋】

〔1〕方鳳修、戴文熾等纂（乾隆）《青城縣志》卷一一《藝文志上》載元泰定二年（1325）翰林學士、知制誥元明善《元中山郡伯焦侯碑》：「焦氏出姬姓，《春

秋傳》□□焦滑皆姬姓是也。漢之時延壽其後也。子孫散處齊梁間，濟南之焦姓始此。世為青城望族，歷唐宋金顯宦不絕。金之季有名之彥者，登童子第優等，授長山簿。天興壬辰，國兵破濟南，焦氏盡死，譜亡不可考矣。之彥子諱瑾，即侯之父中山伯也。年十三，得不死，俘以北。後五年而歸。中統三年，李璮分兵圍青城，城且破。中山伯縋城紿賊曰：『城降矣。將以金帛牛酒獻，請緩攻。』賊為少卻。翼日，官兵至，璮敗走。全城，伯之力也。伯娶劉氏，生侯，諱文炳。性至孝，母郡君劉氏病疫，七日不汗且死，醫皆議去。侯籲天，以刀刺脅取肝一臠，詭為藥進。甫入口，大汗而甦，而侯亦病矣。時五月。濟南多蠅嗜膚，動以千萬計，而莫近所傷處。後母目盲，侯夜稽顙北辰，旦則舐母目，旬日復明。鄉黨至今稱之。侯之行如此。至元丁亥六月侯卒，年六十。娶楊氏，生子五。」

椅園高公家傳

高公諱淑曾，字魯如，號椅園，沂水人。高祖名衡，明河南巡撫、兵部侍郎，《明史》有傳。〔1〕曾祖鉁，蔭貢生。祖啟國，贈奉直大夫。考岸，康熙丁酉舉人，封奉直大夫。幼負異稟，雍正癸卯舉於鄉，丁未成進士。分校江南，所取多知名士，而金山沈戌開以老宿發解，〔2〕無不謂公得人。辛亥，授蒙城知縣，前積案甚夥，公至，剖決無滯。甲寅，擢直隸六安知州，減浮稅二千餘金。旋署潁州，州有賊聚眾劫掠，公立殲其魁，境內以寧。霍邱寡婦王氏，貲頗厚，族有利其產者斃其子，而以重賄免。公廉得其情，置之重典。乾隆戊午，擢廣東雷州知府，值六安大饑，制府尹文端公以公素得民，留辦賑事。以勞致疾，回籍。辛酉，告痊，特授湖南常德府知府。時武陵令某，貪縱酷虐，公劾之，上官不可。公曰：「即武陵民何辜！」上官不得已，去之，而公亦以微故論罷矣。旋丁父憂，事繼母，得其歡。撫異母弟，備極友愛。延師教族中子弟，賴以植立者甚眾。喜為詩，過江後，與膠州高鳳翰、桐城張純相切劘，格益進。晚年自訂為二卷，藏於家。〔3〕以乾隆甲申年卒，年六十二。子三，葵、蔚、藻，葵，戊子舉人；蔚、藻，俱邑庠生。

論曰：公喜讀書，所至必購古書，傳寫校讎，插架之富，與泰安趙尚書、平陰朱鴻臚相埒。〔4〕在六安，得宿儒楊友敬，事必諮而後行。昔兩漢掾曹，皆令長自辟其邑之材俊，論者以為《周官》遺法，故制最近古，而得人亦極盛。公所至，皆以循良著稱，有自來矣。

【校箋】

〔1〕高名衡傳在《明史》卷二六七。《欽定四庫全書總目》卷一八〇「《更生吟》無卷數」條:「明高名衡撰。名衡字平仲,號鷺磯,沂州人。崇禎辛未進士。官至監察御史。以城守功晉兵部左侍郎。崇禎壬午,大兵破沂州,名衡死之。事蹟具《明史》本傳。乾隆四十一年,賜謚忠節。是編乃名衡巡按河南時值李自成攻開封,在圍城時所作。自成凡三攻開封,此其初攻解去之時也。前有自序,末有其元孫淑曾跋,稱其生平著述甚夥,屢經兵燹,拾之灰燼之餘者,類多殘闕。惟此詩粗備首尾,因鈔藏之云云。」

〔2〕據法式善《清秘述聞》卷五,雍正七年(1729)己酉科鄉試,江南解元沈戌開,金山衛人。

〔3〕姚鼐《惜抱軒文集》卷四《高常德詩集序》:「明季沂水高侍郎巡撫河南,堅守圍城,與流賊相拒,前後幾一年,卒以忠節著稱。世所傳為《守汴記》者也。後百餘年,侍郎之元孫來為余鄰邑蒙城知縣、六安知州。時余生一二歲耳。及余少長,而六安已遷去,為湖南常德府知府。獨蒙城、六安之人,猶道其強直有為,不愧高侍郎後也。後又二十餘年,常德公既沒,余乃識其子葵,因得觀常德生平所為詩一卷。余顧有疑焉。人生各有所遭時,侍郎當天下阽危,致命效節,人觀所著書,莫不淒然以悲。至常德生當太平,以政事顯,屢典大郡。其所遇,宜人情之所喜矣。顧其詩,常若有所不懌,而欲自適於山澤間者,何邪?嗟乎!士或所挾者廣,而世之取之者不能盡;事有旁觀見為功名之美,而君子中心歉然以為不足居。若此者,往往而有。其志深,其情遠,顧非其辭之工,猶不能盡達其情志,使人悵然感歎而不能自己也。常德之詩,貫合唐宋之體,思力所向,搜抉奇異,出以平顯。憔悴專一之士,或不能逮,而乃出於仕宦奔走之餘,信乎才之偉已!余取其尤工者,別錄之歸諸其家,而因為之序。」

〔4〕趙國麟(1673～1751),字仁圃,號拙庵,其先上虞人,祖瑗始家泰山。國麟少穎秀,日讀書數千言。瑗手錄《春秋內外傳》《史記》《漢書》及唐宋八家文各數百篇授國麟,曰:「北方艱購書,守此文義可粗明,慎行其身,毋忘瀝海而已。」國麟於康熙四十五年(1706)成進士,五十八年(1719)授長垣知縣。雍正二年(1724)升永平府知府。五年(177)升福建布政使。七年(1729)調河南布政使。八年(1730)擢福建巡撫。乾隆三年(1738)由安徽巡撫擢刑部尚書,旋遷禮部,尋兼國子監事。四年(1739)授文淵閣大學士。八年(1743)

解組歸里，後十餘年以疾卒於家，年七十有八。國麟為官清冷絕塵，死後身外無長物，詒其子孫者，古書一屋，硯十數方而已。著有《學庸困勉錄》、《天雄書院口受》、《調皖紀行草》一卷、《雲月硯軒藏稿》一卷、《拙庵近稿》一卷、《小園雜記》、《居岱淵源錄》、《塞外吟》一卷、《調豫唱和集》、《近遊草》、《文統類編》、《與點集》一卷、日記數冊。撫皖時曾獲《孫明復小集》，什襲珍藏，後聶劍光為之刊行。陳養源《書明復先生小集後》記其事云：「泰山相國珍如玉，相國原是嗜古者。搜羅遺文遍朝野，撫蒞安徽得此集。什襲攜歸泰山下，聶君劍光廣其傳。」蓋實錄也。《四庫全書》《明復小集》即出自國麟家藏本。國麟藏書多善本而不自私，恒以秘本假人無吝色，身後其季子起魯能守父業。國麟藏書最早見於《天祿琳琅書目》卷七著錄明刊本《重刊許氏說文解字五音韻譜》二函十二冊，書中鈐「閩南開府所得之書」「泰山趙氏藏書」二印。國麟藏書見於李氏《木樨軒藏書題記及書錄》者有宋本《景德傳燈錄》三十卷，現藏北京大學圖書館，書中鈐「泰山趙氏拙庵圖書」白文方印、「閩南開府所得之書」朱文長方印，與天祿琳琅所藏正合。見於王氏《雙行精舍書跋輯存續編》者有明萬曆刻本《漢魏詩選》，現存山東省圖書館。其藏印有「泰山文獻」「泰山趙氏藏書」。今四川省圖書館藏清康熙五十八年泰安徐志定磁活字本《周易說略》八卷，鈐有「文淵閣大學士」「仁圃藏書」等印，亦為國麟舊藏。

〔註 2〕朱續經，字青章，平陰人。官至鴻臚寺卿。見本編補遺部分《青章朱公墓誌銘》。

附：吳省欽《白華後稿》卷二十○《誥授中憲大夫高公墓表》

中憲大夫、湖南常德府知府高公既葬之十七年，其子蔡令應城。應城手公詩數百篇示予於武昌使署。予同年姚禮部鼐序之，而周編修永年、程編修晉芳為之傳。三君皆立言之士，一詩不必兩序，傳只藏之於家，惟司馬莊北之塋表石尚虛。頃予還京師，蔡寓狀請益力。爰表之曰：公諱淑曾，字魯如，一字椅園，先世自長山遷沂水，六傳至當塗主簿大同。大同生唐府審理煒，煒生兵部侍郎名衡。名衡撫河南，悉力拒闖賊，事具《明史》及李光壂《守汴日記》。是為公高祖也。曾祖鉁，蔭貢生。祖啟國。父岸，康熙間舉人。兩世以公

〔註 2〕沙嘉孫：《山東藏書家史略》（增訂本），濟南：齊魯書社，2017 年，第 153～155 頁。

貴，贈奉直大夫。公舉雍正元年鄉試，五年成進士，九年授蒙城縣知縣，十二年擢六安州知州。乾隆三年，擢雷州府知府。會病未赴。起常德府知府。終於家。其出處概略如此。高氏自侍郎以清節聞，至孝廉無百金之產，嘗授徒百里外。公生二歲而母劉宜人早世，王母李宜人鞠之。甫就塾，成誦日千言。少長，作韻語，輒驚其座。茶陵彭尚書惟新視學山左，慎許可，特譽公於童試中。既舉孝廉，校江南鄉試，得老宿金山沈戍開為解首。士論翕然。其在蒙城，釐前令滯獄數十事。在六安，減浮稅二千餘金。有挾金希舉賢良方正者，斥之；舉耆儒楊友敬以應。嘗攝潁州，州有羅漢黨，白晝出攫。公法其魁十餘人，餘悉解去。霍邱豪斃其族孀婦之子，以覬厚產而賄令求免。公廉實按罪，孀之子亦遺腹孿二男。其在常德，發武陵令高某貪酷狀，上官以某甫列薦，不得已劾某他事。旋中公鞭里甲事，部議解任。會孝廉公訃至，旋居繼母張宜人憂，墓田丙舍，聚書數萬卷，課諸子及族子，多有成就。婚葬不克舉者舉之。異母弟幼病瘖，斥美產畀之。通籍十六年，未四十而不復出矣。當作令，初程中丞元章欲以和州薦，而制府尹文端公以公為會闈所舉士，引嫌不果。洎雷州命下，尹公又請公辦六安賑，積至勞疾，未嘗有幾微見詞色。其詩沖淡樸至，一如其為人，不惟得之師友切劘已也。嗚呼！以公進之蚤，而退之如此其勇脫，從容歷歷，何遽不至大僚？乃涉歷世情，詠風終老。論其詩者，徒想像之華星秋月之間，非有命存耶？抑不欲以彼易此耶？公以康熙四十二年九月十九日生，乾隆二十九年正月十九日卒，年六十有二。配胡恭人，繼劉恭人，又繼劉恭人。子葵，求表者也。次蔚，次藻，皆邑庠生。女五人，皆適士族。孫鳳齡，孫女一。

韓節婦傳

淄川處士韓維賈妻高孺人，長山諸生梧女也。年十七，適維賈，上事兩世翁、姑，俱能得其歡心。閱六載，維賈歿，孺人晝夜痛哭泣，水漿不入口者五日。是時，子賓恕僅三歲耳。翁、姑泣諭之：「爾欲以身殉乎？諸老人及藐孤之命將安託乎？」孺人乃勉強加餐，代夫盡子職。不數年，翁、姑相繼棄世。祖舅以過慟，得瘋疾，復染時疫，病危篤，醫藥罔效。孺人刺血乞天，病

竟得愈，後四載始歿。祖姑年過七旬，臥起必資人扶持。家素貧，更迭遭荒歉，薄田數畝，復鬻其大半。一切養老送終之具，嘗晝夜紡績以佐之，而自食則糟糠不厭也。賓恕少長，教之甚嚴，復以瘵疾歿。孫二，在洵、在灝，孺人率孀婦許氏，朝夕督課之。常曰：「吾歷盡艱苦，守此一線，倘得見其寸進，吾目瞑矣。」於乾隆二十六年五月十一日，寢臥不語而歿，年七十五歲。後四年，在洵始入泮，有文名，惜孺人未獲親見之也。越十餘年，在洵始具狀於舉師，得旌如例。

　　史氏曰：節孝，庸行也，然所關綦重。方維霣歿後，微孺人苦節自勵，韓氏之宗安所鳩乎？我國家特重節婦之旌，有以也夫。有以也夫！

書金玉川松竹居圖〔1〕

　　昔漁洋先生序《感舊集》謂，少承家學，繼官維揚、京輦，與當代名流服驂驕駕，因獲聞前輩緒論。又評長山劉節之詩，謂才氣縱橫，有揮斥八極之概。而惜其僻處一隅，未能與海內賢豪上下其議論，音節時有不合。〔2〕大興金繩齋綸、玉川茗，〔3〕師事小山丁君。余至其書屋，意甚暱就余。既而小山南歸，逾年，玉川即以疾歿。繩齋出羅冶亭為玉川所作《松竹居圖》，索余題識，且曰：「先生每至余家，凡與丁先生言者，吾弟嘗以筆識之。」憶余昔在濼源書院，受業於沈敬亭、韓湘岩兩先生。〔4〕湘岩尤具廣長舌，縱談名理，往往達旦，俟客至乃散。常謂余曰：「吾輩所言，惜無好抄錄如漁洋、竹垞其人為吾識之。」因相與大笑。庚辰春，在泰安志館，一日，李南潤偶舉吳蓮洋「春風好著書」句，似不如王蓼谷「黃葉林間自著書」句。〔5〕余曰：「黃葉林間所著之書，貧士、高士傳也；春風好著書，則香山、東坡、康節之詩也。」南潤曰：「凡子所言，皆當識之。」近年來，後生非無才俊之士，而聞老輩之謦欬，則掩耳而不欲聞。安可冀其有成哉！好學深思如玉川者，實可任夫著述之業，而乃以夭死。故余聞繩齋所述，而生平師友談諧悵觸於中，因拉雜書於冊上，不禁悄然以悲也。

【校箋】

〔1〕本文作於乾隆四十八年（1783）。按文云「既而小山南歸，逾年，玉川即以疾歿」，考翁方綱《復初齋詩集》卷二四《同裕軒林汲瘦同小疋芝山訪李笠翁所葺園亭歸飯裕軒漫圃三首時瘦同小疋將出都》，則是丁杰於乾隆四十七年南歸，逾年為乾隆四十八年。羅聘（1733～1799）《為金紹倫作松竹居圖冊》，紙

本水墨，縱 30 釐米，橫 19.5 釐米，浙江省博物館藏。〔註 3〕翁方綱《復初齋集外詩》卷一四《金繩齋玉川兄弟皆小疋孝廉高弟也篤學嗜古兩峰冶亭二羅君為作二圖一曰松竹居一曰竹莊書屋小疋以屬題各二詩》（乾隆四十五年作）：「羅聘畫人兼畫鶴，知是松間竹間作。忽聞急雨響空山，時有流雲慶高閣。主人自號松溪子，此是松溪即竹溪。夜半月明飛翠起，四山影在綠玻璃。（右兩峰為繩齋作《松竹居圖》）飛泉落碯動無數，一一芝英倒龗書。何處更容予著筆，娟娟山木倚跏躃。有田臨水可誅茆，何況修篁密蔭交。予亦頻來訪丁子，奇書日日手親鈔。（右冶亭為玉川作《竹莊書屋圖》）」彭蘊璨《歷代畫史匯傳》卷二一：「羅克昭，號冶亭，休寧人。居揚州，湖北興國知州張宗蒼高足。焦墨山水，沉鬱蒼秀。」

〔2〕王士禎《帶經堂集》卷三九《感舊集序》：「僕自弱冠薄遊京輦，浮湛江介，入官中朝，常與當代名流服襄駢駕。自虞山、婁江、合肥諸遺老流風未沫，老成具存，咸相與上下其議論，頗窺為文之訣。」王培荀《鄉園憶舊錄》卷一：「劉公子節之孔和，長山人，明大學士青岳公鴻訓子，身長八尺，力舉石鼎，聰明絕特，著有《日損齋詩集》。其論詩云：『詩取自適，雖拙可喜；詩求悅人，雖工亦俗。』千古名言。丁明末造，憂時感事，長歌短韻，無不唏噓欲絕。」王士禎《帶經堂集》卷九二《蠶尾續文二十·跋日損堂詩海陵本》：「節之詩天才奇恣，元刻載之備矣。後屬唐畊塢、鄧孝威重刻於海陵，刪其拗句、拗字不合者，不為無功。然本色亦稍減矣。」

〔3〕鄭偉章《北京文獻家新考》：「金紹綸字苔之，清順天府大興縣人。……清丁丙在《善本書室藏書志》卷五《廣雅》提要中記有『大興金氏繩齋藏書之印』『繩齋』『金紹綸印』『金苔之印』等印記。……金氏為大興望族。」〔註 4〕

〔4〕（民國）《續修歷城縣志》卷一五託渾布《重修濼源書院並增諸生課額記》：「東省故有書院曰白雪，在省治西郭趵突泉之左，以明詩人李于鱗白雪樓得名。我聖祖仁皇帝東巡，嘗題其額曰『學宗洙泗』者也。以地狹不能容多士，雍正間遷城內都司府故署，更名曰濼源，不忘所自徙也。世宗憲皇帝賜千金，以資諸生膏火。」韓錫胙（1716～1776），字介屏，又字介圭，號湘岩，別署少微山人，浙江青田人。乾隆六年（1741 年）拔貢，補八旗教習。十二年（1747

〔註 3〕浙江省博物館編：《幽居與雅集：明清山水人物畫中的文士生活》，杭州：浙江人民美術出版社，2019 年，第 86～87 頁。
〔註 4〕宮曉衛主編：《藏書家》第 20 輯，濟南：齊魯書社，2016 年，第 29 頁。

－36－

年）中舉人，歷知山東平陰、禹城、平原、齊河、萊陽及江蘇金匱、寶山等縣，後升同知，又擢為安慶知府，調松江、蘇州，分巡蘇松太道。所至有政聲，尤以興水利為務。博極群書，自經史、天文、樂律、方技、道書、釋典無不通曉。嘗主瀠源、繁露兩書院講席。工書畫，詩古文尤俊拔絕俗。著有《滑疑集》18卷、雜劇《南山法曲》、傳奇《砭真記》和《漁村記》。沈起元（1685～1763），字子大，號敬亭，江蘇太倉人。康熙六十年（1721年）辛丑科進士，選翰林院庶吉士。雍正四年（1726年）任吏部驗封司員外郎，不久兼任考功。次年以知府銜分發福建，後歷官福建福州、興化、臺灣知府，江西驛鹽道副使，河南、直隸布政使。乾隆九年（1744年）任光祿寺卿，並稽查右翼宗學。為官奉公守法，清正廉直，賑饑救災，政聲頗著。乾隆十三年因病辭職歸鄉。曾主鍾山、瀠源、揚州、太倉諸書院。著有《周易孔義集說》20卷、《敬亭文稿》4卷。〔註5〕

〔5〕吳雯《蓮洋詩鈔》無此句。王蘋《二十四泉草堂集》卷一《南園》：「何處梣檊有敝廬，空存老樹與清渠。亂泉聲裏誰通屐，黃葉林間自著書。草色又新秋去後，菊花爭放雁來初。菘畦舍北餘多少，取次呼童一荷鋤。」

貸園叢書初集敘〔1〕

《貸園叢書初集》共十二種，其板皆取諸青州李南澗家。其不曰「大雲山房叢書」者何也？曰：尚思續刻以益之。凡藏弆書板者，又將多所藉以廣之，不必限以一家故也。余交南澗三十年，凡相聚及簡尺往來，無不言傳抄書籍之事。及其官恩平、潮陽，甫得刻茲十餘種，〔2〕其原本則多得之於余。今君之歿已十一年矣。去年冬，始由濟南至青州，慰其諸孤，因攜板以來。憶君有言曰：「藏書不借，與藏書之意背矣；刻書不印，其與不刻奚異？」嘗太息以為名言。使果由此多為流佈，君之志，庶幾可以少慰乎。乾隆五十四年歲次己酉仲夏歷城周永年書昌氏敘於京宣武坊寓舍。

【校箋】

〔1〕本文原作「貸園叢書序」，此據《貸園叢書》卷首。

〔2〕《貸園叢書初集》有惠棟《九經古義》十六卷、《易例》二卷、《左傳補注》六卷、李文淵《左傳評》三卷、江永《古韻標準》四卷、《四聲切韻》一卷、戴震《聲韻考》四卷、南宋曾宏父《石刻鋪敘》二卷、《鳳墅殘帖》二卷、元張

〔註5〕孟鴻聲主編：《瀠源書院志》，青島：青島出版社，2018年，第15、17頁。

養浩《三事忠告》三卷、張爾岐《蒿庵閒話》二卷、趙執信《談龍錄》一卷，都十二種，四十六卷。

制藝類編序〔1〕

或問於余曰：今海內鴻駿君子，皆厭薄時文，以為不足學。子乃復從事於斯，何也？余曰：同年邵二雲，世所推鴻駿君子之一也，其厭薄時文也尤甚，以《孟子》孫氏疏率略，思更為之。余嘗謂之曰：「《孟子》『班爵祿』章所言封國之制，與諸經皆不合，先儒多以為疑。偶讀魯啟人先生『不能五十里』二句題文，〔2〕則《孟子》與諸經約略可通，子疏《孟子》，將毋亦有取於是？」二雲笑應曰：「然。」然則時文固箋傳之苗裔，而未可以流俗之沒溺於腐爛本頭而廢之也。或又曰：「選粹」、「律髓」、「詩賦」、「分類」，至今學者猶病之，子選時文而以類區之，毋乃更為大方所笑乎？余曰：前輩讀書之法，其不傳於世也久矣。呂氏《童蒙訓》曰：「安定先生主湖州學，使學者各治一事，如水利、農田之類。其後從學者多有實效。」蘇子瞻曰：「書富如入海，人不能兼收盡取。故願學者每次作一意求之，則學成可以八面受敵。」〔3〕朱子嘗取以教學者。蓋類分，則討論易記憶。便「四子」之書乃諸經之總匯，以類求之，亦可以得諸經之門戶矣。且今人之材力，自忖視子瞻、東萊何如，而乃以分類為陋乎？或曰：如此則可分之文多矣，所輯勿乃隘甚？余曰：是編意取闡幽，凡坊間習見之文，略錄一二篇，以當舉隅，學者自取而分之可也。且果由是以稽經諏史，取古人之書區分類聚，提要鉤元，觀其會通，得其典禮。安定湖學之法、朱子讀書工程、程畏齋之所輯、宋潛溪之所述，〔4〕其端緒略具於是編矣。世有異敏之士，得吾說而潛心焉，異日海內所號為鴻駿君子者，安知不即以是編為千里之跬步，而又何必厭薄時文也哉？或曰：子之言將無然。因次之以為序。時乾隆四十八年歲次癸卯七月歷城周永年書於京寓藉書園。

【校箋】

〔1〕濟南市圖書館藏《制藝類編》二十卷，四函，乾隆四十九年林汲山房刊本。書首周永年序，作「時藝類編序」。序後印「周印永年」陰文章、「書昌一字書愚」陽文章。次《制藝類編附錄》，列自宋以來讀書法二十三條，並有先生所為識語。正文半頁九行，行二十五字。卷首題「歷城周永年書昌甫評選，受業尹廷蘭畹階校字」。制藝文首《論語》，次《學庸》，次《孟子》。原缺卷十四。卷一之卷三性理類，卷四天文類，卷五倫紀類，卷六之卷八歷代事蹟類，卷九卷十

聖賢類，卷十一政治類，卷十二封建類，卷十三井田類，卷十五理財類，卷十六卷十七學術類，卷十八六藝類、經籍類，卷十九宮室類、冠服類、飲食類，卷二十器用類、物產類。另有用人類、祭祀類、朝聘類，疑為卷十四之目。

〔2〕魯曾煜，字啟人，浙江會稽人。有《秋塍文鈔》、《三州詩鈔》。《制藝類編》卷一二魯曾煜《不能五十里　附庸》：「班祿及於附庸，狹其地而善其制也。夫不能五十里，此附庸之所以附也，然足以維班祿之制矣。今失虞夏以前，建國至萬，比之大象，先王以建萬國，親諸侯也。然則古諸侯裂土而封，大約如今之不能五十里者是。周自《武成》《大告》以後，分土維三。由百里迄五十里，較之古侯，不已侈乎？蓋當時非宗盟勳戚也，周王之勢不得已也。而封建制善，獨隱寓其法於不能五十里者，不能五十里，則必舉五十里而瓜分之，而凡三十里、二十里、十五里，實有眾建少力之思。不能五十里，又將舉五十里而碁布之，而凡百里、七十里、五十里，更有犬牙相錯之勢。嗚呼！班祿之制，先王所以久安長治而無弊者，持有此不能五十里者維之也。以彼蕞爾自守，必無驕淫之習，先王稍督責之。吾知篤於仁義，奉上法也，而先王固有所不忍。以彼偏隅自固，亦資捍衛之功，先王過奔走之，必至不寧方來，後夫凶也。而先王又有所不取，則令其不達於天子矣。嗟乎！自五十里以上，則有日祭、月祖、時享、歲貢、終王之勞，自五十里以下，遂無不祭、不祀、不享、不貢、不王之罰。此先王之公也，亦先王之權也。然而天下不止凝，大臣不之忌者，先王曰，吾仍令其附於諸侯焉耳。於是乎附庸之各乃立，故自附於諸侯，而公之方百里者，或五百里、四百里焉。伯七十里者，或三百里焉。子、男之五十里者，或二百里、一百里焉。齊之賜履，以勳戚也；魯之荒東，以宗盟也。是故錫庸最多。總據此不能五十里之內，而斟酌分隸之，納其貢不以諸侯為貧，享其朝不以諸侯為僭，而諸侯因得彌縫其闕，匡救其災，且實陰相牽制於肘腋之間，強侯亂臣有所忌憚，不敢竊發，則此不能五十里者，實關天下封建盛衰之局也。自《春秋》無駭入極以後，而附庸多亡，於是乎班祿之典亦亡。」

〔3〕語出《蘇軾文集》卷六〇《與王庠書》之五。

〔4〕元程端禮《程氏家塾讀書分年日程》，又名《程氏家塾讀書分季日程》、《讀書工程》，三卷。宋濂《宋學士文集》卷七三《送東陽馬生序》：「余幼時即嗜學。家貧，無從致書以觀，每假借於藏書之家，手自筆錄，計日以還。天大寒，硯冰堅，手指不可屈伸，弗之怠。錄畢，走送之，不敢稍逾約。以是人多以書假余，余因得遍觀群書。既加冠，益慕聖賢之道，又患無碩師名人與遊，嘗趨百

里外，從鄉之先達執經叩問。先達德隆望尊，門人弟子填其室，未嘗稍降辭色。
余立侍左右，援疑質理，俯身傾耳以請；或遇其叱咄，色愈恭，禮愈至，不敢
出一言以復；俟其欣悅，則又請焉。故余雖愚，卒獲有所聞。當余之從師也，
負篋曳屣行深山巨谷中，窮冬烈風，大雪深數尺，足膚皸裂而不知。至舍，四
支僵勁不能動，媵人持湯沃灌，以衾擁覆，久而乃和。寓逆旅，主人日再食，
無鮮肥滋味之享。同舍生皆被綺繡，戴朱纓寶飾之帽，腰白玉之環，左佩刀，
右備容臭，燁然若神人；余則縕袍敝衣處其間，略無慕豔意。以中有足樂者，
不知口體之奉不若人也。蓋余之勤且艱若此。今雖耄老，未有所成，猶幸預君
子之列，而承天子之寵光，綴公卿之後，日侍坐備顧問，四海亦謬稱其氏名，
況才之過於餘者乎？今諸生學於太學，縣官日有廩稍之供，父母歲有裘葛之
遺，無凍餒之患矣；坐大廈之下而誦詩書，無奔走之勞矣；有司業、博士為之
師，未有問而不告，求而不得者也；凡所宜有之書，皆集於此，不必若余之手
錄，假諸人而後見也。其業有不精，德有不成者，非天質之卑，則心不若余之
專耳，豈他人之過哉！」

蘭雪齋藏稿合選序〔1〕

壬寅冬，從事選事同年王子夢塘以文安陳子翽先生《蘭雪齋稿》寫本示
余，偶繙一二藝，淡與泊相遭，未之奇也。庋置案頭者數月，一日又繙之，則
覺其奇，既而愈讀則愈奇。乃從文安取板本來，則佳文所遺尚多。爰合已刻
未刻，遴其尤者，得百篇，都為一集。作而歎曰：「此數百年來所僅有也！」
或曰：「自有明以制藝取士，名家多矣。子乃守一先生之言，若可以凌跨一切，
人誰其信之？」余曰：「是不可以口舌爭意見與也。昔青田韓介圭先生曰：『時
文中有見於道者絕少無已。則正希《知之者》篇、《舜其大孝》篇，庶其近之。』
〔2〕夫竭億萬人心思、材力之所趨，其可誦而傳者，浩如煙海，而韓先生之所
取者止此。知其解者，可與讀陳先生之文，而信余言為非謬矣。」

【校箋】

〔1〕是書為「周林汲先生評選《蘭雪齋稿合刻》，歷下周氏藉書園藏版。」為選評
　　　陳儀（1670～1742）制舉文。《清史稿》卷二九一：「陳儀字子翽，順天文安人。
　　　康熙五十四年進士，改庶吉士，散館授編修。為古文辭，治經世學，大學士朱
　　　軾器之。……乾隆二年，授鴻臚寺少卿。儀以老乞歸。七年，卒，年七十三。」
〔2〕《明史》卷二七七：「金聲字正希，休寧人。好學，工舉子業，名傾一時。」

蘭雪齋藏稿合選再序

　　昔王己山先生《明文抄》謂：〔1〕「前後相匹敵者，必推歸、金二家。」〔2〕至序天、崇十家，又謂：「品莫高於思曠，〔3〕後人亦莫之非也。」國朝文自熊、劉以後，〔4〕若李安溪、方百川、王耘渠、劉海峰，愛之甚者，各欲推為冠冕。今余讀《蘭雪齋稿》，竊以為探驪得珠，因文見道，乃在此數十篇中。惟思曠、正希最超詣之作，時或近之。而亦不能如先生之奧旨奇辭，如取諸室中之物而固有之也。即墨張陽扶素服膺歸、金、李、方之文，〔5〕謂必無與方駕者。既而三復斯編，口呿舌撟，愕眙累日，曰：「讀數十篇，紙上竟不見一字。子之言將無然。」然則余所見，或亦可備一說歟。乾隆四十九年歲次甲辰仲秋歷城周永年書昌氏書於京寓藉書園。

【校箋】

〔1〕王步青，號己山，雍正進士，為清代八股名家，有《己山先生文集》。

〔2〕歸謂歸有光，金謂金聲。

〔3〕王步青《己山先生別集》卷一《天崇十家文鈔序》：「自故明以制義取士，代有傳文。成弘以降，正變迭乘，訖於天崇，變斯極矣。變而不戾乎正，力開奧奧，教人自為，吾得十家焉。十家者，品莫高於思曠，思莫微於正希，才莫恣於大士。與大士相雄長者，大力也。臨川兩大，其精悍足當之矣。羅視徐為幽，而沖淡之神不減；楊視金為削，而變逸之性自如。其諸高顙頑矣乎。」徐方廣，字思曠，明萬曆時人，為明八股名家。傳見趙宏恩修（乾隆）《江南通志》卷一六六《人物志》。

〔4〕《清史稿》卷一〇八《選舉三》：「清代名臣多由科目出身，無不工制義者。開國之初，若熊伯龍、劉子壯、張玉書，為文雄渾博大，起衰式靡。康熙後益軌於正，李光地、韓菼為之宗。桐城方苞以古文為時文，允稱極則。雍、乾間，作者輩出，律日精而法益備。」

〔5〕（同治）《即墨縣志》卷九《人物·文學》：「張鶴榜名鈴，字陽扶，號嘯蘇，亦曰肖素。乾隆甲寅舉人。少孤，家貧，事母至孝。工詩及古文辭。才高氣卓，俯視一切。然於所心折，未嘗不抑然善下。嘗自謂『黃靜軒、周林汲兩先生外，不當在弟子之列』。中年官福建，署縣尹，即權同知。所至不名一錢，行顯擢矣，以不耐繁劇，力請告歸。廣交遊，所至傾倒。詩文尤為翁覃溪、莊方耕兩先生所推服。雅癖嗜書及古帖名畫，晚為汝寧書院山長。客死。著作多散佚。濟南周書昌嘗寓書曰：『處為孝子，出為循吏，文章風節，庶幾古人。』時皆

以為實錄。」王培荀《鄉園憶舊錄》卷七:「即墨張陽扶,號肖蘇,領解時,榜名銘。古文能手。時藝迥絕恒蹊,超逸者飄飄欲仙,渾厚者似歸太僕。詩沉鬱,原本少陵,而一種清逸之氣,自其本色,同人推為曠代逸才。與周蕭齋、先王父交善。往來寒舍,每手錄其詩。書法亦工,幼時見之,不甚愛惜,漸失去矣。論文以《左》《史》《莊》《騷》為宗,以是課徒,人多卻步。盧雅雨先生延之課子,見其步趨太高,作七律諷之,遂辭去。」

小題文原序

余聞諸申清川師曰:「德州孫莪山先生時文選本最多,〔1〕其評跋雋永,可與汪氏《正味集》、何氏《竹遠集》競爽。」因於先生諸本,即零星殘帙,必購而藏之。歲乙巳夏,來主繁露講席,〔2〕乃得見《小題文原》之選。昔韓文公《與李翊書》曰:「養其根而竢其實,加其膏而希其光。」而歸於「仁義之人,其言藹如」。黃文節公曰:「凡作文字,字句須有來歷。」故崑山顧氏病時文好杜撰,〔3〕思選常讀之文數十篇,詳考其出處,以為準的。先生斯選,蓋本二說為之,故文止十有九篇。而於後生立心制行之際,再三申明之;每篇細注又各數千百言。擇焉惟恐其不精,語焉惟恐其不詳,較向來所見房書、偶抄諸選,用意更為懇至。後生試人置一編於座右,其於昌黎、山谷所云,庶可以企及,而不至汩沒於俗學乎。

【校箋】

〔1〕王道亨修、張慶源纂(乾隆)《德州志》卷九《人物》:「孫勷字子未,號莪山。康熙辛酉解元,乙丑入翰林,授檢討,文名滿天下。」王培荀《鄉園憶舊錄》卷一:「德州孫子未先生勷,以時文名天下。相傳幼時家貧,以館僮伴讀,穎悟絕人。……先生主持文壇,好士如不及。……所作詩亦名家。」

〔2〕先生以乾隆五十年(1785)六月至德州繁露書院講學,見下編年譜。

〔3〕馬其昶《韓昌黎文集校注》卷三《答李翊書》:「將蘄至於古之立言者,則無望其速成,無誘於勢利,養其根而俟其實,加其膏而希其光。根之茂者其實遂,膏之沃者其光曄。仁義之人,其言藹如也。」黃庭堅《宋黃文節公全集》正集卷一八《答洪駒父書》:「自作語最難,老杜作詩,退之作文,無一字無來處,蓋後人讀書少,故謂韓杜自作此語耳。」顧炎武《日知錄》卷一六「經義策論」條:「今之經義論策,其名雖正,而最便於空疏不學之人。唐宋用詩賦,雖曰雕蟲小技,而非通知古今之人不能作。……若今之所謂時文,既非經傳,復非

子史，展轉相承，皆杜撰無根之語。」自注：「前輩時文，無字不有出處。今但令士子作文自注出處，無根之語不得入文，自當攋指而退矣。」

林汲文補遺

九皇新經注解跋〔1〕

此書疑黃冠者流假諸上真之語，以明內丹鼎器藥物之旨，故文詞間涉鄙俗，而意義頗有可採，然不得其解，閱之多似房中家言。昔人云道自房中得之，而非御女之術。則《參同》之淑女好逑，《悟真》之坤位乾家，疑別有旨在，而妄庸人乃盡竊以文其私說。所謂差之毫釐，謬以千里也。夫吾人遭際盛世，沐君親之澤，得優游以從事性命之途，寧非厚幸。而往往為邪宗所誘，陷於左道，訖受其殃，養生而反以戕生，蓋大可憫也。則此書之似房中，而非今人所謂房中，亦在讀書善辨而已。丁丑中元前一日，林汲子周永年題於千岩萬壑書屋。

【校箋】

〔1〕本文採自李振聚文，原見山東省圖書館藏清抄本《九皇新經注解》卷首。是書二卷，附《大女金丹訣》一卷、《五運六氣》一卷，題孚佑大帝呂純陽注。

課閒遺稿序〔1〕

唐詩初、盛、中、晚之分，始於滄浪，詳於仲宏、庭禮。然《唐音》、《品匯》諸選，〔2〕雖有明以來群奉為圭臬，而論者亦或病其拘。蓋詩以宣堙暢滯、發揮性靈為極則，摹擬剽竊雖工，弗尚也。單縣張君茂初函致其尊甫幼亭先生遺詩二卷，〔3〕屬為序。余讀之，愛其能直抒胸臆，不為一切格律聲調之論所束縛，灑然有自得之致。新城《論詩絕句》有云：「耳食紛紛說開寶，幾人眼見宋元詩。」〔4〕三復是集，其可以免於耳食之誚也夫。乾隆壬辰孟春。

【校箋】

〔1〕本文見項葆禎修、李經野纂（民國）《單縣志》卷九《人物志》。

〔2〕嚴羽《滄浪詩話·詩體》：「以時而論，則有唐初體、盛唐體、大曆體、元和體、晚唐體……」《欽定四庫全書總目》一八八「《唐音》十四卷」條：「元楊士宏編。……凡《始音》一卷，《正音》六卷，《遺響》七卷，……《正音》則詩以體分，而以初唐、盛唐為一類，中唐為一類，晚唐為一類。」明高棅

字廷禮,《欽定四庫全書總目》卷一八九「《唐詩品匯》九十卷《拾遺》十卷」
條:「明高棅編。……分體編次,……諸體之中,各分正始、正宗、大家、名
家、羽翼、接武、正變、餘響、旁流九格,其凡例謂:大略以初唐為正始,
盛唐為正宗,為大家,為名家,為羽翼;中唐為接武;晚唐為正變,為餘響;
方外異人等詩為旁流。……《明史‧文苑傳》謂,終明之世,館閣以此書為
宗。」

〔3〕單縣張賡烈《課閒遺稿》二卷,山東省圖書館藏乾隆三十年(1765)刻本。盛
百二《柚堂文存》卷四《佑亭張君墓誌銘》:「歲壬辰在東昌,周林汲永年向余
言張子茂初之好學,余心識之。甲午冬,茂初訪余於任城。聽其持論,知林汲
之取友不虛矣。別去月餘,以厥考之狀來曰:『將以明年三月二十六日葬於單
城西十二里人和莊先人兆左。』乞余為之銘。按狀,君諱賡烈,字承思,號佑
亭。遠祖鑑,自萊蕪徙單。曾祖經綸,歲貢生,候選訓導。以學行氣節重鄉里,
縣志有傳。祖慎行,候選縣丞。本生考蒲,歲貢生。母朱氏,旌表節孝。君以
次出為伯父歲貢生范之後,事嗣母郗氏、本生母能兼盡其孝,皆忘其為出嗣
也。每膳必親視。他出,雖遇雨,必歸無愆期者。以貲貢國子學,科試見賞於
督學李公治運。出闈,聞所生祖母單氏疾,急馳歸,兩日行五百里,而已無及。
自後絕意場屋,連舉嗣父及本生喪,以謀葬具至金陵。侵曉渡江,風大作,舟
幾覆,君端坐晏如。後語其故曰:『適推篷見江上青山如畫,忘其在險也。』
兄賡謨,官於蜀,迎母就養,君侍行。歸二載,再省覲。及歸,遂臥疾,自此
八年不起。君孝友性成,能周人急。幼聞將出嗣,神惝恍。月餘,出門惘惘行
十餘里,兄追及之,始還。有族子某年幼,丁荒歲,以宅質於賡謨得值,君為
理其逋負。不足,復周以錢四萬。有族人佃種北村田二十畝,竇甚,即推與之,
且助其子學。田戶稱貸多負,知其力不能償,即焚其券。朝廷有大慶賚,推恩
旨蠲其租貸,先後凡十餘萬。君淡於榮進而好聚書,手抄《史》《漢》《通鑒》
及古今文,數數為兒輩講說。至《陳情表》,自以三歲失怙,不覺感慟,淚涔
涔下,為之廢講。又時時以楊忠愍遺囑為訓,目為人子者當聽此。著有《陶雲
集》三卷、《石居齋集》兩卷,即所刻《課閒遺稿》是也。《蜀道見聞》及《蜀
遊紀略》各一卷。以乾隆某年某月日卒,年四十三。配朱氏,舉孝廉方正栴女。
子四,長敷,即茂初;次殷;側室孔氏出者二,曰桓曰秩。女三,一適朱賡湘,
一適石學灝,一適郗大為,皆朱氏出。銘曰:『樹德務滋經為畬,有子而賢讀
父書。佳城鬱鬱卜永久,誰其銘者敷老友。』」

〔4〕王士禎《帶經堂集》卷一四《戲效元遺山論詩絕句三十六首》之十七：「鐵厓樂府氣淋漓，淵穎歌行格盡奇。耳食紛紛說開寶，幾人眼見宋元詩。」

儒林宗派序

　　四明萬季野先生《儒林宗派》鈔本十六卷，庚寅冬，購自都門。先生曾從孫邠初使君方牧臨清，〔1〕聞之，亟借觀以校其家藏本，乃多四卷。爰錄之，而以原本還余，且謀刻焉。復屬為之序。《周官》以九兩系邦國之民，三曰師以賢得民；四曰儒以道得民。其與民相維繫，蓋與牧之以地長之以貴同功。沿及後世，治統與道統分，而師儒之教化常在於下；且或私其傳於一鄉一國，而不能及遠。較之古者父師、少師坐於閭門，無地而不建之學，無人而不範於師者，迥殊矣。然漢、唐、宋、明以來，草野之講習，朝廷之製作，未有無所師承而可有立於一時、有功於一世者。第其源流，散見載籍，考之為難。昔宋儒章俊卿著《群書考索》，各經俱載《諸儒傳授圖》；明西亭王孫復廣之為《授經圖》。先生斯編，則搜採更博，且縷析條分，較若列眉。學者誠一一考其世、論其人、溯其德業文章之所自，則數千年間學術之何以醇駁、治法之何以升降，亦可以深明於其故，而人自得師矣。古之「三物」、「四術」，即不敢遽語其全，而考亭、西山讀書之程，翼之、平仲教學之法，〔2〕可考而知、循而守也。於以窮經稽史、尊聞行知，人材之成，安在不可比隆於漢、宋哉！斯則先生纂集是書之意也夫！乾隆癸巳春仲歷城後學周永年謹序。

【校箋】

〔1〕張自清修、張樹海等纂（民國）《臨清縣志》第十四篇《秩官志》，萬綿前，字邠初，官歷城知縣，乾隆三十五年（1770）升臨清州知州。

〔2〕考亭謂宋朱子，西山謂宋真德秀，翼之為宋胡瑗，平仲為元許衡。

附：《欽定四庫全書總目》卷五八「《儒林宗派》十六卷」條

　　編修周永年家藏本。國朝萬斯同撰。斯同有《廟制圖考》，已著錄。是編紀孔子以下迄於明末諸儒，授受源流，各以時代為次。其上無師承，後無弟子者，別附著之。自《伊洛淵源錄》出，《宋史》遂以《道學》、《儒林》分為二傳。非惟文章之士，記誦之才，不得列之於儒。即自漢以來傳先聖之遺經者，亦幾幾乎不得列於儒。講學者遞相標榜，務自尊大。明以來談道統者，揚己凌人，互相排軋，卒釀門戶之禍，流毒無窮。斯同目擊其弊，因著此書。所載斷自孔子

以下，杜僭王之失，以正綱常。凡漢後唐前傳經之儒，一一具列。除排擠之私，以消朋黨。其持論獨為平允。惟其《附錄》一門，旁及老、莊、申、韓之流，未免矯枉過正。又唐啖助之學傳之趙匡、陸淳，宋孫復之學傳於石介，皆卓然自立一家。宋代說經，實濫觴於二子，乃列之散儒之中，不入宗派，亦有所未安。至於朱、陸二派，在元則金、吳分承，在明則薛、王異尚，四百年中，出此入彼，淵源有自，脈絡不誣，亦未可以朝代不同，不為明其宗系。如斯之類，雖皆未免少疏，然較之「學統」、「學案」諸書，則可謂淌除錮習，無畛域之見矣。世所傳本僅十二卷。此本出自歷城周氏，較多四卷。蓋其末年完備之定本云。

儀禮讀本序 [1]

《儀禮》者，《戴記》之綱也。儀詳其制，記明其義，義與制相輔而行，猶驂靳耳。然《儀禮》不以取士，何也？道無古今，禮有沿革。明其道者，禮以義起；失其義者，數且空陳，此《戴記》之所以獨列五經也。雖然，數典者勿忘其祖；沿瀾者貴討其源，讀《戴記》而不讀《儀禮》，何以稱通經哉？余曩偕同里諸君子，樂群敬業，商訂經義，至今往來於心，未能忘也。自奉部檄徵赴石渠，校四庫書，縹緗雲集，藜光乙火，焆焆長明，雖見聞稍增而日不暇給，時以疏漏為懼。頃於郵邸接鄭君秋池、逢君南軒、程君敬方書，並寄所鑴《儀禮讀本》，而囑余弁其首。於戲！方今文明日啟，著述之家，日新月異，其說純疵各半，折衷為難。是編原本張稷若先生《鄭注句讀》而加以裁簡，[2] 詞約義明，兼附《戴記》中《冠義》等篇於其後，以明制與義並行之意。微哉，三君子之旨乎！昔老泉之作《易傳》曰：「經之不明，由諸儒以附會之說亂之。」夫文士逞辨，豎一議者，必立一敵。茲書之旨，殆善用紫陽之說而不著議論者，與其有功於禮經為何如耶。乾隆癸巳重陽歷下周永年題。

【校箋】

〔1〕本文見山東師範大學圖書館藏《儀禮讀本》卷首。是書四卷，清歷城鄭銘撰，清乾隆三十八年刻本。(宣統)《山東通志·藝文志》著錄是書，(民國)《續修歷城縣志》節錄此序。

〔2〕鄭銘《儀禮讀本自序》云：「今年春，陵州志南梁先生假館林汲師家，好古通經，六籍淹貫。余就教之餘，以《鄭注句讀》一書，求其指示。為欣然點筆，

凡必讀者，標以圈；可不讀者，以點記之。節目畢備，而文義可通，以便誦讀。間有難解字句，因撮鄭注、賈疏與稷若先生之說，略為解釋。又摘《禮記·冠義》諸篇以附其後。」

痘疹詩賦序〔1〕

吾邑汪君立庵，嘗與余談醫，謂張君五雲有《痘疹詩賦》一書，薈萃前賢，參以心得，而皆以韻語行之。學幼科者，得是書而識之於心，以治痘疹諸證，不啻見垣一方矣。癸巳仲秋刊既成，余適來京師，乃郵寄示余。余取而讀之，雖於此事素未嘗習業，而文馴字順，脈絡井然，乃益信立庵之言為不虛也。夫痘疹之證，三古無有，而順逆生死，判於呼吸。古方多主溫補發散，明代以來，乃有專以攻下為要者。入主出奴，各有得失。此書則辨症立方，不主故常，補前人之偏，救當時之弊，所關豈淺鮮哉。至若五雲兄之家學淵源，已詳著於大山陳君、永季賈君兩先生序中，茲故不復述云。時大清乾隆三十八年歲在癸巳秋仲中浣書於借書園中，欽賜翰林院庶吉士年家眷弟周永年頓首拜撰。

【校箋】

〔1〕本文見清張鑾撰《痘疹詩賦》卷首，清乾隆刻本。

歷城楊氏族譜序

譜牒之學，始於兩漢，重於六朝，而最盛於唐更五季。至宋，其學浸微。歐陽公修《唐史》，慮其不能盡傳於後世也，故作《宰相世系表》，略存其梗概。若一家之中，分析數處，則各繫之以其地，或以官，如裴之有西眷、中眷、東眷、洗馬、南來之屬是也。其時吾邑之著於表者，有南祖崔氏，分自齊郡之烏水房，由宋庫部郎中靈茂始居全節。而三四百年間，一門之中擢上第、登仕版、歷大官者，至數十人。若非歐公親見其譜，亦烏從而考之哉？自宋以來，邑之著姓多矣，然其譜不傳。則雖盛如劉威寧、張忠襄，〔1〕後之人間從殘簡斷碣，得其子姓數人，而未由盡知其全，稽古者每惜之。楊氏本籍洪洞，國初自贈榮祿公諱天奇者來居於縣，一再傳而其族益顯以大。蓋百餘年來閥閱之家，朱氏而外，即共推楊氏。今桐柏公恐久而紊其昭穆，〔2〕失其名字，爰作《歷城楊氏族譜》，其前居洪洞及由山西而他徙者，皆不在序例之中。所以訓誡其後人者極詳。歐公不云乎：「凡族之盛衰，雖由功德厚薄，亦在其子孫。」繼自今楊氏之子姓，皆本修譜之意，而益讀書砥行，用光前緒。雖盛

如唐之裴、崔，亦可於是譜預卜之也。乾隆四十二年丁酉仲秋。

【校箋】

〔1〕（乾隆）《歷城縣志》卷三六《列傳二》：「劉伯林，濟南人。好任俠，善騎射。金末為威寧防城千戶。壬申歲，太祖圍威寧，伯林知不能敵，乃縋城詣軍門請降。太祖許之。遣禿魯花等與偕入城，遂以城降。……在威寧十餘年，務農積穀，與民休息。鄰境凋瘵，而威寧獨為樂土。……辛巳，以疾卒，年七十二。累贈太師，封秦國公，諡忠順。」又：「張榮字世輝，濟南歷城人。……授金紫光祿大夫、山東行尚書省、兼兵馬都元帥、知濟南府事。……年六十一乞致仕，後十九年世祖即位，封濟南公，致仕。卒年八十三，贈推忠宣力正義佐命功臣、太師、開府儀同三司、上柱國，追封濟南王，諡忠襄。」

〔2〕是書凡三卷，楊大崑纂修。朱攸《皇清敕授文林郎河南桐柏縣知縣玉峰楊公封孺人李太君合葬墓誌銘》：「公諱大崑，字玉峰。……為歷城望族。……（乾隆）二十三年，補桐柏縣。二十五年，以延案不結卸事。正署一十二任，歷年三十有三，所至咸有治績。……公生於康熙三十八年五月十三日午時，卒於乾隆四十四年十一月二十七戌時，享年八十有一。」〔註6〕

重刻家藏貫珍錄序〔1〕

《易翼》云：「君子多識前言往行，以畜其德。」蓋人心易昧，情易放，必有所感觸乃能朗然知悟，瞿然知戒，如夜行之有燭，良馬之有銜也。第世之人，多師心自用，雖大訓在前，而冥然不顧者多矣。吾鄉張幽光先生著《家藏貫珍錄》一冊，其目十有四，首之以《原天命》，終之以《攝生》，於禔躬、治家、涉世之道，皆類聚經傳，及先儒格言，亦間採二氏之說，名之曰《貫珍》，欲其子孫世守而寶之也。今其子孫，咸能體先生之教，永識弗忘，因舊板散佚，謀重刻以永其傳。余嘗讀司馬溫公《家範》，陽字溪《家訓》，〔2〕諄切詳盡，可以廉頑，可以砭愚，而其書世不恒見。是錄之作，亦猶二公之志也。前言往行，具在於斯，以之畜德，豈不有餘師哉？因識數語以歸之。乾隆四十三年戊戌孟冬穀旦，賜進士出身、翰林院編修、充四庫館纂修官、加二級紀錄五次、同里周永年拜撰。

【校箋】

〔1〕本文採自李振聚文，原見濟南市圖書館藏道光間重刻本清張潛《家藏貫珍錄》

〔註 6〕韓明祥：《濟南歷代墓誌銘》，濟南：黃河出版社，2002 年，第 258～259 頁。

卷首。潛，字幽光，歷城人。是書一卷，（道光）《濟南府志》卷六四《藝文》著錄。

〔2〕南宋陽枋號字溪，有《家訓》一卷。

重刊太上感應篇箋注序〔1〕

道家之書多出於附託，《隋書》論之詳矣。然鬼神感應之理，具於六經，《周官》凡以神仕者無數。即如文昌本星名，而道流以為司文章之命。余嘗由朱竹垞、王蓀谷之說而進稽之，實本於司中獻民數之祭，而朱、王所論，猶為未盡。後世去古遠，不能盡知源流，乃妄相訾議，過矣。元和惠定宇先生，醇儒也，所著《周易述》、《九經古義》、《左傳補注》諸書，皆根據三代兩漢之書，以破後來之紕繆。顧鄭重《太上感應篇》，為之作注。淄川亡友張廷寀惠夫嘗與先生同客揚州盧運使官署，〔2〕言先生晨起必危坐敬誦此篇一過，乃及他書。然則先生實藉此以檢束身心，故學行著作蔚為儒宗，而非徒以矜其博雅。往者，秀水盛秦川極重此書，嘗以原本貽余。秦川之人之學，亦定宇先生之流亞。今濟上王君禮思復校輯而重刊之，〔3〕是又秦川之流亞也。鑴既成，屬余為序，因書其端。時乾隆五十四年歲次己酉孟冬歷城後學周永年謹撰。

【校箋】

〔1〕本文採自李振聚文，原見清惠棟注《太上感應篇箋注》卷首。是書一卷，道光重刻濟寧王宗敬本。焦循《里堂書跋》卷二《太上感應篇惠氏注》條：「任城王宗敬刻，前有歷城周永年序，注為元和惠棟作，刺取故書中語文而偶之。」

〔2〕（道光）《濟南府志》卷四三《選舉五》：「張廷寀字惠夫，號亮齋，淄川人。癸酉拔貢，官壽張教諭。」按張氏為淄川張元孫，曾為《綠筠軒詩》作跋。

〔3〕李放《皇清書史》卷一六：「王宗敬，字禮思，別號未了山人，濟寧人。嘉慶五年舉人，官晉州知州。工八分，專學桂冬卉大令。……可與郭小華、翟雲生鼎峙。」

重刻張文忠公歸田類稿序

《歸田類稿》二十卷，吾鄉張文忠公所著，一名《雲莊類稿》。公自序凡四十卷，明重刊本止二十七卷。今定為二十卷。其《三事忠告》，益都李南澗已別有刻本。余幼嗜藏書，於同鄉撰著，尋求更亟。己丑夏，南澗謁選京師，寓書於余曰：「近交餘姚邵二雲，曾見天一閣范氏、二老閣鄭氏之書，《雲莊集》尚存未亡也。」因亟託其購之，遲數年未得。南澗曰：「二雲其

誑余哉？」後余與二雲同校四庫書，每相見，未嘗不以茲集為言。及二雲以艱歸，丙申夏，始從振綺堂汪氏鈔一本，託瑞金羅台山攜以來。余得之狂喜。繕一副本送館，其後原本又為人借去，不肯還。每一念及司空表聖「久憶良朋」之句，[1]殆未足以喻之。戊申冬，復來京師供事。張某為人錄四庫書副本，因又錄二本，蓋恐其復遺失之也。吾友毛載之孝廉，偶見而好之，因捐資付梓。公大節著於《元史》，其文之淵源，見具於原序二篇。惟是吾鄉山水，自酈道元《水經注》外，房豹、李、杜、蘇、黃、曾、元諸公，僅見於詩篇。李文叔有《歷下水記》，其書已不存。公家於雲莊，辭聘侍親者十餘年，於環城之溪光山色，刻畫清新，為諸家所未及。而各體之文往往神施鬼沒，自闢門庭。葉文莊謂蘇氏《文類》僅載一二首，殊非其至者。王文簡偶得《王友開墓誌》一篇，歎其奇詭。[2]今雖不能復四十卷之舊，而已得其大半矣。惜也南澗、台山歿已十餘年，不及見此書之有印本也。乾隆五十五年歲次庚戌孟夏，賜進士出身、文淵閣校理、翰林院編修、同邑後學周永年書昌氏謹撰。

【校箋】

[1] 胡震亨編《唐音統籤》卷七〇四司空圖《退棲》：「宦遊蕭索為無能，移住中條最上層。得劍乍如添健僕，亡書久似憶良朋。燕昭不是空憐馬，支遁何妨亦愛鷹。自致此身繩檢外，肯教世路日兢兢。」

[2] 葉盛《涇東小稿》卷九《書國朝文類後》：「張文忠公《燈山疏》此等關係世教之作，皆不在虞揭。此等文字尤多，亦多不在。」按蘇氏謂蘇天爵《元文類》。文忠即元張養浩。王文簡謂王士禎，《皇華紀聞》卷一「王興宗」條：「元王興宗字友開，自號歷亭野老。張文忠養浩集有墓誌，甚奇。恩縣產也。」所云即張養浩《歸田類稿》卷一三《濮州儒學正王友開墓誌銘》。

附：《欽定四庫全書總目》卷一六六「《歸田類稿》二十四卷」條

《永樂大典》本。元張養浩撰。養浩有《三事忠告》，已著錄。是編乃其詩文也。養浩嘗自序其集，稱「退休田野，錄所得詩文樂府九百餘首，岐為四十卷，名曰《歸田類稿》」。《富珠哩翀序》作三十八卷，卷數已異。《文淵閣書目》載養浩《雲莊傳家集》一冊、《雲莊集》三冊。焦竑《國史經籍志》則作《張養浩文忠集》十八卷。書名卷數更均與養浩《自序》不符。黃虞稷《千頃堂書目》雖載《歸田類稿》之名，而亦無卷數。考吳師道序云「公《雲莊集》四十卷，

已刻於龍興學宮。臨川危太朴掇其有關於治教大體者，為此編，而屬予以序」云云。則龍興所刻者，即養浩手編之《類稿》，而改其名曰《雲莊集》，亦即《文淵閣書目》之三冊。危素所刪定者，即《經籍志》之《張文忠集》十八卷。而所謂《傳家集》一冊者，當由後人掇拾，乃外集、補遺之類也。然蘇天爵輯《元文類》，僅錄養浩文二篇，故明葉盛《水東日記》頗以天爵失載《諫燈山疏》為譏。疑元末已鮮流播。近時王士禛偶得養浩王友開墓誌，歎其奇詭，載之《皇華紀聞》，則亦未見其全集。惟明季有刻本二十七卷，尚存於世，既多漏略，編次亦失倫類。今據以為本，而別採《永樂大典》所載，刪其重複，補其遺闕，得雜文八十八首、賦三首、詩四百六十三首，共為五百八十四首，釐為二十四卷。較之九百原數，已及其大半，亦足見其崖略矣。又集中有《和陶詩序》，自謂「年五十二，退居無事，日讀陶詩，擬其題以發己意，得詩若干篇」云云。今集中乃無一篇。殆別為一編，未以入集，故《永樂大典》不收歟。養浩為元代名臣，不以詞翰工拙為重輕。然讀其集，如陳時政諸疏，風采凜然。而《哀流民操》、《長安孝子賈海詩》諸篇，又忠厚悱惻，藹乎仁人之言。即以文論，亦未嘗不卓然可傳矣。

毅齋公奏議遺集序〔1〕

明天津巡撫東平杜毅齋先生歿將二百年矣。其六世孫雪舫出其遺集，問序於余。按公之生平略見於《山東通志》、《泰安府志》，而皆本於泰安王平子侍郎所為傳。〔2〕侍郎，公門人也。其劾逆閹以救楊忠烈一疏，傳中採摘數語，可謂得其要領。今集中所存者，顧非此篇，蓋公之文散軼者多矣。獨怪當日楊、左獄起，天下賢士大夫攘臂而爭者，多被其禍，而公竟以身免。傳謂緹騎已至德州，而莊烈帝即位，則公之得免於禍，亦天幸也。或謂公未嘗歸東平，卒於德州，因葬焉，而有為之立嗣者。按傳中言莊烈帝嗣位，起公補戶部，冊封琉球，晉秩太僕，又巡撫天津，二載而後歸，獨不及卒於德州之事。雪舫又謂公墓誌亦平子侍郎所作，及取閱，公於莊烈帝十二年自天津以疾歸，未周歲捐館，然則謂公卒於德州，此傳者之誤也。雪舫又謂公有《飛雨樓集》、《梅花百詠》，余修府志時曾見之，余亦不可復尋。余嘗謂書之出也，顯晦有時，而精神所感召，久而自遇。杜氏子孫，其敬守此一線，多錄副本，人守一編，

以俟珠光劍氣之自合，而再於明季遺文，參伍考證，俾公之大節彰灼以傳於後，而讀斯集者，亦無殘缺不完之憾矣。賜進士出身文淵閣校理翰林院編修後學周永年撰。

【校箋】

〔1〕本文採自李振聚文，原載濟南市圖書館藏民國排印本《東原杜氏族譜》卷首。

〔2〕張志熙修、劉靖宇纂（民國）《東平縣志》卷一七《志餘》明王度《巡撫天津杜公傳》：「杜公諱三策，號毅齋，別號槎仙。世居兗之東平郡。高、曾以來，家傳忠厚。考諱漢，號廣甫，里黨之間皆共推為長者。以公貴，贈兵科給事中。世德淵源，其來蓋已遠矣。公生而不凡，書過目輒成誦。年十六，試即冠軍。癸卯，登賢書。旋丁內外艱，哀毀骨立，純孝蓋天性然也。天啟壬戌，成進士，讀書中秘。因剛直散補兵垣。是時，逆璫魏忠賢擅權亂政，公憤不顧身，疏參魏忠賢『孤媚惑主，朝廷之上，止知有忠賢而不知有陛下；宮壺之內，止知有忠賢而不知有陛下；天下亦止知有忠賢而不知有陛下。皇上孤立於上，得不為之寒心乎哉！臣知言出禍隨，與其死於牖下，使滿堂兒女呼之不起，何如死於杖下，俾奕世之英傑聞之痛心。』疏入，留中不報。時都憲楊璉參忠賢二十四款，公讀而壯之。璉後以羅織下獄，公上疏申救，有云：『臣自束髮誦讀以來，即以直諫為己任。使緘默不言，是負己也。言之而匡救不力，是負君也。知楊璉下獄而顧畏不言，是負友也。一身可捨，三負難甘。』語皆激烈慷慨，灑血瀝心，至今讀之，猶凜凜有生氣。疏亦留中不報。公遂有乞身一疏，奉旨削奪回籍。斯時權璫煽虐，忠義被禍。公力劾三疏，度非一削奪，足以償其恨也。傍觀為之惕息，而公處之泰然。越歲，有逮及之旨，緹騎已至德州，而熹宗上賓，殆天意留公以佐英主也。懷宗嗣位，誅奸旌直，起公補戶垣，旋奉命冊封琉球，賜正一品，加蟒玉。其陛辭疏有云：『平生不下淚，因戀主而泣下沾衣，每飯不忘君。寧辭朝而敢忘補袞。』忠愛之心，溢於言表。至閩造船航海，殫盡心力，六日夜而達琉球。冊封事畢，國王以三百金致謝，公力辭不受，曰：『天朝懷服遠人，全在義利之分。以義往終，而以利終可乎？』百計強之，終不受。舟旋十四日，始至閩地。計自冊封至抵家，共五易寒暑。去之日，豐度凝秀；歸之日，鬚髮盡皤矣。琉球王復遣官賚金，奏聞，奉旨『使臣不受琉球金，深得使臣之體，姑不收以全其名』。回歷陞太常，值懷宗謁廟，躬贊大禮，親睹天顏。轉陞大理，以年勞擬推都憲，公堅確不從，推讓他人。晉秩冏卿，為天下錢糧之藪，公一介不取。各省郡邑有人薦剡者，謝薦之禮一概謝絕。嗣

後，天津員缺，為南北咽喉之重地，九卿會推文武全才堪勝其任。公以年邁力辭。天子親行召對，天語慰勞云：『老成詳練，無以逾卿。作速赴任，不得少延。』至津門，修築營繕而城於是可守，懸金習射而兵於是可用，約己裕人，勞心撫字而軍民始固結，而無攜貳。且知人善任而薦宋公之才略，多方曉諭，而禁市井之游民。凡未雨而徹桑土，日中而戒衣袽，安邊固圉之策，無不周備。故羽檄旁午，烽燧交馳，而津門固於苞桑也。且時當難民南下，飢寒瀕死。公多方拯救，全活者不可以數計。撫津二載，歲費不貲，雖輦自邱園，毫無吝惜，而自奉則甚儉。去津之日，舉操賞所餘歲俸，所積尚有一萬九千餘金，盡貯庫以備公費，不私一錢也。歸家，行李蕭然，惟圖書盈篋而已。其剛介之操，廉貞之守，真富貴不能易，威武不能屈，質天日而泣鬼神，始終不渝又如此。度幸承不鄙，佩服教益，嘗計公之生平，事親以孝，報主以忠，廉潔持身而義方教子，友於同胞而義贍族姓，建立義學以嘉惠後進，捐設義冢以葬掩貧寒，表揚烈婦以勵末季之頹風，優給鰥寡以恤煢獨之無告。積善餘慶，知天道之必不爽也。奈東山之望方隆，而桑榆之景已迫，享年甫周甲子，而三臺星隕，竟捐捨仙遊矣。天耶人耶！何奪公之遽耶。闔州士庶公舉，蒙恩崇祀鄉賢，俎豆千秋，榮名萬世，不待表章而後著也。然直道在人，有不容不表章者，謹綜其行誼而為之傳。」金棨輯《泰山志》卷一四：「王度，字平子，順治丙戌進士，除大同知縣。總兵姜瓖以城叛，時總督以下官胥出迎，英王家屬陷城內，皆惶懼。有謂宜入城者，度大呼曰：『賊據城矣，若入城，是從賊也。今事且急，莫如馳赴陽和，迎英王，會兵剿賊。』眾意乃決。閱十月而賊平，擢刑部主事，恤刑江南之徽、寧諸郡，多所平反，全活甚眾。累官總督倉場、戶部右侍郎。致仕歸，年八十餘卒。著有《恤刑題稿》。泰山後石塢蓮花洞側有石，刻『戶部侍郎王度讀書處』。」

花王閣賸稿跋〔1〕

昔人論明季之詩，佻於袁、徐，纖於鍾、譚，故有五十年無詩之歎。〔2〕此蓋為風趨繁會之地言之也。而大江以北，河朔之間，偶有作者，每清迥孤往，不改慷慨悲歌之舊。若定興鹿氏、五公王氏是也。〔3〕河間紀厚齋先生，為今直閣曉嵐先生高祖，生當天、崇之交，目擊朝局、軍政之蠹壞，胥於詩發之。如云：「恩怨亦人情，吾寧怪諸老。且願緩報施，稍待風塵掃。」所謂責之愈深，其辭愈緩，無愧於風人之義。其他大篇、短章，皆根柢忠

孝，寄託遙深，絕無靡靡之響，於鹿、王諸家外，又闢一境矣。後有續《篋中》、《谷音》、《中州元氣》之選者，當有取於斯也。門下後學歷城周永年拜跋。

【校箋】

〔1〕本文載嘉慶四年（1799）閱微草堂刻本《花王閣剩稿》卷末。是書一卷，書前有翁方綱乾隆四十一年（1776）所為序。《欽定四庫全書總目》卷一八〇「《花王閣賸稿》一卷」條：「明紀坤撰。坤字厚齋，獻縣人。崇禎中諸生。是集後有其孫容舒跋，稱坤少有經世志，久而不遇，乃息意逃禪，晚榜所居曰『花王閣』，蓋自傷文章無用，如牡丹之華而不實也。崇禎己卯，嘗自編其詩為六卷，歿後盡毀於兵燹。此本為其子鈺所重編，蓋於敗簏中得藉物殘紙，錄其可辨識者，僅得一百餘首，非原帙矣。其詩大致學蘇軾，而戛戛自造，不循蹊徑。惟遭逢亂世，坎壈以終，多感時傷事之言，故刻露之語為多，含蓄之致較少焉。」

〔2〕四人指袁宏道、徐渭、鍾惺、譚元春。周亮工輯《尺牘新鈔》卷二徐世溥《與友人》：「萬曆五十年無詩，濫於王、李，佻於袁、徐，纖於鍾、譚。」

〔3〕《明史》卷二六七：「鹿善繼，字伯順，定興人。……萬曆四十一年進士，……（崇禎）九年九年七月，大清兵攻定興。……守六日而城破，善繼死。……諡忠節，敕有司建祠。」《欽定四庫全書總目》卷一八〇鹿善繼《無欲齋詩鈔》一卷：「善繼成仁取義，大節凜然，詩筆亦有遒勁之氣。」王源《居業堂文集》卷四《五公山人傳》：「山人王姓名餘佑字介祺，保定之新城人。負王佐才，年七十不遇卒。門人私諡曰文節先生。山人幼偉岸有大志，初從定興鹿太常善繼遊，既而受業於容城孫徵君奇逢，學兵法究當世之務，習騎射擊刺無弗工。……其為文數千言立就，書法遒逸，而感慨激烈之致，一發於詩。……隱居四十年卒。」王餘佑《五公山人集》附《王氏家譜事蹟紀略》載張羅喆《五公山人紀略》云：「其所為詩古文辭有壁立千仞之概，如其為人。」

（擬）制藝類編附錄識語

分類之說，朋輩終以為疑。大抵前輩為文，必各有精熟本頭，初不在多，何有於類？至於義理、制度考究貫通，則分類求之，見功較易。因略舉儒先所論讀書學文之要，以示後生有才志者。其言固不盡為今之帖括，然古今文章體裁雖異，關棙則同，要皆可以相通。至於時文義法，則各家選本詳矣。且略見於諸篇評跋，茲不復述。

　　右共計二十三條，乃用力少而見功多之良法。學者試依仿為之，則知古人之所以淹雅名於世者，非盡天質之過人也。榕村文集又有一段《摘韓子讀書訣課子弟》云，凡讀書，目過口過總不如手過，提要鉤元，乃手自抄撮也。竊謂《進學解》四語根柢尤在首句，口不絕吟於六藝之文，即山谷所謂讀書法以經為主，張子所謂書須成誦，六經須循環理會也。下即接手不停披於百家之編，即山谷所謂有餘力乃能縱橫也。夫然後可以用提要鉤元之法，即朱子所謂用草簿抄記項頭，東萊所謂分門節，平齋所謂討論纂組，厚齋所謂編類，不厭其精詳也。時文以道理為主，法度為要，神韻為先，餖飣固所大忌。然欲根茂實遂，亦必先從這裡過。不然明文如守溪、鶴灘、錦泉、熙甫、荊川、鹿門諸公，豈空疎者所敢望？即是編所載陳子翽、夏觀川、全謝山、梁志南諸家之文，一何閎且肆也。太原閻氏謂作時文者惟四子書是守，其病也虛。然四子之書，何所不貫？束書不觀，遊談無根，豈時文治咎也哉？永年載記。

要例三則

　　一、序文及附錄所引逐條，乃古人事半功倍、已試之良法，讀者能從此引申觸類，可以練記性，可以省日力，可以漸窺諸經，可以兼治後場，尤宜著眼。

　　二、性理學術之類，可以分，可以無分者也。且亦有彼此錯互，難以區別者。若田制、學制、朝聘、祭祀，每類得數十篇佳文，以備繙閱。即資性庸鈍者，亦可以了然於心。如地理類，向來傳作多慪。試就是選所載諸篇，尋其端緒，《禹貢》山川如在目前矣。倫紀類佳文尤夥，可以厚蒙養之性情。讀者由此再加縷析條分之功，以補其漏略，是所切望，幸勿謂類不必分也。昔人敘類家之書，謂施之文為通儒，指於事為達政。時文何獨不然？

　　三、是編所選如顏修來、畢公權、唐雷園、陳子翽、夏觀川、張拟齋、潘立夫、馬力本、全謝山、彭樂齋、劉耕南、梁志南諸家之文，多向來選本所未及，而皆足以羽翼經傳，啟迪來學。有斯文之責者，尤宜廣為流佈。

林汲山房主人周永年謹識

儒藏說附儒藏條約 [1]

　　書籍者，所以載道紀事，益人神智者也。自漢以來，購書、藏書，其說綦詳，官私之藏，著錄亦不為不多，然未有久而不散者，則以藏之一地，不能藏於天下；藏之一時，不能藏於萬世也。明侯官曹氏學佺，欲倣二氏為「儒

藏」，〔2〕庶免二者之患矣。蓋天下之物，未有私之而可以常據，公之而不能久存者。然曹氏雖倡此議，採擷未就，今不揣譾劣，願與海內同人，共肩斯任。務俾古人著述之可傳者，自今日永無散失，以與天下萬世共讀之。凡有心目者，其必有感於斯言。

邱瓊山欲分三處以藏書，陸桴亭欲藏書於鄒魯，而以孔氏之子孫領其事，又必多置副本，藏於他處。〔3〕其意皆欲為儒藏而未盡其說。惟分布於天下學宮、書院、名山、古剎，又設為經久之法，即偶有殘缺，而彼此可以互備，斯為上策。竹帛變為摹印，書之流傳較易。然考歷代藝文，錄存而書亡者多矣。或曰：凡書之不傳者，必其不足傳者也。是不然。《尚書》、《周官》，殘於秦火；淹中古《禮》，竟亡於隋、唐之際，此皆古聖人傳心經世之要典，豈其不足以傳哉？則以藏之者無法耳。

釋者之書，正偽參半，美惡錯出，惟藏之有法，故歷久不替。然立藏以後，自成一家之言者，初不多見。儒者則一代之內必有數種卓然不朽之書，可以入藏。釋老之藏，盛於前而衰於後，儒家則代有增益，此亦閑衛吾道之一端也。

或曰：古今載籍，浩如煙海。子之計，是愚公之移山也。曰：不然。天竺之書，遠隔中國二萬餘里。六朝迄唐，西域求法高僧見於傳記者，不可殫述，況中國之書，固必遠求乎？明釋正可以藏經繁重，欲易為書冊，以便流通。竭力號召，竟成其事。〔4〕然則吾黨之立志患不固耳，奚其難！

或曰：子欲聚儒者之書，而仍襲二氏之名，可乎？曰：守藏之吏，見於《周官》。老子為柱下守藏史，固周人藏書之官也。二氏以「藏」名其書，乃竊取儒者之義。今日之舉，豈曰襲而用之哉？

或曰：童而習之，白首紛如。一卷之書，終身不能窮其蘊，又奚以多為？曰：是不然。孟子云：「博學詳說，將以反約。」不博而約，非約也，陋也。以孔子之聖，猶以好古敏求立教，況其下焉者乎？介甫曰：「不盡讀百氏之書，必不能明聖人之經。」若曰文足害道，博適溺心，斯二氏之元談，非吾儒之宗旨也。

鄭漁仲曰：有專門之書，則有專門之學。人守其學，學守其書；人有存沒，而學不息。世有變故，而書不亡。然何如畢入於藏，使天下共守之乎？且儒藏既立，則專門之學亦必多於往日，何也？其書易求故也。

鄭漁仲曰：辭章雖富，如朝霞晚照，徒耀人耳目。義理雖深，如空谷尋

聲，靡所底止。以其未盡見古人之書，故拘於習尚以自足耳。果取古人之書，條分眉列，天文、地理、水利、農田，任人所求而咸在。苟有千古自命之志，孰肯捨其實者，取其虛者乎？故儒藏之成，可以變天下無用之學為有用之學。

天下都會所聚簪纓之族，後生資稟，苟少出於眾，聞見必不甚固陋，以猶有流傳儲藏之書故也。至於窮鄉僻壤，寒門竇士，往往負超群之姿，抱好古之心，欲購書而無從。故雖矻矻窮年，而限於聞見，所學迄不能自廣。果使千里之內有儒藏數處，而異敏之士，或裹糧而至，或假館以讀，數年之間可以略窺古人之大全，其才之成也，豈不事半而功倍哉！歐陽公曰：凡物非好之而有力，則不能聚。儒藏既立，可以釋此憾矣。

先正讀書遺矩，亡於明之中葉。高者失之於元虛，卑者失之於妄庸。儒藏既立，宜取自漢以來先儒所傳讀書之法，編為一集，列於群書之前，經義、治事，各示以不可紊之序、不可缺之功。凡欲讀藏者，即以此編為師。斯涉海有航，無遠弗屆，而書籍燦陳，且如淮陰之用兵，多多益善矣，又何患其泛濫而無歸哉！

儒藏條約三則

儒藏不可旦夕而成，先有一變通之法：經史子集，凡有板之書，在今日頗為易得，若於數百里內擇勝地名區，建義學、設義田、凡有志斯事者，或出其家藏，或捐金購買於中，以待四方能讀之人，終勝於一家之藏。即如立書目，名曰《儒藏未定目錄》，由近及遠，書目可以互相傳抄。因以知古人之書或存或佚，凡有藏之處，置活板一副，將秘本不甚流傳者，彼此可以互補其所未備。如此則數十年之間，奇文秘籍，漸次流通。始也積少而為多，繼由半以窺全。力不論其厚薄，書不拘於多寡，人人可辦，處處可行。一縣之長官，可勸一縣共為之；一方之巨族，可率一方共為之。今愚夫愚婦不惜出金錢以起祠宇，較之此事，輕重緩急，必有能辨者矣。

藏書宜擇山林間曠之地，或附近寺觀有佛藏、道藏，亦可互相衛護。吾鄉神通寺有藏，藏經石室乃明萬曆中釋某所為。〔5〕其室去寺半里許，以遠火厄，且累石砌成，上為磚券，今將二百年，猶尚牢固，是可以為法也。

書籍收藏之宜，及每歲田租所入，須共推一方老成三五人經理其事。凡四方來讀書者，如自能供給，即可不取諸此；寒士則供其食飲。須略立規條，如叢林故事。極寒者並量給束脩，免其內顧之憂。有餘仍貯存之，以為置書增田之費。

【校箋】

〔1〕本文為吳昌綬輯《松鄰叢書》之一種。

〔2〕《明史》卷二八八:「曹學佺,字能始,侯官人。弱冠舉萬曆二十三年進士,授戶部主事。……家居二十年,著書所居石倉園中,為《石倉十二代詩選》,盛行於世。嘗謂『二氏有藏,吾儒何獨無』,欲修儒藏與鼎立。採擷四庫書,因類分輯,十有餘年,功未及竣,兩京繼覆。」周亮工《尺牘新鈔》卷一《與徐興公》:「釋道有藏,獨吾儒無藏可乎?僕欲合古今經史子集大部,刻為《儒藏》。」又朱彝尊《經義考》卷二五〇曹學佺《五經困學自序》:「或問於予曰:『子之注釋《五經》也何故?』曰:『予蓋欲修儒藏焉:以經先之也,擷四庫之精華與二氏為鼎峙,予之志願畢矣。』」

〔3〕邱濬《瓊臺會稿》卷七《請訪求遺書奏》:「藏書之所,分為三處。二在京師,一在南京。則是一書而有三本,不幸一處有失,尚賴其二處之存。」陸世儀《思辨錄輯要》卷五《格致類》:「藏書之法,於鄒魯間擇名山勝地,定為藏書之所,區別群書,分為數種,如經史子集志考圖籍藝術百家之類,類建一樓,樓置一司擇,孔氏子孫之賢者為之。又擇其最賢者為之長,使之任出納收藏,曬暴補緝諸事,授之以祿。每歲則上其書之數於朝,三歲則遣行人視之,較其書之損益,完類而行其賞罰。如是則書有日益,無日損。雖有水火刀兵盜賊變革易代之事,於藏書總無與。是誠至妙之法。……不特鄒魯之間可用此法藏書,凡天下都邑名山,皆當彷此為藏書之法。相擇勝地,廣置書籍,聘禮先代聖賢之後,優其廩餼,使主其事。」

〔4〕陳垣《明季滇黔佛教考》卷二《藏經之遍布與僧徒撰述第七》:「方冊藏經之刻,人皆知為紫栢老人與密藏開、幻予本所發起,以有《紫栢集·刻藏緣起》及密藏遺稿流傳也。……《憨愚衡語錄》七《刻方冊藏經目錄序》,略云:『神廟初年,紫栢老人見南北二藏板,印造艱難,立意轉梵篋為方冊。初發手五臺山妙德庵,已刻就數百卷。顧冰雪積歲,恐侵及板,移於杭之徑山。山在江南,極溫暖,山不峻,易於上下,剞劂供給,事事得便,乃紫栢老人一大快事。始興於神廟八九年,至三十一年,紫栢老人弘法歷難,卒於燕都。四方有道力者,隨討未刻名目,同式就梓,自癸卯至壬午,將四十年,事猶未竟。……嗟哉!紫栢老人為此一事,海內奔馳三十載……』此方冊藏經第一次完成序也。」

〔5〕（乾隆）《歷城縣志》卷二五《金石考三》著錄有明萬曆某年浮屠祖堂撰《創建藏經堂記》，跋云：「神通寺西南崖藏藏經石室，壁中南向，其室不立於寺中，以遠火厄，且壘石為四壁，上為磚券。故今將二百年，尚牢固如蓋。僧徒之有心者，儒者多侈言藏書，顧反無此遠慮，何也？」按此當是先生所為按語。

（擬）北京崇效寺訓雞圖題詞〔1〕

民動如煙，我靜若鏡。寂滅海中，湛然自性。無始劫來，愛纏為病。濃雲點綴，墮落坑穽。雞具五德，分形於命。魂飛湯火，庖廚是聽。爾獨何緣，與聞大乘？皈依三寶，薰染殊勝。一朝解脫，受命獨正。遠離諸苦，嗒焉無諍。惟大導師，一念信淨。持誦圓成，物我同證。

向讀《金剛經》云「應如是降服其心」，即接云：「所有一切眾生，我皆令入無餘涅槃而滅度之。」解者曰：「自心，眾生也。若世界眾生，安能降服？」寧公和尚日課《金剛經》，〔2〕有家禽焉，登膝靜聽，閱六年，無苦而化，因繪之為圖。以斯知《經》所云「眾生」即世界眾生也。即此一雞觀之，無量無數無邊眾生交先互映，豈有二哉？余來往茲寺七八年，乙巳仲夏將歸濟南，漫題數語，證明斯義，未知寧公以為然否？林汲山人周永年未定稿。

【校箋】

〔1〕本文見於《京津風土叢書》本張江裁輯《北京崇效寺訓雞圖志》。

〔2〕《北京崇效寺訓雞圖志》：「京師崇效寺方丈寧一師者，寺之大功臣也。寺在宣武門外西南隅，創自唐貞觀初，以其地宜棗，故名棗花寺。元某年間賜額崇效。時代遷改，中間興廢不得詳，而近數十年來，其朽頓荒蕪，圮而不治，蓋已久矣。師主持後，毅然起而力圖之，芟蕪去穢，闢其旁隙地規方為囿。殿宇之傾壞者葺之，佛像之陊剝者新之。黝堊丹漆，赫焉奐焉。閒時與其徒蒔花種竹，蔚然成陰。寺故有海棠二本，甲於他處。春秋佳日，達官貴公、文人學士，以及羈旅孤蹤、山人墨客，莫不躡履過從，車馬填溢，賓從雜沓，而崇效寺遂為遊觀最勝之所，與法源、善果相頡頏。余與師遊處久矣，師熟習經典，為人不立城府，無疾言遽色，挹其貌藹藹爾，聆其言溫溫爾，士大夫相與往來酬答，師之周旋晉接，作平等觀，譽之者樂其率真，毀之者怪其慢易，而予自締交以來十餘年，只覺其和光同塵，不過自苛刻，淡泊類於苦行。瞿曇所為，亦不肯過自卑抑，狥世法以媚大眾。是則持躬在清濁之間，而處世之不亢不隨，又居和與介之際，師之自得。其為師也，毀與譽固非所知也。舊傳該寺為盤山下院，

昔智樸和尚嘗駐錫於此。吾聞智樸，高僧也。當仁廟時，都下名公鉅卿，如王新城、朱秀水諸前輩，風流宏獎藉甚，當世智公，皆與唱和酬應，莫不欽其名而重其行。今所傳《青松紅杏圖》猶什襲藏之寺中，有索觀者不少吝，師輒喜動顏色。於此見師之淵源有自。即其寶愛先世手澤，久而彌篤，亦可覘其醇雅之一端矣。豈非崇效寺之大功臣，後嗣所當遵循勿替者哉？師名福安，字寧一，順天宛平人，俗姓畢。幼多疾，父母許出家，髫歲從西直門延慶寺廣聞師剃度，二十歲於萬壽寺調梅師所受具足戒，依岫雲習律。後得法於闡教禪師達天和尚，卒為高弟。充內廷經呪館纂修，主持崇效寺三十餘年，世壽六十有二，僧臘四十二。於乾隆五十四年二月十九日丑時，無疾跏趺而逝云。余為師作傳甫竟，適其徒祥玉出師所遺《訓雞圖》囑題，因即書此以弁其首。文既荒率，字復潦草，難免著糞之譏云。時乾隆五十四年己酉重陽後十日，雲間法弟曹錫寶拜識。」

重修仲夫子祠記〔1〕

余自庚辰越庚寅、辛卯恩科連次北上，皆渡石門橋，橋旁有仲由夫子宿處碑記。〔2〕心嘗疑之，顧第弗深考。據《春秋傳》，齊侯鄭伯盟於石門。石門當在齊境，趙地何有焉？及考《雜記》，石門在盧縣故城西南濟水之門，〔3〕然又無盛跡可尋。即《肥邑乘》石門去長清六十之說，亦缺有間矣。夫聖賢託足，地與俱韻，石門一宿，竟與蔓草荒煙同其落寞，可勝慨歟。每欲求之無緣。癸巳春晚際燒燭檢書，家僮報客至，乃余友王子伯遷也。叩來意，即述陳子欽若諸人有修石門建祠勝舉，詳其地在馬頰河北岸，五龍潭上流，父老相傳，規模闊大，皆鑿鑿可據。嗚呼！所度之石門橋，抑何偽與。《春秋》與《雜記》、邑乘所載，豈欺我哉。余故援筆樂為之記云。

【校箋】

〔1〕本文見凌紱曾修、邵承照纂（光緒）《肥城縣志》卷之二。

〔2〕《論語·憲問》：「子路宿於石門，晨門曰：『奚自？』子路曰：『自孔氏。』曰：『是知其不可而為之者與？』」（光緒）《肥城縣志》卷二：「今邑西北境有石門，建仲夫子祠。其地東北去長清六十餘里，東去大清河十餘里，或傳為子路宿處云。」

〔3〕《春秋·隱公三年》經「齊鄭盟於石門」，杜注：「或曰濟北盧縣故城西南濟水之門。」

（擬）淄川縣重修大興教寺碑記 [1]

淄川縣舊嘗為郡為州為路，一都會也。其西鄙盡處為王村鎮，鎮西有大興教寺，蓋寺之名興教者二，其一在縣治北郭，亦古名剎，相去五十里，故此稱大以別之。地勢高敞，殿宇宏闊，上踞平原，旁臨巨陂，北望長白，南面雞寶，固山水之勝概、禪林之大觀也。上官按部於鎮內為委積寺前，嚴祗候送往迎來，最關重要。今雖廢，郡與州、路之名自治一縣，而往昔之遺蹤猶存，省會之孔道如故。且寺西平野寥廓，一望無際，賴寺門高啟，佛光燈焰，觀察遠邇，炯若烽堠，又非事之等閒者矣。考其碑記，五代殘唐之文字猶有存者，歷宋金元明，代有修繕。國朝康熙丁巳重修，迄今百載，風雨剝蝕，棟宇壞，牆垣欹側，殿庭將蕪，何以壯一鎮之觀瞻、維一邑之邊域也哉？

【校箋】

〔1〕本文見（宣統）《三續淄川縣志》卷二下《重續寺觀》，乃其節文。

范陽村居記 [1]

宣之為州在大江東南，東過宛陵而界浙西；南鄰黃山，以望洪都；北之秣陵而環長江。范山當黃山之東北，一峰卓立，高插層穹。故司寇胡彥翁卜居山麓，今宦敝省絅齋司馬昆季，[2] 其賢肖也。夙與余相友善，因命作《范山村居記》。余按圖經，安徽諸郡之山，皆以黃山為祖，范峰乃其一支，而屹崒盤紆，能據黃海之勝。登其巔而南望焉，則巍然天都，屹立雲表，而雲舫之左、雲舫之右，萬筍怒生，爭奇獻巧，元人詩有云：「大峰勢欲飛天去，小峰輻輳如相留。」[3] 不由范峰視之，不知前人造語之工也。其與范山相對者，由仙橋而聳嫋尖。嫋尖雲者，言其戍削而縹緲也。漁洋言：吾郡華不注，單椒秀澤，似巫山神女峰。[4] 嫋尖之狀，大類於是。范山之西有怪石如獅，披蒼松，臥雲霧，踞高峰之旁，其下有庵，曰甘露，曰紫竹。又西南曰羊棧山，三峰錯立，宛然筆架，故又名筆架山。范山之東曰壁山，紆鬱向西，夕陽紫翠，爽人心目。迤邐而南有泗洲亭，緣亭而上曰青山，高皆數十仞。秋冬之際，紅葉燦如錦繡。每遇中秋、重九，村之人攜壺榼傳杯歌詠，如在屏嶂畫圖中矣。山之下有二仙人石橫踞，古柳潭若牛馬之飲於溪。柳潭澄泓數頃，旁多古柳。月朗風清，鶯啼魚躍，堪暢幽情。范峰特秀，位居坎而諸山環繞之，勢若相拱揖者。故數十里內山川之勝，皆可以一覽得之，而莫與爭奇者。有此佳山水，宜乎代有偉人。惜余供職京門，未由裹糧一一探之，而徒附會以八景，恐山

靈所不屑也。姑不必存其目。試以質之,未知有當於高深否?

【校箋】

〔1〕本文見陳炳德修、趙良澍纂(嘉慶)《旌德縣志》卷九《藝文》。同書卷一《疆域·山川》:「范峰,在縣東三十五里八都尚村來龍,峰高挺峙,勢若插天。右有獅子怪石蹲踞其上,為東區勝境。邑人胡錦有記。」

〔2〕(嘉慶)《旌德縣志》卷八《人物·宦業》:「胡錦字鹴佐,號絅齋,尚村人。乾隆甲子舉人,丙戌大挑揀發山左,攝泗篆。時割辮獄興,錦虛懷訊鞫,開釋無辜。署曲阜,案無留牘。題補禹城,值大水,固請賑恤,因築堤。墜馬傷足,告歸。起,任平原,請豁鹼地征徭,捐廉修泮宮,興義學,百廢具舉。道匪王倫寇臨清,錦選武健分戍,賊不敢犯。歲祲,先捐俸造糜飼之以待賑。時有自稱近貴私幹盤,獲偽造印票,擢同知,借補東平州。以前任虧帑罣吏議,旋復原官。丙辰,恭遇千叟宴,覃恩賜詩章、壽仗、如意、綵緞,異數頻膺。年八旬卒,平原祠祀之。所著詩文多刊布。有《詩經叶韻音考》《四書省蒙》,藏於家。」(嘉慶)《旌德縣志》卷七《選舉·封贈》:「胡亨桂字蟾一,以子錦贈文林郎、山東平原縣知縣。晉贈奉政大夫、同知,授東平州知州。」

〔3〕閔麟嗣《黃山志》卷六《賦詩志》元釋此邨《遊黃山》:「大峰都欲上天去,小峰輻輳如相留。浮雲卷風縐巾脫,飛泉掛壁銀河流。三島升沉差可指,九華縹緲爭回頭。汗漫周王八駿馬,不來恐為軒轅羞。」

〔4〕王士禛《帶經堂集》卷六一《華不注》自注:「巫峰中有神女峰,又名美人峰,此山與之相似,但不逮其高耳。」

雙節堂贈言〔1〕

天語旌雙節,樹坊大義邨。雙節節何苦,聞者咸悲辛。伊其淇縣尉,慈惠中心存。察囚白其滯,令為雪冤民。去官客南海,溘焉委路塵。兩孀撫一子,冰雪鍊魄魂。有姑老且病,滫瀡常鮮新。子才十餘歲,課讀殫慇懃。仰俯資十指,汛瀞至夜分。賢子書舊事,字字漬淚痕。令伯陳情疏,永叔表墓文。古今相輝映,庶使薄夫敦。

【校箋】

〔1〕本文見清乾隆汪氏刻本《雙節堂贈言集錄》卷一二。乾隆四十年,汪輝祖(1730~1807)因邵晉涵、羅有高之介,請先生為其二母作贈言,見下編年譜。錢大昕《潛研堂文集》卷一七《雙節門銘》:「乾隆二十九年十有二月,禮部言:『故

淇縣典使、蕭山汪楷妻王氏守節二十四年、側室徐氏守節二十三年，同志撫孤，孝義兼備，應如例旌表。』制曰：可。」

李靜叔私諡孝悼議〔1〕

吾友李文淵靜叔，益都諸生，不喜為時文、逐聲利，而好鍵室陳經史，鉤貫稽考。為古文，篤信望溪方氏之說，必謹於義法。靜叔之兄南潤，屢遠遊，留靜叔侍母。靜叔晨昏在視，必竭其誠。未幾，靜叔病，母憂靜叔病，亦病。母且卒，而靜叔之病劇。其沒也，實母葬之後三日。南潤慟之甚，以書來曰：「靜叔曾一見子；〔2〕靜叔文，子曾論定之。請私為之諡，可乎？」案諡法：「慈惠愛親曰孝」、「年中早折曰悼」，靜叔之事親，用勞用力，蓋庶幾乎不匱者，可謂孝矣。學未副志，中道夭，悼孰甚與！謹私諡之曰「孝悼」。後之君子得以考焉。歷城周永年謹議。

【校箋】

〔1〕本文見清乾隆益都李氏刻本《李靜叔遺文》，作於乾隆三十二年（1767）。錢大昕《潛研堂文集》卷四〇《李靜叔傳》：「李文淵字靜叔，益都人。生九月而能言。早孤。嘗詈其師，母邢笞之數十，乃折節讀書，以古人為師。視流輩鮮當其意者。補縣學生，有名。靜叔事母孝，就養左右。非應試未嘗一日宿於外。母多疾而靜叔知醫，故母尤倚之。歲丙戌，靜叔病，母持其手泣曰：『爾死，吾何生為！』靜叔亦泣，對曰：『兒無患也。』靜叔夢雨雹及己身，覺，以語妻。妻曰：『聞姑言，夢雹者，喪父母，非吉徵也。』未十日，母果病。靜叔強起視藥，目不交睫者數日。母歿，靜叔委頓苫塊間，哭無時。病遂劇。自為文志其墓。又月餘死。既含而蘇，然毀瘠日甚。明年春，卜葬其母有日矣。先期，靜叔復病。自度不能送葬，日夕哭，至嘔血不止。比葬，舉家扶柩出，惟一醫者守之。靜叔不食亦不語，閱三日卒，以衰絰斂。年止二十有六。靜叔之兄素伯工古文詞，故靜叔亦好為古文。所著論、辨、說凡二十餘篇。嘗言：『昌黎韓氏之說，後人陰祖而陽絀之。如云性有三品，而後云所以為性者五，曰仁禮信義智。蓋已分氣質、理義而二之矣。後人謂分氣質、理義而言性自宋儒始，何也？呂東萊疑《西銘》為兼愛，以其言一視同仁，而未及篤近舉遠也。然則《原人》一篇兼《西銘》之旨，而過之矣。後人尊《西銘》而不及《原人》，又何也？』又言：『唐詩於本朝事每無所忌諱，猶變雅之遺也。忠厚如宋，而蘇子瞻猶以詩下獄，至白樂天為樂府諷時政，遂召入翰林。唐詩所以不可及

者，豈獨字句之工哉？」其議論有根據而不苟同多類此。靜叔既沒，同學私諡之曰孝悼子。論曰：《禮》言『毀不滅性』，懼人之過情而忘其身也。雖然，古之執喪，水漿不入口者三日，擗踊無數，杖而後能起。其守禮而不勝喪者，固宜有之矣。孝子之事親也，知盡禮而已，生死非所計也。予既嘉靜叔之孝，又悲其有志於古人之學，而天不假年，遂以毀死，乃為敘其事，毋使無述於後云。」

〔2〕李文藻《左傳評跋》：「靜叔好古文辭。壬午歲，見周書昌於濟南，歸而潛心《易》、《禮》兩經。」時在乾隆二十七年（1762）。

（擬）李文藻母輓聯〔1〕

誓志廿年前，到今含笑歸潛閫；
驚心千里外，有子銜哀念依閭。

【校箋】

〔1〕本文見山東省圖書館藏李文藻手稿之《先妣棚聯》中，作於乾隆三十一年（1766）。

（擬）皇清例授中憲大夫刑部陝西清吏司郎中加二級鐵夫府君行實跋〔1〕

嘗讀《宋書·孝義吳逵傳》，竊有意乎其為人也。傳曰：「逵，吳興烏程人，經飢饉疾疫，父母兄弟嫂及群從小功之親，男女死者十三人。逵期年中成七墓，葬十三棺，鄰里嘉其志義。太守王韶之臨郡，與同縣潘綜並察孝廉，並贈以詩曰：『美哉茲土，世載英髦。』又曰：『仁義伊在，惟吳惟潘。』」夫仁義在人自立，何地無賢。今觀中憲公夫子世篤行誼，葬其宗從之無主者十二棺。中憲，歸安人，即烏程分縣，豈非地靈門慶，與休文所書有曠世同符者邪。而世言古今人不相及，則何也？

【校箋】

〔1〕本文見《吳興叢書》本清吳蘭庭《胥石文存》。

附：吳蘭庭《皇清例授中憲大夫刑部陝西清吏司郎中加二級鐵夫府君行實》

府君吳氏諱聯珠，字珍茲，號鐵夫。先世諱壽寧者，元泰定間□□□□□□□自嚴州淳安遷湖州之歸安，遂世為歸安人。先五世祖

楫侯公諱世濟，明萬曆四十年舉人，南直隸太和縣知縣。時流寇殘潁州，犯鳳陽，而太和當河南之衝，賊悉力攻之。公率士民守禦，身冒矢石，屢有所斬獲。賊去而復至，凡三攻太和，卒不能拔。升六安州知州。尋以病免。著有《禦寇始末》二卷。今上御極之二十六年，以太和士民籲請，命祀名宦。先高祖端生公諱子方，府學生。先曾祖斯邁公諱景運，廩貢生，貤贈承德郎、吏部文選司額外主事。曾祖妣沈氏，貤贈安人。先祖楚三公諱湘，縣學生，封承德郎、吏部文選司額外主事。績學飭行，動止必於禮法。著《莊子正義》八卷、《屈子正義》六卷。其行誼具載門人湖北布政使沈世楓所為墓誌。祖妣凌氏，封安人。府君幼讀書即承庭訓，不為章句之學。雍正七年舉於鄉，乾隆元年成進士，授吏部文選司額外主事。遇覃恩，推封二代。三年，實授主事。充順天武鄉試同考官。五年，升稽勳司員外郎，兼理文選司事。六年，充雲南鄉試副考官。七年，升戶部河南司郎中，改刑部陝西司。尋丁父憂，時楚三公就養京邸。雖部務殷繁，府君晨昏起居惟謹。楚三公病脾泄，湯藥之奉，必嘗而後進。廁牏瀄灑，亦身親之，不以委侍者也。既扶柩歸里，侍凌安人，黽勉色養。服闋，將束裝赴補，凌安人疽生於要。醫相顧縮手，府君衣帶不解凡十數晝夜，口齮創出膿血，患良已。府君則瞿然曰：「吾母年已七十，老矣。今幸無恙，孰使吾徇一官，違子捨而猥以移孝作忠自詭也。」由是謁補之意遂輟。家故貧，自楚三公以授徒為生，脩脯所入，僅足具饘粥。府君通籍後，貧益甚。所乘一驢車出入，直舍遇軒車怒馬，輒擠陷積淖中。冬則襲羊裘，無所謂狐鼠之屬，又甚敝。然性喜急人，親故以艱阨至者，必有以慰其意。楚三公之為同祖兄弟者四人，四人者同父也。中遭家難，仲夫婦繼殞。楚三公既經紀其喪，並為嫁其孤女二人。伯薪臥先生即世，繼配張孺人年未二十，懷中子才三月耳。楚三公奉與同居，字其子如己子。府君亦鮮兄弟，相愛如同胞也。既冠，授室而卒，妻亦繼歿。張孺人於府君為世母，府君之事世母，不後於己母。蓋終府君世，張孺人若忘其為惸獨者。晉濤先生，四人者之季也。楚三公為之置室。既有子矣，輒夭死。叔兄亦屏甚，不能自立。俱生於府君館，死於府君殯也。合十有二棺。於先人兆域之西，置一大塚，至今享祀不

廢，則府君之所為善承父志者也。凌安人年躋大耋，顧精力素健，每春秋佳日，府君則具小舟，□茶帖果餌侍凌安人出遊。承奉□□□□□□扶掖□□輒為盤桓竟日。嘗命畫史仿《閑居賦》意繪凌安人小照，作詩有「敢云孝乎孝，自顧微乎微」之句，手題其上。既而曰：「潘安仁輕軒奉母，自謂拙者之政。顧趨權冒勢，蔑棄倚門之訓，則所當藉以為鑒者也。」府君貌嚴毅而中豈弟，即之者初若難犯，久而樂就之。嘗歷主天雄、嶽麓、問津書院講席，所賞拔多知名士。手綜史書，仿荀悅、袁宏之例著錄若干卷，《臥滄吟稿》七卷。府君生於康熙四十年八月十七日，乾隆十九年十一月十二日以疾歿於天津館舍。次年十月祔於正八堡楚三公墓側。配阮恭人，勤幹有家法，克相府君，後府君二十二年歿。子二，蘭庭，乾隆三十九年舉人；蘭史，府學附學生員。女子子一，適董啟埏，福建邵武府同知。孫四，小同、二同、名鎬、稼同。府君家居侍凌安人者十三年。府君歿後，又十一年而凌安人歿，壽九十。不肖男蘭庭謹述，賜進士出身、翰林院編修、歷城周永年填諱。

與李文藻書其一[1]

歷下仝學愚弟周永年謹頓首奉書芑畹大兄先生謦室：

初七日得接手示，備悉一切。伯母大人大故，[2]弟不能親赴弔唁，至今耿仄。來札云云，益增罪疚矣。三兄病幸而更生，[3]然亦危矣；大寒之劑，恐不可多服，積熱發作，大抵係參附之毒。但以解毒之藥與之，如甘豆湯之類，當自愈。寒劑久服，恐又變他症。語云：「不藥得中醫」，不可不慎也。大兄左體不仁，或苦次受濕所致。亦宜善為調理。《歷乘》一事，過蒙獎借，但謭陋愧不足以任之。吾兄若能來，弟當盡出所有之書以供採擇耳。《儀禮》一經，數年來粗涉數過，苦不能記憶其辭，何云深乎？然覆讀他經，似略見端緒。竊意此書乃《周禮》之傳而戴《記》之經也。惜向來無誦讀之功，致力為難耳。敖氏《集說》，雅雨先生有藏本。然初讀，但以鄭《注》為主而參以賈《疏》，再佐以楊氏之《圖》足矣。近頒發本《圖》更詳明。[4]諸家紛挐之說，且勿及之可也。三兄病如大愈，更祈示知為慰。尊著《諸城志》祈見惠一刻本，[5]近中想無暇及此。不必改本也。匆匆不盡。統惟原鑒。

冬至前二日永年載頓拜具

【校箋】

〔1〕本文見《山東省立圖書館季刊》第 1 集第 2 期「奎虛書藏落成紀念專號」第 114 頁後所插彩照。李文藻母卒於乾隆三十一年，隨後李報喪於先生。此係先生覆書。

〔2〕錢大昕《潛研堂文集》卷四九《邢孺人墓誌銘》：「益都李進士文藻喪其母邢孺人，葬有日矣。遣一介走京師，以所為狀乞予銘。……孺人姓邢氏，諱止，候補州判李翁諱遠之配也。端重寡笑言，事君姑張孺人甚有婦道。……延名師教諸子於家，程課有常，修膳必腆，故諸子皆成立，而文藻尤以文學顯青州。士夫知從事於詩古文，自文藻始也。孺人好施予，親黨以貧乏告者，周之無吝色。……孺人卒於乾隆丙戌六月某日。丈夫子四：文藻，乾隆二十六年進士，候選知縣；文濤；文淵，縣附生；文潛。」《南澗文集》卷上《與西園》：「不孝於六月十二日從濮州接到家信，知老母於五月三十日中暑，即夕就道急馳五晝夜，未抵舍二十里，聞變且七日矣。」推知邢氏卒於六月十日。

〔3〕三兄指李文藻三弟文淵。

〔4〕此八字原為雙行小字。「近頒發本《圖》」，疑指清官修《皇朝禮器圖式》，是書十八卷，乾隆二十八年校刊。

〔5〕乾隆二十九年（1764），李文藻纂成《諸城縣志》四十六卷付刻。

與李文藻書其二〔1〕

曹能始《儒藏》之議，自古藏書家所未及，當亦天下萬世有心目者之公願。今且廣搜秘籍，以訂例目，逢人說向，以俟機緣。世不乏毛子晉、徐健庵、曹棟亭，得三數人則事可集矣。昔黃俞邰、周雪客徵刻之書，〔2〕自當時視之，豈不甚難？今皆次第流佈。語云：人之好善，誰不如我。勿畏其難而先自捫其舌也。《儒藏》果成，則有大力而好事者，欲刻必先刻此一《藏》；欲藏，必先藏此一《藏》。古人佳書幸存於今者，從此日便永不湮沒。二氏得此法以藏書，故歷代以來亡佚甚少。吾儒斯役，又烏可緩？不然，如嘉定錢先生所致歎於惠氏之書者，〔3〕寧非後死之責乎？白香山自藏其集於匡廬，閻百詩亦欲藏《古文尚書疏證》於太華，〔4〕此皆由《儒藏》不立，反思借二氏之藏以傳，用心亦良苦矣。惠氏諸書，〔5〕過蘇如若晤其子孫，可令多置於名山、僧寺、道觀：凡有《藏》之處。庶幾古來之絕學，前輩之心血，猶不至湮沒於奕世也。

【校箋】

〔1〕此札原附於《儒藏說》後。

〔2〕黃虞稷（1629～1691）與周在浚同編有《徵刻唐宋人秘本書目》三卷。

〔3〕錢大昕（1728～1804）乃李文藻鄉試時座師，其「所致歎於惠氏之書者」，未見。錢氏嘗作《惠先生棟傳》，又手錄惠氏遺著。

〔4〕閻若璩《尚書古文疏證》卷四末條：「白居易記其《白氏文集》家藏外別錄三本，一本置於東都聖善寺鉢塔院律庫中，一本置於廬山東林寺經藏中，一本置於蘇州南禪院前佛堂內。……余非學佛者，雅愛《太史公自序》有『藏之名山』之例，此《疏證》第四卷成時，別錄四本，一寄置太華山頂，友人王弘撰司之。」

〔5〕「過蘇」疑是李文藻赴任廣東恩平縣時事，時在乾隆三十四年（1769）。見下編年譜。

復俞思謙書〔1〕

曹氏「儒藏」之議，見於新城說部。其詳未聞，大約須分四部，將現存有關係之書盡入之。四部可分四「藏」，而今為一大「藏」，猶釋氏之以經、律、論為三藏也。南澗云：此事聚之既難，刻之尤難，恐不能成。然宇宙間公事，既有人倡之，必有人應之。目下先聚書籍、訂目錄，以待方來。即未備，亦可俟後人之補。果能刻之，而分布數百千部於天下，豈非萬世之利哉！

【校箋】

〔1〕此札原附於《儒藏說》後。俞思謙，字秉淵，號潛山，浙江海寧人，國子生。有《海潮輯說》二卷等。嘗與修（乾隆）《歷城縣志》。

與孔繼涵書〔1〕

昔曹能始欲為《儒藏》而未就，竊以此藝林中第一要事也。然成實不易言。目下宜先聚書籍，分局編輯。目錄既定，易購之書則購之，或秘本不甚流傳者，則先為活板印之，約略先成數十部，分而藏之；即未備，亦可俟後人之補。弟嘗略檢《佛藏》，歷代以來，書之亡佚甚少；儒者反無此遠慮，致使《七略》、四部之書日就散失。曲阜既文獻淵藪，足下又淹雅多聞，克肩此事，故敢以告。不盡。

【校箋】

〔1〕此札原附於《儒藏說》後。翁方綱《復初齋文集》卷一四《皇清誥授朝議大夫戶部河南司主事孔君墓誌銘》：「君諱繼涵字體生，一字誧孟，號葒谷，曲阜人，

至聖六十九世孫。……君以乾隆庚寅舉於鄉，辛卯成進士，官戶部河南司主事，兼理軍需局事，充《日下舊聞》纂修官，加二級，又軍功加一級，誥授朝議大夫。君篤於內行，天性過人。……君歿年四十五。君雅志稽古，於天文、地志、經學、字義、算數之書，無不博綜。官京師七年，退食之暇，則與友朋講析疑義，考證同異。凡所手校者，數千百帙。聚集漢唐以來金石刻千餘種，悉考覈其事，與經義史志相比附。又以編纂官書，得遍觀京城內外寺院古蹟碑記。……遇藏書家罕傳之本，必校勘付錄，以廣其傳。……君所自撰《考工車度記》《補林氏考工記解》《股粟米法》各一卷，《釋數》《同度記》各一卷，其餘題跋雜著名《紅欄書屋集》者又若干卷，詞四卷。君生於乾隆四年正月二日，卒於四十八年十二月十八日。」

覆韓錫胙書〔1〕

門生連年奔走四方，仍於故紙堆中作活計。偶感於曹能始《儒藏》之議，竊思續而成之。經、史、子、集，宜先分四《藏》，而後合為一。經有注疏及崑山所刻《經解》，〔2〕增添有限；史自全史而外，可入者亦無多；惟子、集二門，搜輯頗難。近聞陶九成《說郛》全本歸安慶府城內王氏，若獲此書，則《子藏》亦可成矣。祈借出，散於所屬生童胥吏，每人抄二三本，量給紙札、飲食之費。即令廣文先生簡一方之有文望者，董其校讎。此書海內止有二三本，即不為《儒藏》計，而只本易失，亦宜重抄，以廣其傳，若能活板摹印數百部，則更妙矣。大江南北，斯文淵藪，更望隨處提倡，俾人人知有此一件公事未就，或有起而應之者乎。

【校箋】

〔1〕此札原附於《儒藏說》後，作於乾隆三十八年（1773）之前。韓錫胙（1716～1776），字介屏，一曰介圭，號湘岩，浙江青田人，為先生少在瀫源書院業師。有《滑疑集》。韓以乾隆二十五年（1760）出任江蘇金匱縣知縣。

〔2〕崑山所刻《經解》指徐乾學（1631～1694）編刊之《通志堂經解》。

覆李憲喬書〔1〕

歷下同學弟周永年謹頓首奉書叔白二兄先生幾右：

「三李」之名聞於陽扶、汝安、紉庵者非一日，〔2〕壬午之會則不甚記憶矣。客冬，忽接手書，於弟過有所推許，皆於弟無當也。弟少壯失學，今悔之而無及。偶從涉獵之餘，窺見古人讀書次第，如人偶得四方路程圖，遂欲執

途之人而告以適燕、秦之所由，己身實未嘗出房闥也。竊以明中葉以來，學法蕪廢。或遁於禪元，或守其固陋，遂無由見古人之大全。有志者果能尋章摘句，用數年工夫讀經，則於後來諸書黑白了然，如登五嶽以覽中原，而德言事功亦可擇一途以從事矣。此其說備於《朱子語錄》，程畏齋所輯，實其遺榘。榕村詩云：「兀兀蒔春華，歲晚君何食。」〔3〕人才難得，光陰易去。足下年力方壯，慎勿蹈弟之所悔為望。

臨楮不盡馳依。貴昆季全此不再。

正月十七日沖

後學謙光謹璧

【校箋】

〔1〕此札載《中國典籍與文化》2005 年第 2 期包雲志《袁枚、劉墉、周永年、吳大澂未刊信札四通考釋》，今疑作於乾隆三十八年（1773）。李憲暠（1738～1781），字叔白，號蓮塘，有《蓮塘遺集》行世。

〔2〕《清史列傳》卷七二《文苑傳》：「李懷民，名憲噩，以字行，山東高密人。諸生。早孤，與兩弟憲暠、憲喬相師友，以詩鳴，時稱『三李』。懷民嘗與弟憲喬依《主客圖》例，蒐集元和以後諸家五律，辨其體格，奉張籍、賈島為主，朱慶餘、李洞以下客焉，名曰《重訂中晚唐詩主客圖》。……著有《十桐草堂集》。憲暠，字叔白，諸生，有《定性齋集》。憲喬，字子喬，懷民弟，乾隆三十年拔貢生。四十一年召試舉人，官廣西歸順州知州。少受詩於懷民，而規模較闊，文亦簡勁有法度。……著有《少鶴詩文集》。」汝安，李憲喬《少鶴內集》卷一〇《平原贈張汝安三十韻》詩自注云其「婦翁宋蒙泉先生」，考錢大昕《潛研堂文集》卷四一《甘肅提刑按察使司按察使宋公神道碑》，宋弼長婿為張予治。（道光）《濟南府志》卷六四《經籍》：「《簡齋詩草》，平原人張予治撰。予治號簡齋，乾隆己卯舉人，官膚施知縣。」紉庵，不詳。

〔3〕李光地《榕村集》卷三九《留別南中諸友》：「郢書既重誤，燕人自得師。漢儒專門學，朝議猶倚之。六經如日月，涉夜則晻晦。蔑古不尊經，何世不幽昧？穀熟生齒富，經熟人材植。兀兀蒔春華，歲晚君何食。諸子乘休運，翩然潛大業。吁嗟大業荒，昔在明中葉。始我出山時，長恨山無林。屢逢來者說，松樹已成陰。有源第一義，無息兩字箴。古人亦有言，子寧不嗣音。老馬僅知道，逸足乃所欽。岩石雖粗礪，能悟出雲心。瞥瞥秋日飛，戾戾晨風發。翻令主為賓，與子牽手別。還憶我言耄，不鄙吾道拙。藉非名世期，胡然淹朔雪。」

與桂馥書〔1〕

老伯大人墓表，〔2〕初竟作誌銘，乃改為表，於宜刪者忘刪之。邇來之憒憒，大率如此。午崖此刻想尚在家中。〔3〕宜與顏大兄處，〔4〕同遣人至東昌坐等，無不可得者。東序大病幾死，甫有生機，斷不能寫。〔5〕與其使他人代寫，不如自代之也。其家則已送去。前來札言堪輿事，此事易曉而難精，甚勿造次。《靈城精義》等書，亦非一時所能即解；《蕭仙全書》宜細玩之，中多微言也。抄書之事，〔6〕終多掣其肘者，亦所謂得寸則寸耳。南澗寄書一部又一紙。新有自廣中來者，言其去潮陽惟恐不速，海疆俸滿，或亦可循例升也。

匆匆不盡。

未谷老弟

　　　　　　　　　　　　　　　　　　林汲主人永年頓首

述庵先生不及另札。〔7〕宋、元人醫書，《大典》甚多，不知何者為外間所無。求陳先生速開一單，從莊谷處寄來。此刻王史亭先生現辦此門故也。〔8〕要先開其最難得者。

【校箋】

〔1〕本文見王獻唐輯《顧黃書僚雜錄》，乾隆四十一年（1776）之前在四庫館時所作。

〔2〕即後之《桂先生墓表》。

〔3〕（宣統）《聊城縣志》卷八《人物志》：「鄧汝勤，舊名汝功，字謙持，一字午崖，鍾岳長子。淵源家學，善讀父書。楷法尤本天授。乾隆乙未通籍，後無不決為大魁，乃工愁善病，落落不自得，卒未得享大年。性孤僻，又寔曠達，每於家藏書中印有『曾在鄧午崖處』，抑何所見之遠耶。」

〔4〕孫永漢修、李經野等纂（民國）《曲阜縣志》卷五《人物志·鄉賢·文苑》：「顏崇槼宇運生號心齋，懋企子。乾隆庚寅舉人，官興化縣知縣。博雅工詩，與桂馥齊名。手著《續魯故》《詩話》《同席錄》《心齋紀異》《臊鯖小紀》諸書，皆徵引博洽。纂修顏氏宗譜，表闡幽潛，有功家乘。喜考訂金石，兼有墨癖，搜羅藏弄，不遺餘力。官教授時，值翁方綱學士、阮元相國先後督學山左，皆以文字相商榷，談讌之風，一時稱盛。詩格清雅，步武唐賢。在樂圃十客後，可稱繼起。手稿皆未授梓，多為人取去。惟《種李園》《摩墨亭詩集》為孔昭虔所藏，故得完好。」

〔5〕（道光）《濟南府志》卷五三：「汪鏞字東序，號芝田，居敬次子。幼沉敏穎異，

始入塾讀書，日千萬言。……乙未科中式第一甲第二名進士，授翰林院編修。（嘉慶）十八年，以年老回籍。六年卒，年八十四。」王培荀《鄉園憶舊錄》卷七：「汪芝田鏞，歷城人，以榜眼入詞林。典試廣東，所取元文，人爭傳誦。在言路，有『鐵面御史』之稱。兩奉使山東讞獄，家在省垣，過門不入，鄉人以錦衣旋里為榮。……耳聾，好談論。與人札，學《十七帖》，倉卒令人不能句讀。好畫，好弈，間喜作詩。」

〔6〕桂馥《周先生傳》：「被徵纂修《四庫書》……借館上書屬予為《四部考》，傭書工十人，日鈔數十紙，盛夏燒燈校治，會禁借官書，遂罷。」

〔7〕桂馥《晚學集》卷八《陳先生生壙誌》：「先生名穎，初名彭，字述庵……歷城周永年被徵較四庫書，就問醫家源流，草《醫書考》報之。」（民國）《曲阜縣志》卷八顏崇槼《陳述庵先生墓碑銘》：「歷城周永年與君談竟日，歎其湛深。永年被徵修《四庫全書》，就問醫家源流，草《醫方考》報之。」

〔8〕史亭者，王嘉曾（1729～1781），字漢儀，一字寧甫，江蘇華亭人。乾隆三十一年進士，官翰林院編修、文淵閣校理，有《聞音室詩集》，該集卷首有許巽行撰《墓誌銘》。

與友人書〔1〕

一別十年，丙申正月在高密南關與五兄分手，遂成死別。壬寅十一月至□□□房哭之。未知此時已殯否。示□。戊戌四月，在京師與六兄一聚，此後消息茫然。每於碧雲日暮，未嘗不慨然遠想也。辛丑十月，於東明遇四兄於途，款襟數語，匆匆別去。念蠻煙瘴雨中□□，何日賦□？某今聞懷民兄已奉伯母於里。

【校箋】

〔1〕此札係從沙嘉孫先生所示照片過錄。

與友人書〔1〕

永清之舉，必發自實齋。昨實齋過我而不在家，可恨也。可刻之書，弟所見者，有《溫公易說》，魚門鈔本，〔2〕須校。金仁山《尚書注》，非徐刻本，亦在魚門處。俞石潤《讀書舉要》未校本，弟有。程泰之《易原》，魚門有。《考古編》未校本，弟有。而莫要於元和、太平二《志》。鄭、賈、服三書祖本，當在館中。又，《學林》亦須急刻。《金樓子》有一底本，鮑以文來索者屢矣，〔3〕擬即寄去。魚門處尚有一本也。惠書盡矣，思再多印而無其力，價亦

多收不齊。惠書能趣令增流通千部亦妙。〔4〕

【校箋】

〔1〕此札見章學誠《章氏遺書》外編卷二《乙卯劄記》，作於乾隆四十一年。《乙卯劄記》：「歷城周書昌永年編修逝矣……檢笈中，得渠十五年前與友人手字，友人因其字寄余。時聞永清周明府震榮方欲鳩刻書之會也。君與友人字云：『……』其所云惠書者，元和惠氏棟校訂本也。其汲汲於表章先儒、嘉惠後學，精誠通於癙寐，而忘其家中無宿舂糧。真可敬也！」

〔2〕江藩《國朝漢學師承記》卷七：「程晉芳字魚門，一字蕺園，江都人，家山陽。饒於貲，喜讀書，蓄書五萬卷，丹黃皆遍。性又好客，延攬四方名流，與袁大令枚、趙觀察翼、蔣編修士銓為詩歌唱和無虛日，由此名日高。而家日替矣。累試南北闈不售。乾隆二十七年，高宗純皇帝南巡，召試，授中書。後十年，始成進士。改主事，旋授吏部員外郎，與修《四庫全書》。欽命改翰林院編修。君生而頎長，美鬚髯，酒酣耳熱，縱論時事則掀髯大笑，少所容貸。至於獎掖後進，則有譽無否也。不善治生，家事皆委之僕人，坐此貧不能供饘粥，以至債戶剝啄之聲不絕於耳，而君伏案著書若無事者然。後乞假遊西安，卒於巡撫畢沅署中。君始為古文詞，及官京師，與笥河師、戴君東原遊，乃治經究心訓詁。著有《周易知旨》、《尚書今文釋義》、《左傳翼疏》、《禮記集釋》、《勉行齋文集》十卷、《蕺園詩集》三十卷。」

〔3〕鮑廷博（1728～1814）以書來索先生在《永樂大典》中所輯出之《金樓子》，先生於四十二年請邵晉涵轉託汪輝祖交鮑，見下編年譜。

〔4〕按以後文「多印」、「價」、「流通千部」之語，「惠書」當是李文藻刻惠棟所著書。章氏所謂「校訂本」指此。

與馮君擢書〔1〕

　　古人讀《漢書》為下酒物，今讀兄詩如「濕蒙香愈遠，豔與潤相兼」、「飆流疑濯錦，月隱訝籠沙」，何等錘鍊。「一篙新漲淺，萬木濕雲深」、「雛鶯憐對語，新燕解斜飛」，何等雅秀。「陶情音有五，節性禮唯三」，何等莊重。「昨朝尤展翼，今日忽橫眉」、「可用光三德，何用拔一毛」，何等詼諧。諷詠一過，不能浮白賞之。

【校箋】

〔1〕本文見稿本《續修四庫全書總目提要》集部「《丹林詩稿》一卷」條。（道光）

《濟南府志》卷五四：「馮君擢字丹林，淄川人。幼穎異，有神童譽。年十六，補郡學生。乾隆乙酉拔貢，甲午舉人。選郯城教諭。東省有築河役，奉府檄勸民，輸鏹至三萬緡。工將葳，有訛言飭地，約集父老慰諭之，俄頃而定。郡試莒州日照文童，有末吏監場出謾語，童忿哄散。召兩學廩保理諭，無敢違。郯有一貫書院，公項無存。沐河淤田四十八頃，牒請清追，招佃為束脩膏火助。司鐸十四年，以卓異保舉知縣，移疾歸，卒年八十四。著有《抑抑齋稿》。鄉人私諡曰孝肅。」王培荀《鄉園憶舊錄》卷七：「馮丹林先生君擢，幼應縣試，有神童之目。長而好學，在濼源書院從桑弢甫學，讀書刻苦。自言讀文時，心一出即自掐其肉，初猶難定，後心不游移。乾隆甲午中鄉舉，闈文九轉丹成，然猶在落卷中，為主司搜出。先生循循善教，館泰安宋氏，從遊日眾，數縣之士將畢集；思裁成里中後進，乃歸家教授，一時多所造就。先君亦以文往質。晚得郯城學博。……屢受知於學使宗匠，保舉知縣不就。刻有《抑抑齋文集》。……曉嵐先生過之作詩，有云『東海遺封舊，南朝名士多。傳聞泉似墨，古井幾時波？』先生歸里後，過予館舍，年八十餘矣。寡鬚眉，貌偉岸，音吐如鐘，談論滾滾不倦。」

青章朱公墓誌銘[1]

公姓朱氏，諱續經，字青章，號豫堂。始祖子池，明永樂間自宿州徙平陰。曾祖鼎泰，工部尚書鼎延弟，觀城縣訓導。祖景雍，拔貢生。父作元，雍正元年癸卯進士，祁門縣知縣。祖、父俱誥贈如公官。子四人，伯續晫，癸丑進士，貴州清軍糧驛道。仲即公，公幼穎異而謹飭，同輩有嬉戲者，見之輒斂容。年十七入邑庠，甲辰舉於鄉，癸丑考取內閣撰文中書舍人。乾隆元年丙辰，遷侍讀。乙丑考取御史，補協理陝西道、福建道，試監察御史。丙寅春，歷陳三疏，一請精闈墨之選，以正文體，端士習；一河間、天津被旱，州縣已緩徵，而有司因積年舊逋，含糊差催，請俱停止；一法司會核之案，兩議並陳者，不得加夾片申說，皆蒙俞旨。旋聞母尹恭人得痼疾，懇請歸養。癸酉、甲戌連丁父母憂。丙子，補江南道御史，己卯轉河南道。秋，充順天鄉試監試。冬，巡視儀漕務。歸，疏陳彭河口以下，小關以上，沙磧淤塞，幫丁盤剝苦累狀，得旨會議興修。冬稽察大西倉事，旋視通州漕務。辛巳移駐天津，歲饑，因疏請用穀碾米以賑不如以穀折米，民得實惠，即糠粃亦於飢饉有濟；又春麥萌芽，暴風或激水侵損，有司以曾經種麥不在周恤之例，請一體借給籽種。

一疏民宜隨在收恤，不得拘以本籍。皆得旨准行。冬巡視北城，遷鴻臚寺少卿。甲申夏，遷光祿寺少卿，秋轉通政司參議。丁亥，遷鴻臚寺卿。戊子，稽察左翼覺羅宮學。己丑冬，緣事降級。庚寅，補鴻臚寺少卿。辛卯，遷光祿寺少卿，冬以疾請假。壬辰春回籍，居長清別墅。癸巳四月十八日，年六十有九，以疾卒。公頎長白皙，美髭髯，退然如不勝衣，而義勇必赴，不可回沮。屢出視漕，餽贈一無所受。居諫垣，其條陳皆民生至計，未嘗掇拾瑣務。性孝友，初祁門公歿時，母夫人亦病，忍淚更衣與諸兄弟入侍。既母夫人亦歿，晝夜哭泣，哀動閭里，籍槁食疏三年，居於喪次，以此得足疾。季弟歿於盜，公籲請於當事，密設法擒之，卒伏誅。遺孤數人，撫養無異所生。喜聚書，搜羅秘本及古金石文字，積至數萬卷。尤嗜宋元明諸儒撰述，雖重本亦收。或問之，曰：「吾家子姓眾多，冀其各守一編，或可藉以寡過也。」余以鄉里後進，每過公寓舍，雖盛暑嚴寒亦手一編，丹黃不倦，客至則相校勘以為樂。歸里後，嘗訪公於長清，為余啟鑰登樓，縱觀所儲，且曰：「子借書之局，何時可成？吾當與子結鄰於山中矣。」孰意甫逾年而即聞公之歿耶。配邵恭人，子二，長觀光，邵恭人出，邑廩生。次希光，府增生，以弟之子為子者。女子二，長邵恭人出，次側室張氏出。孫一，衍縷，觀光出。孫女二，婚娶皆名族。歲丁酉，觀光兄弟將以四月初二日葬公於長清縣邢家莊東之新阡，來乞銘。銘曰：

　　學綜墳典函雅故，敬行所聞慎跬步。迴翔臺閣瞻建樹，民饑民寒縈寐寤。十未二三形措注，憶昔道出茌山路。縱橫插架羅竹素，東望新城池北庫，感喟聚散猶旦暮。相約貯之林深處，名山石室與呵護。嗟哉今乃銘公墓。

【校箋】

〔1〕本文見喻春林撰、朱續孜纂（嘉慶）《平陰縣志》卷一七。

（擬）申清川先生墓表〔1〕

　　先生姓申氏，諱士秀，字書升，歷城人。少孤，事母楊太孺人以孝聞。太孺人歿，伯兄以食指漸繁，議析產，先生惟以舌耕自給。布衣蔬食，泊如也。居省城迤北濼口鎮，鎮故多富商，競以僕、馬、衣服相耀。先生出遊，獨跨黑，衛從小平頭，行仄徑中，視齷齪者蔑如也。山東故有商學遊食之人，往往以重賄啖廩膳生，署偽籍。先生食餼時，獨不受。厥後，冒籍事覺，諸廩膳生悉罣吏議，乃服先生謹小慎微，非眾所及。先生生而穎異，聞見輒不忘，博極

群書，詩、古文皆足成家；而經義之名猶著。盡洗鉛華，力追先正。其夭矯變
化、空靈激宕，奄有正希、大士之長。〔2〕吾鄉自曲阜顏修來、淄川畢公權而
外，未見有其敵者。先生以乾隆癸未成進士，年已五十。筮仕時，年以六十，
知四川慶符、安、石泉三縣。在官六載，清慎如一日。戊戌，歿於任，孤扶櫬
東歸。次年己亥冬，卜葬趙家莊迤東祖塋之次。又七年乙巳，永年以假歸里，
始克拜先生之墓。

　　嗚呼！先生之政績，蜀人咸能紀之；獨先生立身制行、績學為文，有非
世俗所能深知而悉數者。永年親炙久，相知亦最深，綜其大略，樹石於墓，俾
海內之人，知先生之學、之品，實有出於尋常者。庶後生小子過先生之墓，聞
風而興起焉。

【校箋】

〔1〕本文見崔雲輝、金鳳藻等輯（道光）《歷城縣志採訪冊》。

〔2〕正希見前。《明史》卷二八八《文苑四》：「陳際泰，字大士，亦臨川人，……
　　　與（艾）南英輩以時文名天下。其為文，敏甚，一日可二三十首。先後所作至
　　　萬首，經生舉業之富，無若際泰者。」按先生所選評《制藝類編》選申士秀文
　　　多篇。

六吉尹公墓誌銘〔1〕

　　尹公諱惟謙，字六吉。明初有諱剛者，自洪洞遷肥城，嘗散穀活其鄉人，
世為巨族。三世祖天民，密雲知縣，有政聲，葛端肅公志其墓。〔2〕四世祖庭，
嘉靖時為御史，劾相嵩，廷杖回籍。曾祖士英。祖升，庠生。父昌義，庠生，
候選州同知。母羅安人。公幼多病，讀書能通大義，而不嗜帖括，又連丁內外
艱，遂撦拄家事，援例貢成均。家故饒裕，而自奉儉約。同曾祖昆弟十餘人，
業中落，公皆為置恆產。歲饑，為糜粥以食。丐者晨起扶老攜幼者自遠而集，
公次第分給必遍。行之數年，鄉人感其義，輒相率出資以助是舉。乃每歲於
冬月各出粟若干石，而不足者則公獨任之。立粥廠於廟中，分司其事；更為
窖室，其路遼遠間值大風雪不能歸者，使宿於中；無衣者，予以綿衣；死者，
予以棺木：蓋解衣推食以賑鄰里者，三十年如一日焉。鄉俗素尚奢靡，公治
父母喪，哀而盡禮，識者多稱之。性和易，與人交必盡誠款，無語言睚眥之
際。世居城東北池村，東鄰某誤因公牆而築室，即割以予之；或負債不能償，
立焚其券。縣東北多山，曾奉檄種橡，土人未諳物性，多不活，縣長責償橡

種，因以被逮者數十家。公乃陰以厚值市諸遠方，代為之輸，逮者皆得釋。後數年，偶遊東山，山中人感舊德，攜酒食饋公，公初未嘗知其姓氏也。卒於乾隆四十五年六月二日，年七十有七。娶羅孺人，先公卒。子三：文愷，監生；文恒，廩生；文悰。女子四。孫三：長鴻價，丁酉科拔貢；次鴻任，附貢生；次鴻倬。曾孫三：肇桂、肇松、肇棻。文愷等將以本年十月十九日□時合葬於祖塋之次，來乞銘。元姚文公有言：「天下光顯其家者，其升也有階，而構也有基，開也有門，而來也有塗，無有乘依而徑得者。且千金之子將運千金之資，必擇善賈而可付者而後授之。況造物者儲靈奇之氣、賦經綸之才，豈不求諸修仁潔行、善為燾後之家乎？」〔3〕余讀中秘書，與校劉文簡公其志濱之趙善方、歷城之潘君玉、汶上之陳天祿、章邱之王京、牛豫，皆有潛德於鄉，而其後皆蕃衍克光其世胄。〔4〕如公之世，其先德樂施不厭，視文簡所稱曷多讓乎？法固宜銘，余又嘗識公於其弟苞村先生家，故為之銘曰：

　　曹村北池居相連，〔5〕二老義問無間然。兩家子弟多才賢，余至曹村識公顏。貌與心古行堪傳，德無不報澤必延，銘作左契慰九原。

【校箋】

〔1〕本文見凌紱曾修、邵承照纂（光緒）《肥城縣志》卷九《人物上·義行》，又見民國尹式傳抄本《尹氏族譜》，題作《皇清例贈修職郎歲貢生六吉尹公墓誌銘》。

〔2〕（光緒）《肥城縣志》卷之九《人物》載尚書葛守禮撰《宗伊尹君暨配孟氏合葬墓誌銘》。

〔3〕姚燧《牧庵集》卷一二《袁氏先廟碑》：「嘗謂天下之人光顯其家者，由二道焉：一則曰積德有漸，二則曰成功有會。之二者，不相資以始，則相須以終，如升也有階，而構也有基，開也有門，而來也有塗。無有無所乘依而徑得者。且千金之子將運千金之資，猶不輕以相畀，必擇善賈可付而後授。況造物者儲靈奇之氣，賦經綸之才，假光濟之具，俾佐興太平之業，非求夫修仁潔行、善為燾後之謀，沒身百年，窮躓不變，未享其報者之家，他子孫孰克當此哉！」

〔4〕《元史》卷一七八《劉敏中傳》：「劉敏中，字端甫，濟南章丘人。……至元十一年，由中書掾擢兵部主事，拜監察御史。……武宗即位，召敏中至上京，庶政多所更定，授集賢學士、皇太子贊善，仍商議中書省事，賜金幣有加。頃之，拜河南行省參知政事，俄改治書侍御史，出為淮西肅政廉訪使，轉山東宣慰使，遂召為翰林學士承旨。……為文辭理備明，有《中庵集》二十五卷。延祐五年卒，年七十六。贈光祿大夫、柱國，追封齊國公，諡文簡。」《劉敏中集》

卷八《承事郎西蜀四川道肅政廉訪司經歷趙君墓道碑銘》：「父諱善方，慈祥樂施予。好釋氏書。家素饒，諸所稱貸，歲遇不登，則焚其券不責。鄉里德之。卒年八十二。」同書卷七《奉訓大夫淮東淮西都轉運副使潘公神道碑銘》：「公諱琚字君玉，姓潘氏，其先本姬姓，畢公高之子季孫食采於潘，子孫以邑氏。在唐有制策高第者，嘗為宿遷令，卒葬宿遷，其屬家焉。七世從伯祖奇，由宿遷縣教授徒邳，逮高祖福、祖俁，世居邳為大姓。繼有潛德。而祖尤重厚長者，兄弟割產，獨不分一錢，曰：『吾不忍有是。』已而致產復益饒。將終，聚諸負券，盡焚之而歿。」同卷《贈奉議大夫驍騎尉聊城縣子陳公墓道碑銘》：「公諱旺，字天祿，上世睢陽人，譜逸莫詳。後徙東平，居汶上，遂占籍焉。父諱興，幼孤，母張歎曰：『陳氏之託惟此兒。』以苦節自誓，鞠育教誨之。既益長，讀書有立志。天兵平汴，負其母北渡，始居汶。闉小學為甘旨奉，以孝聞。嘗為徵商官。」同書卷九《濟南王氏先德碑銘》：「千歲之木，其柯葉摩穹蒼、蔽岩壑，人知其本根之深；萬里之流，其波濤驅雷風、沃天日，人知其源泉之濬；百年之家，其子孫大門閥、昭聲名，人知其世德之盛也。以今言之，其吾黨王氏乎。按王氏本高唐人，七世祖徙濟南之章丘，支蕃派衍，燁為巨族。高祖考諱京，為人真淳孝友，重義輕貨。家園多橘，鬻者預入其直率三之一，屬隕霜，邃以所入歸其人。田家往往以農器質錢，迫東作，知無以為贖，即召付之。金泰和末，歲饑民病，發私廩以賑，所全活甚眾。以年高普恩一官，並賜杖。嘗手植槐於庭，迄今鬱然，根盤幄偃，人知為瑞雲。年垂九十，無疾而逝。」同書卷五《牛氏先德碑銘》：「頃余自都下歸陽丘，邑長者奉訓大夫、知濠州事牛公潤之持善狀請曰：『益不佞，賴祖宗庇蔭，幸免罪戾，致官五品。嘗痛譜牒散逸，無以周知先世之美。惟是先大父暨先人濟陽君之餘澤遺行，欲吾子文諸石，為不朽之傳，為松楸之榮，為昊天罔極之報，敢再拜以請。』予惟所請，孝之大者也。孝不可違，勉為論次之，而繫以銘。按牛氏世為濟南章丘人。大父諱豫，以醫術鳴。資敏厚，喜為善，嘗歲饑民疫，出入恒乘黑騾，以囊米自附。遇貧病者，輒視而藥之，且遺以米，使得食。以是所全活甚眾，鄉人德焉。嗚呼！人皆知積貨財、廣田宅，為子孫之計，而不知清白篤厚之可以為垂裕之慶，而無驕佚墜失之患也。人皆知回邪曲屈、徼取富貴為家門之榮，而不知公忠亮直之可以為顯親之實，而無憂辱顛覆之虞也。故余既述牛氏先德之懿，復著濠州公之出大略。欲知所謂垂裕之慶與夫顯親之實者，果不在於彼而在於此云。」

〔5〕（光緒）《肥城縣志》卷一《方域》，榆城鄉坊廓社、安樂鄉北申社皆有曹家莊，未知孰是。

應山縣知縣醒斯公墓誌〔1〕

尹公諱行鐸，字醒斯，肥城人，始祖伯能於明洪武初由洪洞遷於肥。曾祖惠衡，祖曙，父大本，〔2〕世居石橫村，多隱德。公行二，生數歲而父卒，事母高孺人備極色養，嘗因壽日有所需，預使使購之，屆期未至，公即日夜馳數百里自致之，以博親歡。暨遭母憂，作孺子啼，葬祭如禮。自初虞時，以致遣奠告文，皆自為之，家事委曲必詳，庶幾所謂如事生者。事兄甚謹，析產時不較多寡，眾以為難，姊妹五六人，家率中落，歲時存問，周恤唯恐弗至；擇諸甥之才俊者，為延師課讀，多所成就。甲午解元趙東周，〔2〕每述外家培植之恩，輒於邑流涕也。初析居，田僅十畝，公躬行儉約，擴之百餘頃，然義所應用者，毫無吝惜，每三冬必為粥廠以飯餓者。歲饑，輒發窖粟濟貧窮，全活者無算。乾隆二十七年，以歲貢生援例捐知縣，分發湖北，初委署南漳，能於其職，旋補應山，蒞任之始，釋菜學宮，頹垣荒徑，官屬及諸生皆跪拜榛莽間，遂捐廉俸倡修，不數月，輪奐一新，復修義學，置贍田，聚生徒讀書，優其廩給，文風為之一振。縣當孔道，驛傳旁午，公洗手奉公，不以累民，雖捐己資弗恤也。後以細故罷官，歸囊蕭然。而前後以家資齎諸任所者，至萬金有奇。應山之民感其惠，爭製衣列姓名於上，以酬之。乾隆三十六年，上東巡，以降級予銜，公已無意仕進，方期以田園自樂，而以病沒，實乾隆三十九年十月之十六日也。得年六十有三。配郭孺人，佐君事親，井井秩秩，寡言笑，喜慍不形於色。後二年亦卒於三月之初五日也，年六十有六。子三，長永祀，例貢生；次恒祀，候選州同知；三綿祀，武庫生。女子五人。孫八，女孫八，婚娶皆名族。永祀等將以四十六年四月初九日葬公於祖塋之次，來乞銘，銘曰：

石橫之村，壤固腴也。公生其間，材實殊也。起家南漳，弊克除也。繼之應山，績莫如也。子衿城闕，今就觚也。安富輯貧，鮮流逋也。餼餫委積，丁通衢也。釜魚甑塵，困以蘇也。治將二載，情漸孚也。微故去官，民所籲也。強項不阿，遂吾初也。陶山汶水，侶樵魚也。東阡西陌，可菑畬也。鴻案相莊，符筴圖也。善氣所迓，福斯儲也。胡弗眉壽，歸幽墟也。我銘其藏，行應書也。燕翼而後昆，永奠厥居也。

翰林院編修己亥貴州鄉試副考官姻家眷侄周永年頓首撰文

【校箋】

〔1〕本文見《尹氏族譜》卷一墓表類。

〔2〕據法式善《清秘述聞》卷七，趙東周，泰安人，乾隆三十九年甲午科山東鄉試解元。

附：（光緒）《肥城縣志》卷九《人物上·經濟》

尹行鐸，字醒斯，由貢生補湖北應山縣知縣。下車即捐廉，倡修文廟，平反冤獄，首禁活稅，凡差役病民者悉革除。後罷歸，應山人立廟祀之。

圖裕軒先生小傳〔1〕

先生諱圖鏴布，字裕軒，姓佟氏，滿洲鑲紅旗人。父薩克思哈，寧夏駐防協領。先生戊辰進士，官至翰林院侍讀學士。癸酉為四川正考官，庚辰為山東副考官，皆稱得人。年未五十，以氣怯引疾，為圖八寶山之東，有水木之勝，春秋佳日則約同志三五人於水畔花間，藉草而坐，澹然忘歸。愛與田父、釋子遊行，既倦，輒憩古寺中，〔2〕或信宿始返。晚年更耽禪寂，即捨旁關地為園，閉關獨坐，研究內典。嘗謂余曰：「《金剛經》言一切福德不及受持此經，蓋一切福德，身受之，故可窮；持經，福德心受之，故無窮也。」余聞之，豁然有省。士大夫談禪者，往往以資口耳。見聞所及，惟瑞金羅氏有高、長洲彭氏紹升，博通教典，持誦精勤，北方則吾鄉劉氏應麟及先生而已。〔3〕歲甲辰於西山之麓，築草庵，塑大士像，而自為生壙於旁，謂諸同人曰：「庵既建，吾無事矣。」果以次年八月廿八日卒。余前數月出都時，先生尚無恙。一日偶病暑□□移□庵中，戒家人毋得至前，惟名□□侍疾，□不復食飲，靜坐月餘，灑然而逝，年六十有八。無子，遺產多施諸叢林，近城郭者分給親族。有詩若干卷，清平劉給事湄為刻之，〔4〕並為經理祠墓，給事即庚辰所得士也。賜進士出身文淵閣校理翰林院編修館後學歷城周永年撰，賜進士及第尚書房行走翰林院編修館後學天津邵玉清書丹。

【校箋】

〔1〕本文據李振聚文過錄。原石在北京門頭溝戒臺寺，國家圖書館有拓片。

〔2〕戴璐《藤陰雜記》卷一二：「平則門外定慧寺西延寧庵，荒刹也。圖裕軒學士鏴布，默坐庵中而逝，即葬庵側。朱石君尚書珪表墓，周編修永年作傳，勒石庵右祠堂。學士曾以田四百餘畝施諸戒壇亦建祠祀，門下士劉鴻臚湄作記，

稱學士早入詞林，年未五十，引疾不仕，性躭禪悅，恒信宿蕭寺。鴻臚刻其遺集，並懼延寧小剎久而就湮，復勒石戒壇名勝地，以期不朽。其風義有不可及者。」

〔3〕（乾隆）《歷城縣志》卷三八：「劉應麟字軒來，其先慈谿人。父某，遷於縣。應麟少補運學諸生，有聲士林。第乾隆二年進士，授壽陽知縣，署屯留，革里下科率。調靈石，絕苞苴，嚴條教。值歲旱，步禱於介之推廟。距城五十里，將至廟，大雨如澍。是秋，倍收。十三年，金川用兵，日需馬八十匹，又督治雲梯，皆無誤，而民不擾。解組日，囊橐蕭然，民送者多泣下。應麟未仕前，授徒齊河馬氏。歸，仍館其家。從遊甚盛。晚年終日靜坐，嗜禪理。三十二年，一夕無病卒，年七十五。」

〔4〕王培荀《鄉園憶舊錄》卷八：「清平縣，入國朝百數十年無發科者，劉岸淮先生湄，始於乾隆庚辰鄉舉，己丑成進士，人謂之『破天荒』。官至副都御使。歷官多閒曹，為副憲不久，理賑務，以勞卒。故平生淡泊清苦，而篤於師友。鄉舉為圖裕齋門生，裕齋歿無子，家壁立，太夫人尚在堂，先生為措置日用，月有定數，存問亦有定期，終太夫人之身。……岸淮先生亦好詩，嘗見新城王子文詩集，列其評語。」

附：朱珪《知足齋文集》卷三《日講起居注官翰林院侍講學士加一級裕軒先生墓誌銘》

裕軒先生既葬，其門人御史劉君湄告於珪曰：「吾師之化也，無恆然。其平生用力而自得者，不可湮也。公知吾師者，請為文揭於石。」珪不可辭。先生姓佟氏，諱圖輅布，字裕軒，滿洲鑲紅旗人。父薩克思哈，官寧夏駐防協領。母隋氏。先生其次子也。中乾隆辛酉舉人。初仕翰林院筆帖式。戊辰成進士，改庶吉士。辛未授職檢討。歷官侍講、侍讀，充日講起居注官。至侍講學士。壬申、甲戌，充會試同考官。癸酉，主四川鄉試。庚辰，主山東鄉試。先生性恬淡，方向用矣，遽引疾乞休。上旋命為河南學政，而先生已前告罷，遂不出。所居城西南隅曰象坊橋，於宅之南闢地數畝，藝穀灌蔬，曰漫圃；出阜城門外十里而近，曰釣魚臺；隱土山面流，築土屋數間，曰野圃。暇則挈杖獨步往來於是間，有造之者不距。聞方外有通名理者，必謁而請益，冀遷其真。於釋道兩家言，無所不參究，晚若有心得。其自守廉介，雖門生執友，不妄受一錢。初以似續為念，

既而屏嗜欲，與妻恭人偕修白業。豫買地西郊，種樹環壙，築庵於其左，曰：「我將終於是。俾道士守我藏。」乾隆五十年乙巳正月，上開千叟宴。於是先生年六十有六矣，與其兄給事圖薩布偕與焉，拜賜御製詩、如意筇杖、皮幣歸。其秋示疾，珪將扈駕木蘭。八月朔及朏，再踵謁先生。笑曰：「君歸來，吾其逝矣。」既望，謂家人曰：「吾欲暫舍於郊。」既出，曰：「吾不反矣。」作書，分其遺物於昆弟。其妻來問疾，趣之歸，曰：「無潤我。」命築茅屋於庵後。既成，遷焉。趺坐竟日，夜不欹。二十八日平明，語其從弟某曰：「今日吾定逝。無動，待吾行遠而後屬纊焉。」諸人遙候於戶外，靜默無氣逆聲。良久，端坐如故，候之息與脈寂矣。其定力庶幾涅槃者。生於康熙庚子年二月六日癸卯，卒於乾隆乙巳年八月乙巳。越六日辛亥，葬於鐵家墳。所著有《枝巢詩集》四卷。先生廉靜淡泊，殆於獧者。其脫屣榮利，超然去來，有以也。銘曰：孔取不為，孟思已貴。絕利一源，勝師十倍。上為昭明，惺惺不昧。嗚乎先生！爾已反其真，而我猶喑囈兮。噫！

桂先生墓表〔1〕

桂先生，諱公瑞，字輯五。其先臨川人。始祖忠，從明太祖起兵，以功封尼山衛百戶，遂家焉。曾祖爵、祖存正、父枝茂。先生幼孤，母孔孺人示金一鎰，封識宛然曰：「若翁所遺，將為子納粟入監者。」先生號泣，更奮志讀書，得補諸生食餼，與邑中諸名輩相切劘。顧後舉不第。乾隆三十二年，以恩貢例選教諭。先生曰：「顛毛種種，尚可求乎？」布衣草屨，與父老漁於泗上，喜堪輿家言。或登山陟原，數日忘歸。事母至孝，先生因周孺人出，依依兩孺人側，曲得歡心。居喪，哀毀骨立。與人交，淡而能久。周族親之貧者，從無德色。以乾隆四十年二月十三日卒，年六十八。配胡孺人，佐先生事親、治喪、課子，皆有儀法，先十二年卒，年五十有八。子男二人，馨，縣學庠生；馥，優貢生，正藍旗官學教習。女二人，壻孟衍崇、范璿。卒年同月之三日，合葬防山之西。余二年前，嘗至曲阜見先生，語無枝葉，容止甚莊。乃數日之疾遽歿，悲夫！

【校箋】

〔1〕本文見孫永漢修、李經野等纂（民國）《曲阜縣志》卷八。

皇清例授文林郎知河南鄢城縣事季封楊公墓誌銘〔1〕

賜進士出身、翰林院編修、文淵閣校理、四庫全書館纂修兼分校官、欽敕翰林院庶吉士、加一級、同邑年家眷、同學弟周永年拜撰。

賜進士及第、奉政大夫、翰林院編修、提督陝甘全省學政、四庫全書館分校官、□□□□□館纂修官加四級、紀錄五次、年家姻眷弟汪鏞頓首拜書丹。

賜進士出身、四川直隸酉陽州秀山縣知縣、加三級、紀錄三次、受業汪長齡頓首拜篆蓋。

　　楊公諱封，字季封，亦字既葑，號柳田。先世山西洪洞人。曾祖天奇始遷歷城，□□□西都司簽書。家居。歲饑，設粥廠，日飼流亡數百人。子二：璋、瑄。璋，□□□□通判。璋七子皆貴，多以武功顯。仲大勳，由貢生教習，選虹縣知縣。歷任山陰、阜寧，遷直隸，滁州知州。居官甘淡泊，而性喜聚書，得舊本必補綴繕寫之，積至數萬卷：即公之父也。公少有異稟，年十三，補諸生。壬申，□□□。甲戌，成進士。乙酉，選授河南鄢城縣知縣，地鄰孔道，民久苦差役，□□□□□，差不誤而民亦不擾。濦水由西來，為民害，城久圮。公捐俸倡□□□□以保聚。丁亥，年將七十矣，遂乞歸，行李蕭然，圖書外無長物也。□□□四壁立，授徒自給，而先人手澤藏弆如新。工詩古文詞，晚年尤好□□。取歷朝諸家詞，手自抄錄，詳考譜注，得數百闋，凡若干卷。將卒之前數日，猶點定《莊子》數篇，未得竟卷，將冥，猶以為憾。余性亦好聚書，嘗與公約，欲至公家檢所未有者抄之，而鹿鹿未踐斯言。今方謀歸，而公已卒。其孤且將以戊申四月二十八日葬公於長清金家莊祖塋之次，丐銘於予矣，嗚呼！余安忍銘公，而又安忍不銘也哉！公生於康熙四十五年九月二十二日戌時，卒於乾隆癸卯八月初七日未時，得年七十有八。娶萊蕪魏孺人，繼長山王孺人，濟寧惠孺人，側室崔氏、李氏。子五人，長曾，邑庠生，王孺人出；次晟，崔出；次鼎，郡庠生，惠孺人出；次阜、次余，俱李出。女三，一適同邑太學生李岳，先公歿；一適章邱廩生李法祖；一適德州太學生趙延燾。孫六人、孫女五人，俱幼。銘曰：

　　家屢空，書四圍。焚膏油，恒亡饑。身則瘠，學則肥。恂恂然，不勝衣。治於鄢，民無譏。我銘其藏，魂魄是依。

【校箋】

　　〔1〕本文見黃河出版社2002年版韓明祥主編《濟南歷代墓誌銘》圖版。

孝子周公墓表〔1〕

　　孝子周公，世居四川南川縣，原籍江西吉水人。明萬曆中，以宦籍居貴州婺川縣，有諱培衡者，公之曾祖也。配商氏子芝芳，因明季兵亂，奉母徙南川。為人磊落，以義氣自負。娶令狐氏，姑商年高，齒盡脫。每晨起，則盥沐拜姑而乳之。事聞於大府，為表其閭。子師文，敕贈文林郎，娶陳氏，明總鎮諱維綸公之女也，敕封孺人。文林公性恬澹，好讀書，不求仕進。子三，長萬祥、季萬資，公其仲也。諱萬殊，字同川，幼穎異，讀書過目能背誦。年十三，應童子試，邑老宿楊先生以女字之。甲辰，遭父喪，毀瘠幾至滅性。葬後廬墓三年，從遊者日益眾。為文力追先輩。辛酉，學使張公仕遇，奇其文，拔貢太學。癸亥，歸里，適母病危，割左肱肉和藥以進，而病癒。甲子，就試北闈，場後選授湖南直隸郴州州判。乙丑，迎母至署，色養倍至。奉檄辦桂東縣礦務，礦徒五方聚集，公感之以恩，約之以法，皆恬然以伏。運鉛赴京，過江，有覆舟，公出數十金募人拯救，全活多人。勘災過洞庭，有龍現於水，而眾皆震恐。公曰：「余心無愧怍，不為害。」既而果然。丁卯，母氏歸蜀。癸酉，遭兄喪，公泣曰：「吾母其何以堪！」急遣妻妾及子先歸侍養。是年，恭逢覃恩，得封典。甲戌，告養回籍。丁丑，遭母憂，盡心喪葬。庚辰，赴部候補，子士孝舉於鄉。辛巳，奉發湖南，歷署長沙、衡州、永州、岳州諸府通判、道州州判，廉能懋著。乙酉，補原缺，郴人聞之，額手相慶。丁亥，以疾歸，祖餞者相望於道。時子士孝知禹城，迎養來東。時時戒以防吏胥之奸欺，恤百姓之疾苦，故禹城之治，至今百姓稱頌太翁之德於不衰。楊孺人幼篤孝，曾割臂以愈母疾。年二十來歸，躬紡績以供甘旨。教訓子弟，不事姑息，視庶子無異所生。戚黨間貧苦者，每輟衣食周之。公生於康熙四十三年，卒於乾隆三十四年，壽六十有六歲。乾隆十七年敕授徵仕郎，三十七年敕授文林郎。楊孺人生於康熙四十二年，卒於乾隆十八年，壽五十有一歲。子八，長士孝，楊孺人出，次士廉、士節、士澐、士岳，側室鄒孺人出，士禧、士壽、士康，側室姚孺人出。女子子十二人，孫男十人，石蘭、立矩、立楷、立箴、立模、立範、立璋、立瑛、立誠、立騫，孫女十三人。公與楊孺人前後俱葬於宅後紫栢坡者有年矣，戊申之春，士孝以墓碑未樹，持狀來乞余為表墓之文。因仿姚文公志梁孝子之例以表其墓，且繫以銘。銘曰：

　　昔元牧庵姚文公曾有言：維皇畀人以福澤，猶人以盎粟與人。〔2〕然審其多寡之堪，受銖石衡量無相懸。割肱和藥已母疾，篤孝一念天所憐。視民痌

瘝乃在身，溝中之瘠無飢寒。惟孝與慈兩無愧，猶然虩虩省厥愆。一動一靜嚴顧諟，朝夕虔持《太上篇》。恐干神怒神降福，子有八士孫曾繁。長幼勖率以孝友，山村午夜聞誦弦。惟農力田自有秋，科名恰取如蟬聯。蔚為南川之望族，不數浦江有義門。天語煌煌崖阿宰，木鬱鬱凌雲煙過。停舟縞衣拜皆羨，公之得天何其厚。嗚呼！芝固有根兮醴固有源。

【校箋】

〔1〕本文見（民國）《南川縣志》卷一二，係前《湖南直隸郴州州判周公暨配楊孺人合葬墓碣》之別本。（民國）《南川縣志》卷一一《周萬殊傳》：「歷城編修周永年為作墓表，以『孝子』冠首。」

〔2〕姚燧《牧庵集》卷三《馮氏三世遺文序》：「古之人，道德積躬而孝悌行於家，風教及於鄉而勳名流於天下後世。父基而子構，祖塗而孫轍。存乎當時，簪紳榮之。垂之於今，竹帛煥焉。是之謂世德之家。如楊震、袁安，四五世迭為三公，桓氏世為帝者師，與後漢祚相終始。下乃唐之韋、杜，八葉蕭氏，其間彰明較著者尚多。由是以來，有志樹立門戶者，夫豈無其人哉？然不一再傳，子或不才，孫復不令，仁義之不修，詩禮之日捐，徙業下逐百工眾技之利，自混於齊氓，能不觸刑辟，以及其宗祀者，又於不才不令之中有絕俗之識者也。嗚呼！世德之易實而難傳如是者，果天歟。天未嘗禍善人，有開於始而無聞於終，有先於前而見羞於後者，必自夫人焉，必人也耶。簞食豆羹為物亦薄矣，吾之與人猶必揆之於義，以裁其當否，況如天者將畀人以世德，寧不靳吝愛嫪，誘之於冥冥、相之於昭昭，俾繼繼生賢，不墜其世者，未必人力能致然也。」

附：王培荀《聽雨樓隨筆》卷一「周孝子傳」條

周公萬殊，字同川，南川人。乾隆辛酉拔貢。性至孝，母病危，刲股肉以進，中夜引錐刺血書表告天，願減己年以益母壽。感異夢，母疾愈。祖母令狐氏，因姑年高齒落，每晨盥水，拜姑而乳之。太守送扁曰「事姑一等」。宜其生孝孫也。公娶楊氏，亦孝。在室嘗割臂愈母疾。公通判湖南，為巡撫陳榕門先生所知，屢委審辦巨案。有告謀逆者，其人實痰迷，妄以親族相識諸人錄名冊。搜得焚之，案得以銷。有子八人，人稱周有八士。吾鄉林汲先生為作《周孝子傳》，又為作歌。節錄之云：「割股和藥已母疾，篤孝一念天所憐。哀禱祈神神降福。子有八士孫曾繁。長幼勖率以孝友，山村半夜聞誦弦。維農力田自有秋，科名恰取如蟬聯。蔚為南川之望族，不數

浦江有義門。」可以風矣。

皇清誥授奉直大夫刑部江西司員外郎加一級霖村馬君墓誌銘〔1〕

馬君諱雲龍，字霖村，號菊圃。先世由諸城遷齊河。六世祖諱朝才，明表揚孝子，賜冠帶，我朝建坊旌表，崇祀忠孝祠。〔2〕祖諱紹舜，舉鄉大賓，誥封朝議大夫、刑部山西司郎中。父諱淳，辛酉科舉人，誥授朝議大夫、刑部山西司郎中。子二，君居長。生而端凝，受業於劉軒來先生，愛其文有湛深之思。歲丙戌入泮，旋食餼。庚寅薦而未售，援川運例，捐大理寺寺丞，分發行走。而攻苦不懈，未補職之前，丁酉、己亥就試北闈，皆受房考之知，而弗可遂其志。繼以廉能保舉，授興平倉監督。洗手從事，盡裁陋規。年久倉穀多陳因短少，捐俸完補。曰：「吾不補，恐異日為後人累也。」乙巳，推陞刑部江西司員外郎，仍兼領倉事。丙午，以大計一等引見，奉旨加一級。夙興夜寐，推情合律，盡心平反。詎意於三月廿一日偶染時疫，越十日竟至不起。君好讀書，喜吟詠。而天性肫摯，事親曲意承志，居喪力遵古禮，三年不居於內。甲午方治葬事，而鄰寇忽起，〔3〕君晝則登城守陴，夜則寢宿於柩側，遇變而鎮定如常人，皆以為難。余與君先後受業於申清川先生之門，猶憶戊戌歲五月十五日，君倉猝詣余曰：「吾師歿於蜀中矣！」余哭失聲，相對慘沮者久之。君之篤於師友之誼，此其一端也。君卒於乾隆五十一年丙午四月初一日卯時，得年四十有二歲。初娶長山袁清愨公長女，〔4〕有淑德，未及一載而歿。繼娶李氏，吾邑州同知李公佺之仲女也，〔5〕勤儉孝慈，年三十有八歲而先君以歿。皆誥贈宜人。子二，麟圖，邑庠生；次麟書，皆李宜人出。今將以五十三年戊申十一月之二日窆於謝莊之新阡，來乞銘。銘曰：

驥足方騁於康莊兮，胡遽使之先傾。豈大冶之無心，子抑成數之有虧盈。吁嗟乎！未仕而克敦夫內行，子既仕而克揚其名。眾皆受命於天兮，君固無忝於所生。

賜進士出身文淵閣校理翰林院編修加三級歷城愚表弟周永年頓首拜撰文

賜進士及第翰林院編修加三級年家眷姻弟汪鏞頓首拜書丹

賜進士出身翰林院編修加三級年家眷姻弟朱攸頓首拜篆蓋

【校箋】

〔1〕本文據李振聚文過錄。墓誌原石出土於青州。

〔2〕（民國）《齊河縣志》卷二六《孝行》：「馬朝才，制行端方，賦性孝友，父歿，廬墓三年，朝夕不懈。至兄弟異爨，又讓產不取。時出己物，以濟其不給。崇

禎間，授冠帶院司匾其門曰純孝，又曰孝友樹聲。清順治十年，奉旨建坊旌
之。」

〔3〕蕭一山《清代通史》卷中第一篇第四章第二十七節《民亂之漸起·王倫臨清之
亂》：「乾隆三十九年，壽張人王倫以清水教運氣治病，教拳勇，往來山東，號
召無賴，徒黨日眾。羨臨清之富庶，又當清兵方征金川，意畿輔兵備或虛，倡
言有四十五天大劫，從之者得免。壽張知縣沈齊義捕之，倫等遂於八月二十八
日夜，襲城戕吏。……時國家承平久，官民皆不習兵，倫等連陷堂邑、陽谷，
乃分趨臨清、東昌，圖阻運道，有眾數千人。」

〔4〕《清史稿》卷三二四《袁守侗傳》：「袁守侗字執沖，山東長山人。乾隆九年舉
人，入貲授內閣中書，充軍機處章京。……授直隸總督。四十八年卒，贈太子
太保，賜祭葬，諡清愨。」

〔5〕(道光)《濟南府志》卷三十八《宦跡六》：「李佺，江南懷遠人，舉人。雍正初，
知長清縣。整學校，勸農桑，於讀法、鄉飲賓興諸大典無不舉行。民有善行，
給匾獎勵，興利除弊，勇於有為。凡有關風化者，恒形諸文詞，以垂久遠。續
刊縣志，未完，解任去。」

下編：周林汲先生年譜

　　清儒周林汲先生永年，於經史百氏之言，覽括略盡，而尤邃於釋氏書，當時罕匹。及謀刻先儒著述，惠、戴之學用是大行；又無間風雨寒暑，往復搜輯《大典》遺書；倡為「儒藏」之說，欲盡公古今圖籍，以使學者見天地之醇、古人之大體，畢生力行不輟。章實齋知之最深，嘗謂先生勤學而不為名，心公而無私於利，粹然古之醇儒。「五徵君」之名，當日嘗與戴東原、邵二雲輩並稱，然所儲之學與筆於書者不可等量而觀也，故博雅如先生，而弗與通儒之列。自先生之歿去今二百有餘年，其姓字事蹟乃不為世士所稔，其著述亦幾與山左文獻同歸漸沒。使實齋而在，其言又將何如也！小子懼文獻莫徵，爰採諸家文集、筆記所載與有關涉者，分年繫綴，輯為是譜。蓋區區之意，期拾吉光之殘羽，匯為一編。鴻達君子，倖進而教之，增所未備，則所切望者焉。歲次丁亥謹識，壬辰中秋改定。〔註1〕

　　丙申之夏，余方從友人晉謁滕州杜師澤遜先生於校經處，李振聚學長以林汲遺文多篇見示，丐歸細繹，知可補正前所綴年譜多事。丁酉上元後，校經處孫齊學兄又出示北大潘妍豔女史《李文藻與周永年書札二十八通考釋》，因就以匆草小札。顧余與申君奮力批尋鄉先正事蹟、遺文，集為年譜，爾來十有二年，念之慨然。而原譜行

〔註1〕《周林汲先生年譜》，原載武漢大學歷史學院主編：《珞珈史苑》（2012年卷），武漢：武漢大學出版社，2013年，第244～300頁。

世，去今亦閱四載，所遺者復間出不已，得無浩慨焉。〔註2〕

余既補正《周林汲先生年譜》，今又四年辛丑，以夏六月初一日至歷城殷家林村訪得林汲後人；八月既望，復於晚近文集、方志中採先生事文多條，爰為續貂，用補前闕云。識於林汲逝後第二百三十秋。〔註3〕

名字號

先生名永年，字書昌，又字書倉、書愚、靜函，號林汲山人、林汲主人。

桂馥《晚學集》卷七《周先生傳》：「周先生永年，字書昌……結茅林汲泉側，因稱林汲山人。」章學誠《章氏遺書》卷一六《周書昌別傳》同（簡稱「《別傳》」）。王培荀《鄉園憶舊錄》卷二：「林汲先生，一號書倉。」又先生有「書昌一字書愚」朱文方印、「林汲主人」印各一枚。〔註4〕胡德琳修，李文藻、周永年等纂（乾隆）《歷城縣志》（簡稱「《歷志》」）胡德琳序稱先生為「邑孝廉周靜函」；又乾隆三十八年（1773）魯九皋有《與同年周靜函書》一通。

先世

先世居浙江餘姚。太高祖志德，號小泉處士，自紹興餘姚遷居歷城。娶薛氏。

見清佚名纂《道光二十四年山東會試同年齒錄》（簡稱「《齒錄》」）「周如城履歷」、「周蓮芳履歷」葉（以下記先世事皆本此，不另注）。〔註5〕又《林汲山房遺文》（簡稱「本集」）有《李母張太孺人八十壽序》：「余家自國朝定鼎之初，始由長清遷居歷下。」

高祖三綱，字少津，明崇禎時官江南操江督標右營衝鋒都司。娶孫氏。

按明施沛《南京都察院志》卷九至一二，操江者，明南京都察院設提

〔註2〕《周林汲先生補正》，原載武漢大學歷史學院主編：《珞珈史苑》（2017年卷），武漢：武漢大學出版社，2018年，第288～295頁。

〔註3〕《周林汲先生年譜再補》，載杜澤遜主編《國學季刊》，待刊。

〔註4〕王紹曾、沙嘉孫：《山東藏書家史略》，第180頁。

〔註5〕此書蒙杜澤遜教授惠示，附此誌謝。

督操江，掌自九江至鎮江、蘇松一帶江防。不知三綱在何府、衛任職，似為一低級武官。又見王贈芳等修、成瓛等纂（道光）《濟南府志》（簡稱「《府志》」）卷四一《選舉》「明武秩」。

曾祖楠，字蕃生。縣學生。考授正八品，例授修職郎，貤贈奉直大夫、翰林院編修。

又見毛承霖修、趙文運等纂（民國）《續修歷城縣志》卷三七《貤封表》（簡稱「《續志》」）。《李母張太孺人八十壽序》：「先曾祖僅昆季二人，而女兄弟則倍之。」《歷志》卷四八《列女傳》記周楠「客死膠州」。

曾祖母王氏，歷城人，例贈孺人，貤贈宜人。繼馬氏，齊河人，例封孺人，年四十四卒，雍正十二年（1734）旌，崇祀節孝祠，後貤贈宜人。

又見《續志·貤封表》。又《歷志·列女傳》：「馬氏，周楠繼妻，齊河人輝吉女。與楠相敬如賓。楠客死膠州，馬率前子往返千餘里歸其櫬。時年二十三，無子，事舅、姑，承顏怡志，得其歡。撫前子元焞，以文行著於鄉里。家貧甚，惟以紡績自給。卒年四十四。雍正十二年旌。」

祖元焞，字盛仲，縣學廩生，王氏出。貤贈儒林郎、承德郎、奉直大夫、翰林院編修加二級。

又見《續志·貤封表》。《歷志·列女傳》：「劉氏，縣學廩生周元焞妻……年二十五，元焞卒……撫繈中二子。」

祖母劉氏，長清人，卒年四十四，雍正十二年旌，崇祀節孝祠，貤贈安人。

《歷志·列女傳》：「劉氏縣學廩生周元焞妻，長清人生璞女。年二十五，元焞卒，劉痛不欲生，撫繈中二子，事孀姑，歲祲至日一食。勤紡績，奉饘粥。姑有疾，劉侍藥物，以勞致病，且革，泣曰：『姑未愈而身先死，齎恨地下矣。』卒年四十四，守節二十年。子堂悲母捐養，終其身，每墓祭必大哭。雍正十二年旌。」

父堂（1704～1761），字明廷，一作明庭，號岳東，國學生，業賈，有孝行。卒年五十八，貤贈奉直大夫、翰林院編修加三級。

又見《府志・選舉》、《續志・貤封表》。《府志》卷五三《周堂傳》：
「周堂字明廷，其先餘姚人，後徙歷城。曾祖三綱，前明操江衝鋒都
司。祖楠，父元焞，縣學生。堂少孤而貧，祖母馬氏、母劉氏艱苦撫
之。既長，習懋遷業，性精敏，與里中劉文學祝南、馮給諫靜山、衛
郡丞荊山遊好。是時，齒俱少，有崔懷三者善五行書，登萊間人，謂
劉應家小康、壽若干，馮應早達，衛應獲官階，不以科名，皆不及下
壽，周壽可五十八。晚歲亨家，應大裕，且有子能振其家聲。一時嘻
笑，未深信。越十年，馮成進士入詞館。未幾，劉亦家稍給。衛援例
官都勻同知。堂有子永年已能向學，久之家日饒，三黨多賴以舉火，
而自奉甚儉，嘗敝衣履行中衢。獨縱子於學，凡經史子集泊二氏之
書，無不力購之。一日坐肆間，有苦其子博者，蹙然曰：『吾將為子
償輸債，奈何？』堂搔首曰：『吾亦為子償書債，奈何？』聞者愕然，
既而笑且羨。永年名噪齊魯間。亡何，馮擢兵科給事中，卒於位。未
幾，劉亦卒。其壽皆如崔言。衛自黔告歸，病不起，堂歎曰：『信矣
夫崔翁之言也！雖然，將及余矣。』頃之，果病，竟以五十八歲而
卒。」

母王氏（1708～1786），年十七（雍正二年，1724）來歸。事兩世孀姑，
自奉儉約，有淑德，闓黨稱之。乾隆五十一年（1786）六月初二日以疾卒於德
州，年七十九。誥封太宜人。次年（1787）三月二十二日，歸葬歷城西三里
莊。另有一女，適歷城人樓之歧（《晚學集》卷八《王太宜人墓誌銘》）。

外家

外祖王者度，字欽之，世居齊河縣，後徙居歷城。外祖母瞿氏。舅王琳，
字美玉。舅母魏氏。瞿氏、魏氏，乾隆四十三年（1778）受旌建坊。

本集《王氏雙節墓表》：「余表弟王希閔，先舅氏諱琳之嗣子也。舅氏
字美玉……父諱者度，字欽之，即余之外祖，世居齊河城北之蠻子
營……（者度）徙居省垣西關，配外祖母瞿氏太孺人……舅氏年十
七，娶妻魏氏，未三年而以瘵疾歿。舅氏遺一子，逾年復殤。時魏孺
人年未及二十。」受旌年又見楊豫修等修、郝金章等纂（民國）《齊
河縣志》卷三〇《藝文》。

年譜

清世宗雍正八年庚戌（1730） 一歲

先生生。

> 《別傳》：「書昌死矣，乾隆五十六年辛亥秋七月也……卒年六十有
> 二。」崔雲輝、金鳳藻等輯（道光）《歷城縣志採訪冊·周永年》：「住
> 雙忠祠，現住東流水。」（簡稱「《採訪冊》」）王化東《濟南名勝古蹟
> 輯略》：「周永年宅在東流水。」今按其地併入濟南市五龍潭公園，原
> 街遺址已無存。又《續志》卷五二《雜綴》尹鴻保《書周徵君逸事》：
> 「梵筴貝葉，庋置所居小樓幾半焉。」（簡稱「《逸事》」）

初生，每患腹瀉瀕死，母王氏時亦患瘡疥（《王氏雙節墓表》）。
是年歷城被水災。清廷命散倉穀賑饑，蠲免被災錢糧。〔註6〕
李文藻（1730～1778）生。盧文弨（1717～1796）十六歲，程晉芳（1718
～1784）十二歲，戴震（1723～1777）七歲，紀昀（1724～1805）六歲。

九年辛亥（1731） 二歲

姚鼐（1731～1815）生。

十年壬子（1732） 三歲

十一年癸丑（1733） 四歲

翁方綱（1733～1818）生。

十二年甲寅（1734） 五歲

曾祖母馬氏、祖母劉氏受旌表。
羅有高（1734～1779）生。

十三年乙卯（1735） 六歲

八月，清世宗崩，年五十八。
九月，皇四子弘曆即位，是為清高宗，以明年為乾隆元年。
是年段玉裁（1735～1815）生。

〔註6〕《歷志》卷二《總紀》。以下言歷城事，乾隆三十一年（1766）前者皆本此。

清高宗乾隆元年丙辰（1736） 七歲

五世伯祖槇側室習氏（1669～？）受旌表。

> 《歷志・列女傳》：「習氏，周槇側室，年二十九，正歿。時舅操江督
> 標右營衝鋒都司已前卒。姑多疾，習理湯藥甚謹；事女君，竭力盤
> 餐；教二子，皆克家。乾隆元年旌，時年六十八。」

桂馥（1736～1805）生。

二年丁巳（1737） 八歲

已能讀書向學。

> 李文藻《南澗先生遺文》卷下《為宅郎求婚啟》：「恭惟親家先生……
> 八歲已耽圖籍。」《逸事》：「世言林汲先生有夙慧：方四五歲時過書
> 肆，遽出荷囊中物購《莊子》。」

是年歷城被饑，清廷命散倉穀賑饑，蠲免被災錢糧。
周士孝（1737～1796）生。

三年戊午（1738） 九歲

章學誠（1738～1801）、丁傑（1738～1807）、餘集（1738～1823）、李憲
噩（1738～1793）、李憲暠（1738～1781）生。

> 憲噩字懷民，以字行，號石桐，山東高密人，增生，與弟憲暠、憲喬
> 稱「三李」。憲暠字叔白，號蓮塘，廩生。〔註7〕

四年己未（1739） 十歲

是年歷城被饑，清廷命散倉穀賑饑。
孔繼涵（1739～1783）生。

五年庚申（1740） 十一歲

方昂（1740～1800）生。

〔註7〕《李氏三先生詩・石桐詩鈔》卷首王熙甫《石桐先生墓誌銘》：「乾隆癸丑（1793）
歲感疾卒……距生於乾隆戊午（1738）某月某日，享年五十有六。」據此知
其生年。《李氏三先生詩・蓮塘遺集》卷首載王熙甫《蓮塘先生哀辭序》：「庚
子（1780）春，少鶴先生（按即李憲喬）以例授岑溪令，先生佐其治。越年
遘疾，卒於官舍，年四十有四。」據此推知憲暠生於本年。

六年辛酉（1741）　十二歲

是年歷城被饑，清廷命散倉穀賑饑，蠲免被災錢糧。

七年壬戌（1742）　十三歲

是年歷城被災，清廷命散倉穀貸民，蠲免被災錢糧。

李文淵（1742～1767）生。

> 文淵字靜叔，別署僅堂，山東益都人，李文藻三弟。張承燮、李祖年
> 纂，法偉堂校補《益都縣圖志》（光緒刻本）卷三九《儒學傳》有傳。

八年癸亥（1743）　十四歲

邵晉涵（1743～1796）生。

九年甲子（1744）　十五歲

十年乙丑（1745）　十六歲

十一年丙寅（1746）　十七歲

十二年丁卯（1747）　十八歲

是年歷城被饑，清廷命散倉穀賑饑。歷城建行宮。

馮敏昌（1747～1806）、黎簡（1747～1799）、張錦芳（1747～1792）、李
憲喬（1747～1799）生。〔註8〕

十三年戊辰（1748）　十九歲

二月，高宗巡山東，至濟南，蠲免被災錢糧。

三月，高宗遊趵突泉、珍珠泉、千佛山、大明湖等處，皆有詩。

是年父執馮秉仁（1710～1748）卒，時先生已播名於齊魯間。

> （道光）《濟南府志》卷五三：「馮秉仁字體元，父繼祖，自杭州遷歷
> 城。秉仁九歲能背誦五經，十四補運學諸生。乾隆元年，舉鄉試。明

〔註 8〕憲喬字子喬，號少鶴，山東高密人。《李氏三先生詩・石桐詩鈔》卷首載單鍝
　　　《李石桐先生詩集序》：「石桐先生歿後五年，而少鶴歿嶺南。」單鍝《李少
　　　鶴集序》：「少鶴生有異才，年十九以選貢高第。」據曹孟九修、王照清纂（民
　　　國）《高密縣志》（二十四年印本）卷一四《李憲喬傳》，時在乾隆乙酉（1765），
　　　以是推知其生年。

年，第進士，改翰林院庶吉士，授編修。五年，稽察右翼宗學事務。六年，冬輪進經史講義，召見養心殿，問疏中所引典故，皆條晰以對，天顏霽悅，且為指示文義所未盡者。七年，遷侍讀，稽宗學如故。八年，擢浙江道監察御史。歷署陝西、山東諸道。九年，新葺翰林院落成，賜宴。十一年，瀛臺賜宴皆與，賦柏梁體詩。十二年，副刑部侍郎錢陳群典江西鄉試，悉心甄別。十三年，巡視北城如故，折獄精當，而出以和平，不事刑撲，曲直自判。旋以疾卒，年三十九。」

十四年己巳（1749） 二十歲

十五年庚午（1750） 二十一歲

十六年辛未（1751） 二十二歲

五月，沈起元（1685～1763）來主濟南濼源書院。

起元字子大，號敬亭，江蘇太倉州人。沈起元《敬亭公年譜》（簡稱「《沈譜》」）辛未六十七歲：「三月……漢求自山東來，以準撫軍及司道公書，聘余主濼源書院掌教。閏五月十五日到省，司道於八里外親迓，監院教官率諸生轎旁打恭……十九日，送入書院……諸生六十餘名，皆閉戶用功，早暮書聲滿院。」《歷志》卷一二《建置考》三：「濼源書院，在西門內大街、縣治西南。雍正十一年……以巡撫岳濬因舊裁都司公署高敞整齊，乃倡捐修葺。」

十七年壬申（1752） 二十三歲

二月，李文藻來濟南，與結識。

李文藻《為宅郎求婚啟》：「壬申春半，初瞻光采於水西。」時先生家居東流水街。

秋，與沈起元等同遊佛峪。

《沈譜》甲戌七十歲：「壬申秋，諸生邀余遊龍洞。向聞佛峪有瀑布，因往。」

十八年癸酉（1753） 二十四歲

二月，清廷命蠲免歷城等縣歷年帶徵額賦。

是年肄業濼源書院，師從山長沈起元、韓錫胙（1716～1776）、申士秀（1713～1778）等。

> 本集《書金玉川松竹居圖》：「憶余昔在濼源書院，受業於沈敬亭、韓湘岩兩先生。」韓錫胙字介屏，一曰介圭，號湘岩，浙江青田人，有《滑疑集》，劉耀東編有《韓湘岩先生年譜》。李慈銘《越縵堂讀書記》「戴東原集」條：「戴、段兩君，鄉舉房官皆為金匱縣知縣韓錫胙，字介屏，吾浙之青田人，亦科名佳話也。」申士秀字書升，號清川，濟南人，有《尚志軒文集》。歿後，先生為作《墓表》，載《採訪冊》中。《歷志》卷二九《藝文》載馬瑞辰《尚志軒文集序》：「今主濼源書院……及晤申生安仁，乃知書昌親受業於乃祖書升之門，淵源有自也。」

同學有齊河郝允秀兄弟等。

> （民國）《齊河縣志》卷二七《郝允秀傳》：「與胞弟允傑讀書龍洞寺，同學者為歷城周書昌太史，築精舍於寺旁。」王培荀《鄉園憶舊錄》卷七：「齊河郝鏡亭，名允哲，中進士，未出仕卒。穎悟好學，以詩名齊魯，著有《深柳堂詩集》。弟允秀，字寅亭，十四歲能詩，十九刻有《拾翠囊詩》，與兄鏡亭棣萼聯吟，人稱二難。……兄弟所與往來，如周林汲、董曲江兩先生，吾淄張敦夫廷敘，新城王秋水祖昌，皆一時知名士，宜其詩之可觀也。」

能讀《通志堂經解》。

> 王昶《湖海詩傳》卷二《沈起元》：「甲戌秋，予在濟南……歷城周君書倉永年，時年弱冠，在書院中，能讀徐氏《通志堂經解》。」又（民國）《齊河縣志》卷二七《郝允哲傳》：「濼口申清川先生嘗寄以書云：『吾門如林汲之研經、吾子之詠詩，可稱兩絕。』」是年三月，沈起元始刻《周易孔義集說》二十卷。《逸事》：「肄業濼源書院，時太倉沈敬亭為山長，著有《周易孔義集說》，徵君每於聽講後，薈萃注《易》家數十種羅列几上，逐一閱之。既遍，起行庭中，默會之，凡意中所許駁與所遵信者，某說某義，輒娓娓向同人道。」

常與書院同學讀書於佛峪林汲泉旁。築草屋數椽，名之為「林汲山房」，自號「林汲山人」。又在泉旁釣臺上築「一草亭」。

《齊河縣志·郝允秀傳》：「與胞弟允傑讀書龍洞寺……築精舍於寺旁。」《沈譜》甲戌七十歲：「鹽道吳公士功次子玉綸……嘗讀書佛峪。峪在萬山中，人跡罕至，有小寺倚絕壁，旁屋一楹，為讀書處。」吳玉綸《香亭文稿》卷五《重修佛峪般若寺碑記》：「余以其靜而癖焉。壬申，讀書於峪之般若寺，號吾廬曰『愛山』。」是佛峪非僅先生讀書處。後佛峪僅以先生名。劉大紳《寄庵文鈔》卷一《遊龍洞佛峪二山記》：「至佛峪，訪周書昌太史讀書處……遙見天半一亭了然，左側瀑布聲鏗鏘諧金石：謂林汲山房在是矣。既至，而山房乃在其右平實處，草屋數椽……歸宿林汲山房。」又《續志》卷一九《古蹟考》張慶源《林汲山房記》：「城之南三十里為白雲山，山半為般若寺，寺後為林汲泉……周子嘗讀書寺中，為屋數椽，名之曰林汲山房。」按，此云草屋，蓋書院學子讀書處，疑人各有一廬，而先生名己廬為「林汲山房」。劉大紳《遊龍洞佛峪二山記》：「林汲山房之名滿天下，天下士至濟南，有不問龍洞，而必求所謂林汲山房者矣，豈不以其人歟？」董芸《廣齊音·林汲泉》詩前小序：「周書昌師讀書般若寺中最久，學者稱『林汲先生』。嘗建茅亭於釣臺上，曰『一草亭』。」

是年書院選拔二十七人，先生未中選。書院諸生鄉試中式者七人，選拔者居五。

《沈譜》：「諸生中，以周永年為最好古學，用功勤苦，文筆高卓，為余激賞。獨不中選……唯曉周生安命而已。」

十九年甲戌（1754）　二十五歲

二月十五日為沈起元七十歲壽誕，諸生欲具禮稱祝，為沈婉拒。

秋，王昶來濟南謁沈起元，沈稱譽先生，命與相見，因相識。

《湖海詩傳·沈起元》：「周君書倉永年……先生譽之，令予相見。其後書倉以辛卯登進士，官翰林，兼通內典，為濟南學者。沒後，詩什無存，故附記焉。」

是年先生輯《水西書屋藏書目錄》，沈起元為作《題周生永年〈水西書屋藏書目錄〉後》。

《逸事》：「梵笈貝葉，庋置所居小樓幾半焉。」《敬亭文稿》卷一

《題周生永年〈水西書屋藏書目錄〉後》：「凡百嗜好皆累心，唯書足以明心、養心，而嗜者絕少。非惟聲色財利官爵珍玩奪之，而舉業之奪彌甚。昔人以書治舉業，今人治舉業而廢書。余每為之太息。余來主濼源書院講席，得周生永年，其文矯然，其氣凝然；百無嗜好，獨嗜書。歷下書不易得，生故貧，見則脫衣典質務必得，得則卒業乃已。今所藏經、史、子、集、二氏、百家之書已數千卷，皆能言其義者。窺其志，將盡致古今載籍，以掇其精而嚌其胾，而不僅以多藏為富：是豈惟齊魯之傑？吾吳號多文學之士，余猶將張生以厲之。雖然，生不嗜書則已，生既酷嗜，餘則有進。生亦知書之不必富乎？亦知書之足為心累乎？夫書者，載道之器，而道非堯、舜、禹、湯、文、武、周公、孔孟之道，即吾身心之道也。非書無以識道，故書貴也。道一而已，六經、四子可數言蔽之。至戰國遊士詭奇誣誕之說競作，以遏塞聖道，於是造物者惡之，假手秦政之火。不幸六經亦誤罹其毒。然漢興，六經旋出，如日月之不可晦蝕，而諸叛道之書，銷沉於灰燼者，固已不知其幾未嘗非一火之為烈也。自漢迄今，乃又有訓詁之學、詞章之學、釋老之學、術數之學、小說之學，書益漫汗無紀極。才智之士，馳騁遊獵其中，以炫俗鈞聲，為斯道害彌甚。程子『玩物喪志』之語，誠篤論也。世有好奢者，每食羅珍，錯窮水陸，和百味，卒乃舉數臠醨數巵，適醉飽而止。好遊者，足跡遍天下，歷五嶽，浮江河，搜臺蕩之奇，探洞府之奧，倦而歸，敝盧數椽，以待風雨足矣。故凡騁耳目之觀者，皆於我無與。不惟無與，皆足蕩精魄而麋歲月，識者惜之。昔昌黎之學細大不捐然，自言學之二十餘年，始辨古書之正偽，白黑分矣。務去之，乃有得焉。蓋昌黎承漢魏六朝後，尋源潢潦，問途榛莽，故別白之難如此。今幸生宋諸大儒後，古書之正偽犁然，顧猶取昌黎之所去以為博乎？人生百年，耳天下之藝能不必兼也。古今作者，辭章之優劣，不足深辨也。唯道之求，以事吾身心之不暇，何書之富為？生聞言憮然，瞿然，翻然曰：『謹受夫子教。』遂抑首治經書，滿屋不為泛涉。生今年二十有五，少於昌黎上宰相書時二年，極其所嗜，而不誤所趣。余老矣，詎見其成之所底？因書所與言者，留其藏書之室，以堅其志。」

附：李慈銘《越縵堂文集》卷六《書沈光祿起元〈題水西書屋藏書目錄〉後》

光祿卿太倉沈起元，循吏善人也。著有《學古錄》及古文，而不知學。水西書屋者，歷城周編修永年藏書處也。光祿之言曰：「昔人以書治舉業，今人治舉業而廢書。」其言是矣。又曰：「戰國叛道之書為六經之蠹者，幸假手於秦火。自漢迄今，有訓詁之學、詞章之學、釋老之學、術數之學、小說之學，漫汗無紀，為害彌甚。」嗚呼！為此言者，其將導世主為秦政，舉漢唐以來經師之注疏傳義，盡畀之炎火而後已耶？抑何甚猖狂無人心之甚乎！古未有形聲訓故之不明而能通經者，未有名物象數之不講而能知學者。夫朱子，理學之宗，而或推為集經義之大成者也。然其言曰：「一書不讀，即闕一書之義；一物不知，即闕一物之理。」此不特訓故不可略，而詞章、術數、小說、釋老，亦在所不棄矣。且經之須訓詁，其事甚嘖，其功甚勞，其效甚微。昔人亦何好焉，而必孜孜於拾遺掇墜，抱殘守闕，若甚於性命身心，不得已者？蓋章句不明即經旨晦，文字不審則聖學疏，節文度數形器之不詳，則禮樂兵刑食貨輿圖均不得其要。寧都羅台山為宋儒之學者也，而其言曰：「訓故不明則文字根不真，支離杜撰，規矩蕩然。」是誠見其本者矣。宋明以來，解六經、四子書者，往往有文義不順，近於害理傳教。國朝諸儒，深研古義，旁通形聲，多所是正。讀《學海堂經解》一書博觀而要取之，得失之故可以恍然矣。若夫詞章，乃學人之遊藝，術數為方技之專門，皆非無益於國家者。不□識小，君子何譏？必世人盡為程朱，則辟雍之地又何所容其俎豆歟。

八月初十，沈起元久客思歸，與子用謙同歸里。諸生餞後，相送二十里而別。

二十年乙亥（1755）　　二十六歲

二十一年丙子（1756）　　二十七歲

二月，高宗如山東，至曲阜。三月回。

八月，先生應山東鄉試不第，選優貢。

　　《敬亭文稿》卷九《與周永年》（癸未）：「不通音問者四載矣。前得

敝里邵老先生書，知闈中為公激賞，已薦入額，以經文題旨有礙，功令致落，惋惜之至。」舉優貢事見《歷志‧選舉表》乾隆二十一年。

九月二十二日，張元（1672～1756）卒於魚臺，年八十五。

元字殿傳，號榆村，山東淄川人，雍正四年舉人，官魚臺縣教諭，有《綠雲軒詩集》、《書香堂制藝》。《綠筠軒詩草》卷首有申士秀為撰《墓表》。《鄉園憶舊錄》卷二：「張榆村先生元……好為詩……及門曾公尚增、周公永年二先生，服膺尤深。」

二十二年丁丑（1757 年）　　二十八歲

七月十四日，有《九皇新經》跋文。

《九皇經》三卷附《五運六氣》一卷，佚名著，山東省圖書館藏。跋文稱：「此書疑黃冠者流，假諸上真之語，以明內丹鼎器藥物之旨。」文末署「林汲子周永年題於千岩萬壑書屋」，然則「千岩萬壑書屋」是先生早年齋名歟？又按先生早年耽於二氏書，此即其一端，可參本譜乾隆十九年記事。

二十三年戊寅（1758）　　二十九歲

是年曾往京師，應順天鄉試未第，至冬歸。約年末即應聘修《泰安府志》，明年正月赴其事。

沈廷芳《隱拙齋集》卷二五《周生詩》：「生名永年其姓周，書昌其字居齊州。其性礧硌非恒儔，書破萬卷明雙眸。詞源倒峽氣盛浮，古未論及務冥搜。多文厚重超前修，年逾弱冠名譽流。客冬京邑才回軸，叩門過我霜雪稠。字方子子相綢繆，寒意盡卻傾新篘。漏沉燈炧話未休，泰岱名郡冠東陬。志乘闕焉在事羞，慨然就聘應賢侯。爰佐我徒討論憂，徵文考獻詎爛收。博洽精覈孰與侔，范之吳郡馬安丘。書成歸來明湖頭，造詣彌粹彌含愁。別時孟陬見已秋，擔囊復作春明遊。誓將射策取中輈，出一頭地技必售。周生周生行莫憂，人生遇合良有由。達則朱旛御絳騶，窮則茅屋仍呫吽。五經紛綸足壯猶，可敵百城南面否？我老學荒慚繆悠，讓爾一氣吞曹劉。勉旃出門毋少留，闢農力田利鋤櫌。天閔斯人定報酬，君不見六上春官王木洲（王吉士中孚，今科會元也）。」

是年惠棟（1697～1758）卒，年六十二。

二十四年己卯（1759）　三十歲

正月，泰安知府顏希深（1729～1780）延先生纂修《泰安府志》。

　　見乾隆二十五年《泰安府志》顏序，同纂者尚有李文藻等。又李文藻
　　《為宅郎求婚啟》：「己卯歲闌，共葺軼聞於岱下。」殆指此事。希深
　　字若愚，號靜山，廣東連平人，以乾隆十八年任泰安知府，傳見《碑
　　傳集》卷七二。

秋，錢大昕來主山東鄉試，李文藻中式。

　　錢大昕《潛研堂文集》卷四三《李南澗墓誌銘》：「己卯之秋，予奉命
　　主山東鄉試，得益都李子南澗，天下才也。填榜日，按察沈公廷芳在
　　座，起揖賀予得人。」

在泰安修志自正月至七月，歸歷城後旋赴京應順天鄉試。

　　見前揭沈廷芳詩為送先生北上應試。先生茲時已屢試不捷，故沈氏
　　有「周生周生行莫憂，人生遇合良有由」句。

二十五年庚辰（1760）　三十一歲

二月，《泰安府志》纂成，歷時近一年。

春，嚴長明（1731～1787）在京聞先生之名，欲至濟南過訪。

　　《嚴東有詩集・金闕攀松集》有《出都後將赴歷城道中作》：「遙憶明
　　湖開歷下，近誰長句擅山東？似聞周李同時在，直恐萍蹤未易逢。」
　　句下小注：「都下耳李素伯、周書昌名，擬至濟南後過訪。」

是年盛百二（1720～？）遊濟南，因與結識。

　　王培荀《鄉園憶舊錄》卷三：「秀水盛百二，字秦川。丙子孝廉，官
　　淄川令。博覽載籍，善於考證，所著書如《周禮句解》、《尚書釋天》、
　　《柚堂筆談》、《續筆談》、《棣華樂府》，皆刊行傳世。」《歷志》卷一
　　○《建置考》一盛百二《聽泉齋記》：「予向於瓜田（按即浙江秀水人
　　張庚〔1685～1760〕）所聞書巢名，庚辰遊濟南，始遇於廉使沈公署。」
　　《鄉園憶舊錄》卷二：「胡書巢德琳，廣西籍江蘇人。乾隆壬申進士，
　　官四川，後官山東，由縣令升東昌知府，至副使。袁香亭姊丈也。工
　　詩，袁簡齋深賞之。廷對時擬鼎元，因一字失檢被抑，遂與風塵吏

伍。而才具卓犖，所至有聲。任濟陽、歷城，修志書，皆雅贍詳覈。
未第時，屢夢杜少陵、韋端己，而得蜀之威遠令。」

八月，在京，選順天鄉試副貢第三十五名。

見《歷志》卷三〇《選舉表》及《齒錄》。時先生仍讀佛書，友人朱
曾傳《說餅庵詩集》有《贈周書昌》：「百川皆東注，捨濁挹其清。物
理惡相較，渭固不易涇。誰從觀大海？元氣扶坤靈。周郎跏趺坐，夜
涼佛燈清。為求息息存，那與磽磽爭？成均馳譽望，世評君所聽。浮
君君不飲，為作蒼蠅聲。」

先是，有與沈起元書一通，沈覆書以先生北上未達。

前揭沈起元《與周永年》有云：「三年前來札，愚有書奉覆。後知書
到山左，年兄已北上，諒未必達。來札至今在篋，詳論三教合一之
旨。」

二十六年辛巳（1761）　三十二歲

春，李文藻中進士。

是年歷城夏澇秋旱，清廷命散倉穀賑饑。

九月十五日，與諸友人往沈廷芳齋賞菊賦詩。

沈集卷二七有《九月望日，毛徵待、法黃裳、曹乃文、王志周、陳孫
緒、周書昌、張對庭、俞秉淵、馬揭初、胡聽齋過集挹華齋看菊分韻
（兒世煒侍）》紀之。

二十七年壬午（1762）　三十三歲

在山東。

冬，與李文藻有書信往還，言修《諸城縣志》事。時文藻在諸城，主纂縣
志。〔註9〕

是年得王蘋文集，謀付梓。

李文藻《南澗文集》卷上有本年冬至作《蓼谷紀年集序》，云：「歷城
王秋史先生歿數十年，其縣人周書昌得其文集四巨冊於肆市，予因
得錄之……予題曰《蓼谷紀年集》，甲乙各釐為六卷，而書昌將謀以

〔註9〕潘妍豔：《李文藻與周永年書札二十八通考釋》其一，載杜澤遜主編《國學季
刊》5～6輯。（簡稱「潘考」）。

付梓。其文多關濟南掌故，他日續志乘，必有因其文而顯者。」

李文淵來會。

　　李文藻《左傳評跋》：「靜叔好古文辭。壬午歲，見周書昌於濟南，歸而潛心《易》、《禮》兩經。」

會高密李憲喬。

　　先生致李憲喬手札：「『三李』之名聞於陽扶、汝安、紉庵者非一日，壬午之會則不甚記憶矣。」〔註10〕

歷城被饑，清廷命散倉穀賑饑。

二十八年癸未（1763）　　三十四歲

在山東。

正月，沈起元有書來。

　　《沈譜》：「正月初二……寄周永年札，聞其溺於二氏，力規之。」此「寄周永年札」即前引《與周永年》：「不通音問者四載矣。前得敝里邵老先生書，知闈中為公激賞，已薦入額，以經文題旨有礙功令致落。惋惜之至。將年兄經義對策刊入同門錄，淹貫融徹，見者胥為歎服。然愚固知年兄能不以得失介懷也。昨歲未知就南就北，何復不遇耶？年來學何所得，造詣何似？三年前來札，愚曾有書奉覆，後知書到山左，年兄已北上，諒未必達。來札至今在篋，詳論三教合一之旨。竊歎年兄之好學深思，而用心於無用之地。久欲作書相規，而道遠乏便。茲特為年兄一言之，夫吾儒之道自堯、舜、禹、湯以至孔子而集大成，顏、曾、思、孟紹其統，此千古道學之宗，即萬世人道之則。人稟五行之秀，為三才之一，捨是不可以為人。而孔門之教，四書為五經之總匯。讀書者但當將四書一句一字體察到自己身上，一一踐行，庶德日進而道日明，如此用功，雖終日孳孳汲汲，尚有如不及之憂，更何暇他及？吾嘗謂國初談道學者，好以排斥二氏及攻擊陸王為事，皆是爭閒是非，於自己身心何與？夫排斥攻擊之多事，況專治而欲精之，不已惑乎？年兄向有務博之病，近乃有逃虛之病，恐

〔註10〕包雲志：《袁枚、劉墉、周永年、吳大澂未刊信札四通考釋》，《中國典籍與文化》2005 年第 2 期，第 74～78 頁。

於身心毫無裨益耳。年兄前日只欲求養生卻疾之術，遂惑於其說。愚昔廿四五歲，嘗大失血幾殆。愚寫『非禮勿視』四句於座右，時時體察，遂覺心清氣靜，病亦漸瘳。始悟『心廣體胖』四字，吾儒具有養生之道，何必二氏也。孔子之道，至今日而舉世不講，營營焉汨於文辭功利，動與聖道背馳，絕不計及。此身心作何著落，可為長歎。雖談仙談佛，病在致虛守寂，尚從身心處用功，與流俗之汨沒馳騖，已自懸殊。然以年兄既知好道好學，何不以四書五經為宗，以周、程、張、朱為師範，遵其入門之法，用功之術，以期進於大道。孟子所謂『達則兼善天下，窮則獨善其身』，其樂為何如？其擔荷為何如耶？念年兄稟拔俗之質，千里外尺書，幸勿耄吾言。愚今七十有九，年來衰頹日甚，大約再得數月半載存活，此時唯檢點身心，令明淨純潔，交還天地父母而已，余無所用心矣。書不盡言，惟善自愛。」

二月初，李文藻來札。

即潘考（其一），內提及是時先生已購得張爾岐《蒿庵集》，為三十八年胡刻之張本。

春夏之際，李文藻來札，論修志等事。

潘考（其二）：「札云『老伯大人大事似不可再緩，不知近有期否』，「服除後益難舉行，況亦未有不葬而即除服者」，蓋彼時林汲二十七月喪服將除。周父諱堂，字明廷（一作明庭），……若以乾隆二十八年四五月間林汲將服除計，其卒當在二十六年（1761），生年則為康熙四十三年（1704）。」

夏，李文藻來札，論修志、刻書等事。

見潘考（其三）。札云：「張蒿庵集，盧雅雨處竟無之。雅雨欲刻蒿庵未刻之經書，其《詩》、《書》、《春秋》等書，能為之購否？此吾兄之責也。」與本年先生與盧見曾交往事合。

九月初八，沈起元卒，年七十九。

是年盧見曾致仕歸里，先生曾往問學。

王昶《春融堂集》卷八《寄盧運使雅雨德州四首》（其三）：「猶多問字客，載酒叩鐘莛。」自注：「謂周書昌永年、梁鴻翥諸君。」按王道亨修、張慶源等纂（乾隆）《德州志》卷九，鴻翥（1719～1777），

字志南，德州人，深於經學。乾隆三十六年（1771）舉優貢。

仲冬前，李文藻從德州來札，為盧見曾邀先生館其家。

> 見潘考（其四）。札云：「今雅雨先生特欲奉屈，須（周永年）至敝寓，俾（李文藻）為作劊，且為道景慕之誠。蓋吾兄鴻學碩望，渠久聞於貴老師沈光祿（沈起元）矣。束脩一百二十兩，學生三人，皆習舉業，且云倘能今年十一月到館，則更妙矣。盧公宿學（原注：年老而甚健，亦頗好道），又多藏書，與吾兄必有針磁之投。如肯就此席，即示回音，省彼京中另延。」按據上條，似先生至德州，館於盧氏。

二十九年甲申（1764） 三十五歲

三十年乙酉（1765） 三十六歲

夏，李文藻從河南濮州來札。先是，先生曾與晤面。

> 見潘考（其五）。札云：「方批唐宋大家文一冊特奉到，其內少潁濱文及大蘇一本，……舍弟（李文藻三弟文淵）甚重此書，幸勿失落。舍弟所作，倘可教，祈仍擲還元本而批示之。」

三十一年丙戌（1766） 三十七歲

在山東。

四月，胡德琳由濟陽調任歷城縣令。先是，先生嘗至濟陽縣衙，請為張爾岐起書堂，置弟子，誦讀其書。

> 乾隆胡刻《蒿庵集》附錄羅有高《張爾岐傳》，有高曰：「余甚韙之。昔孔融深敬康成，屣履造門，告高密縣為康成特立一鄉，隆其名曰『鄭公鄉』，可謂廣開門衢，令容高車駟馬，號為『通德門』。周君之義，實應典故。」王培荀《聽雨樓隨筆》卷一「彭山令胡德琳」條：「胡書巢德琳，廣西臨桂進士。夫人袁氏也，與簡齋、香亭為內兄弟。《隨園詩話》載其五古，能狀險峭之境。乾隆十八年為四川簡州牧，復任山東濟陽縣，調歷城，陞東昌守，以幹練稱。所至修志書，博綜典雅可觀。」

七月，濟南淫雨，壞民居，傷禾。清廷命散穀倉賑濟。

> 盛百二《聽泉齋記》：「乾隆丙戌……七月，淫雨連日夜不休，諸水暴

溢，敗官民廬舍甚夥。書巢請於憲司出公帑萬緡，簡核民居之宜修築者，量其貧之等差，而與之值。」

十一月初七，李文藻來書報母喪，先生贈輓聯。後又來書，冬至前二日，覆書答之。

> 錢大昕《潛研堂文集》卷四九《邢孺人墓誌銘》：「益都李進士文藻喪其母邢孺人……孺人姓邢氏，諱止……卒於乾隆丙戌六月某日。」李文藻《與西園》：「不孝於六月十二日從濮州接到家信，知老母於五月三十日中暑，即夕就道急馳五晝夜，未抵舍二十里，聞變且七日矣。」由此推知李母卒於六月十日。山東省圖書館藏李文藻手稿之《先妣棚聯》載先生所贈聯：「誓志廿年前，到今含笑歸潛閬；驚心千里外，有子銜哀念依閭。」先生冬日覆札載 1936 年《山東省立圖書館季刊》第 1 集第 2 期「奎虛書藏落成紀念專號」所插彩照，云：「伯母大人大故，弟不能親赴弔唁，至今耿仄……三兄病幸而更生……《儀禮》一經，數年來粗涉數過……尊著《諸城志》祈見惠一刻本。」三兄，李文淵，三四月間患胃寒，李文藻《南澗文集》卷上載乾隆三十一年《與西園》言文淵「日服人參至一兩，附子至二兩五錢」。《諸城志》者，諸城縣令宮懋讓聘李文藻所修《諸城縣志》，四十六卷，乾隆二十九年修成付梓。

是年同里鄭銘從學，治《儀禮》。

> 鄭銘《儀禮讀本序》：「歲丙戌，執經於林汲師之門，舉欽定《儀禮》、朱子《經傳通解》及濟陽張稷若先生《鄭注句讀》，講明切究。」鄭銘，字秋池，嘗與修《歷城縣志》。

周士孝來知山東禹城縣，識先生，延教其兩弟及二子石蘭、立矩。

> 見桂馥《晚學集》卷八《周君墓誌銘》。又本集《周母鄒、姚太孺人六、五十壽序》：「余同姓在蜀之南川者曰士孝肅齋，初筮仕，得山東之禹城，獲與訂交……以兄事予。因命其兩弟及兩子皆從學於予。」王培荀《聽雨樓隨筆》卷二：「南川周士壽，號仁山。從其兄松崖宦山東，延歷城周林汲先生永年授經。」柳琅聲等修、韋麟書等纂（民國）《南川縣志》卷一一：「石蘭……士孝子。好讀書，父令遷安隨任，遊周書倉先生之門……立矩……士孝子，字石書。」

三十二年丁亥（1767）　三十八歲

在山東。

二月二十五日，李文藻葬其母。後三日，其三弟文淵以哀毀卒，年二十六。文藻來書，先生為私諡曰「孝悼」。

> 李文藻《南澗先生遺文》卷下有《為弟靜叔病禱祠堂文》。錢大昕《潛研堂文集》卷四〇《李靜叔傳》：「歲丙戌，靜叔病……母歿，靜叔委頓苦塊間，哭無時，病遂劇……明年春，卜葬其母有日矣……靜叔不食亦不語，閱三日，卒……年止二十六……同學私諡之曰『孝悼子』。」李文藻《恩平程記》：「（二月）二十八日……亡弟靜叔忌日。」先生《李靜叔私諡孝悼議》載乾隆益都李氏刻本《李靜叔遺文》卷首，云：「其沒也，實母葬之後三日，南澗慟之甚，以書來曰：『靜叔曾一見子；靜叔文，子曾論定之，請私為之諡，可乎？』案《諡法》『慈惠愛親曰孝』、『年中早折曰悼』……謹私諡之曰『孝悼』。」

歷城縣令胡德琳修縣志，延先生及李文藻等纂修。

> 《歷志》胡德琳序：「丁亥春杪即開志局……雖不敢謂毫髮無遺憾，而訂誤者十之三，補缺者十之五，蓋益都進士李葂畹、邑孝廉周靜函之功居多。」桂馥《周先生傳》：「縣令胡德琳延先生與青州李文藻同修《歷城縣志》，即出其書，肆力搜討。」

三十三年戊子（1768）　三十九歲

在山東。

夏，有與桂馥書，約其往青州辟借書園。

> 桂馥《未谷詩集》卷二《遊蒙山歸》有「手種新篁綠未齊，棗花落地引雛雞」句，後有本年作《入都留別運生》，據《晚學集》卷首蔣祥墀《桂君未谷傳》：「戊子，以優行貢成鈞，得交北平翁覃溪先生。」知桂氏本年登蒙山。故繫於此年夏。桂馥與李憲喬書：「昔登蒙山……時周書昌寄書，要余往青州關借書園。」〔註11〕按先生欲往青州者，疑與李文藻同在。

〔註11〕張雷迻錄：《高密三李友朋書札七則》，載周國林主編：《歷史文獻研究》總第21輯，武漢：華中師範大學出版社，2002年，第397頁。

先生擬闢借書園之同時，復作《儒藏說》。

　　桂馥《周先生傳》：「先生見收藏家易散，有感於曹石倉及釋、道藏，作《儒藏說》，約余買田築借書園。」則《儒藏說》、借書園二者一言一動，實是一事；更兼本年盧見曾獲罪，家被籍沒，藏書散佚，可應桂馥「收藏家易散」之語。《別傳》：「感於古人柱下藏書之義，以為釋、老反藉藏以永久其書，而儒家乃失其法，因著《儒藏》之說一十八篇，冠於書首，以為永久法式。」《續志》卷五二《雜綴二》：「《林汲山房儒藏說》原十八篇，今存九篇。」〔註 12〕葉德輝《觀古堂詩錄·于京集·甲寅春仲重來都門感賦》：「癡絕同時林汲翁，欲營儒藏在山東。誰知借貸成虛願，合向儀徵拜下風。」

　《儒藏說》述藏書源流、方法、效用。近人多謂四庫館之開，亦與先生之提倡「儒藏」之說頗有關係。〔註 13〕

　　章學誠撰《校讎通義》第九篇《藏書》，即本於《儒藏說》。〔註 14〕羅有高亦有跋。又按，編纂「儒藏」之最早提倡者為明代曹學佺（1574～1647），字能始，號石倉，福建侯官人。《明史》卷二八八有傳。周亮工《尺牘新鈔》卷一載其立儒藏之文：「釋道有藏，獨吾儒無藏可乎？僕欲合古今經史子集大部，刻為《儒藏》。」又朱彝尊《經義考》卷二五〇引其《五經困學自序》：「或問於予曰：『子之注釋《五經》也何故？』曰：『予蓋欲修儒藏焉：以經先之也，擷四庫之精華與二氏為鼎峙，予之志願畢矣。』」

〔註12〕王紹曾《十八世紀我國著名目錄學家周永年的生平及其主要成就》：「《儒藏說》收入仁和吳氏雙照樓《松鄰叢書》甲編。章學誠說有『一十八篇，冠於書首』，實際只有一篇，並非冠於書首。冠於書首的是周永年的另一種著作《先正讀書訣》，但《讀書訣》也非一十八篇。《續歷城縣志》把整篇《儒藏說》分成九篇，每一段作為一篇，並說『原十八篇，今存九篇』，恐誤。」王紹曾：《目錄版本校勘學論集》，上海：上海古籍出版社，2005 年，第 203、204 頁。

〔註13〕郭伯恭：《四庫全書纂修考》（簡稱《纂修考》）第一章，北平：國立北平研究院史學研究會，1937 年，第 2 頁；任松如：《四庫全書答問》卷上，上海：啟智書局，1935 年，第 3 頁；陳垣：《中國佛教史籍概論》卷一，上海：上海書店出版社，2001 年，第 16 頁。

〔註14〕章學誠《藏書篇》所引用、列舉之先賢事例盡見於《儒藏說》。王重民亦提及《儒藏說》，作為章氏此篇之背景。見氏著：《校讎通義通解》，上海：上海古籍出版社，1987 年，第 41 頁。

又有《儒藏條約》。

> 略曰：「若於數百里內擇勝地名區，建義學，設義田，凡有志斯事者，
> 或出其家藏、或捐金購買於中……即如立書目名曰《儒藏未定目錄》，
> 由近及遠，書目可以互相傳鈔……凡有《藏》之處，置活板一副，將
> 秘本不甚流傳者，彼此可以互補其所未備……一縣之長官，可勸一
> 縣共為之；一方之巨族，可率一方共為之……藏書宜擇山林閒曠之
> 地，或附近寺觀有《佛藏》、《道藏》，亦可互相衛護……書籍收藏之
> 宜，及每歲田租所入，須共推一方老成三五人經理其事……須略立
> 規條，如叢林故事。」

七月，盧見曾獲罪，家被籍沒，紀昀與見曾為親家，坐徇私漏言革職，
遣戍烏魯木齊，王昶亦坐言語不密，罷職。

是秋，為邑人劉泰（1728～1768）求墓銘於韓錫胙。

> 韓錫胙《滑疑集·文》卷七《劉東山墓誌銘》：「濟南國子明經東山劉
> 君病廢，執其婦黃之手曰：『嗟乎！吾傾家結客，冀尋真而莫之遇也。
> 禹城韓明府嘗語我，中庸造端夫婦，順父母乃大道樞轄，捨此皆非
> 也。當時莫之省，今明府遠宦天涯，無從畢其旨。雖悔奚益？』且
> 曰：『吾病且死。吾友周書昌，舊曾受業明府。汝其託彼求銘我。在
> 今與後，我獲無昧焉。』既而卒。書昌乃遣人來告。君名泰字東山，
> 其先世金華義烏人。……父思武，占籍歷城……君未有子，卒於戊子
> 年八月六日，年四十一。」

三十四年己丑（1769）　　四十歲

在京。

五月二十三日，李文藻以謁選至京，寓百順胡同，先生常與同遊琉璃廠
書肆。

> 李文藻《南澗文集》卷上《琉璃廠書肆記》：「此次居京師五月餘……
> 惟日借書鈔之，暇則步入琉璃廠觀書……內城隆福諸寺，遇會期多
> 有賣書者，謂之『趕廟』。散帙滿地，往往不全而價低……吾友周書
> 昌遇不全者，亦好買之。書昌嘗見吳才老《韻補》為他人買去，怏怏
> 不快。老韋云：『邵子湘《韻略》已盡採之。』書昌取視之，果然……
> 予好書幾與書昌同，不及書昌能讀耳。」

七月十五日，有與李文藻書。八月，李文藻復書來。時先生正纂《濟寧直隷州志》。

見潘考（其六）。據其劄，時先生已與戴震相友，而邵晉涵已聞先生名。又札云：「近晤江西藩司顏公，其意欲延吾兄教其子，弟云彼必不能出門，已為辭之矣，彼屬致意。」考錢實甫《清代職官年表》，是年江西布政使為顏希深，乃二十四年任泰安知府時延先生與纂《府志》者。又：「亡弟靜叔之文，……所求貴老師沈先生文，不識曾捉筆否？」蓋文藻不知沈氏已歿數年。

秋，錢大昕入都，借盧文弨所鈔惠棟《九經古義》錄一部。先生亦嘗鈔一部，即日後李文藻所刻《九經古義》之底本。

錢大昕《竹汀居士年譜》乾隆三十四年：「乃於是秋再入都，仍寓官菜園上街。」又盧文弨《抱經堂文集》卷二《九經古義序》：「余十數年前見是書，即為之商略體例、校訂訛字……洎余自湖南歸，復從乞借鈔，攜之京師。嘉定錢學士莘楣大昕、歷城周進士書愚永年各錄一本以去。」盧文弨原官湖南學政，乾隆三十三年以言事不當，調降還都，路經江蘇元和，借鈔惠棟《九經古義》，攜至京。盧序作於乾隆三十八年（癸巳，1773），其稱「周進士書愚」，蓋當時之稱。盧文弨於本年乞假還里，則先生鈔書事當在本年。李文藻《嶺南詩集·潮陽集》卷二《惠定宇〈九經古義〉刻成寄示周書昌二十韻》：「翠軸勞郵寄，花廳快手翻。」

秋，章學誠在京，聞先生之名（《別傳》）。

十一月初七，李文藻得官廣東恩平知縣，出都赴任。十六日，與文藻別於濟南。

李文藻《琉璃廠書肆記》：「九月二十五日籤選廣東之恩平縣，十月初三日引見，二十三日領憑，十一月初七日出京。」李文藻《恩平程記》：「（乾隆三十四年十一月）十六日……至濟南，過李坤亭、張對亭、周書昌、濟南太守趙公、運使蔣公。晚宿東關，潘芳餘見過。書昌同至店中，談一夜，至五鼓，痛哭而別。」李文藻《嶺南詩集·恩平集》卷一《舟次寄書昌》：「濟南東郭別，揮涕忽逾年。」

是年李文藻借鈔先生所藏真合齋磁版張爾岐《蒿庵閒話》。

是書五年後始在廣東付刻。書末有李文藻乾隆四十年十一月二十一日跋。

三十五年庚寅（1770）　　四十一歲

在山東。

二月二十六日，李文藻作札寄來，又四日，又札來（《恩平程記》）。

四月二日，李文藻到恩平，署新安縣。

> 錢大昕《李南澗墓誌銘》：「謁選得廣東恩平縣知縣，到任後，奉檄署新安縣。」李文藻《恩平集》卷一《到恩平任二首》：「四月二日歲庚寅，初縚銅章炎海濱。」李文藻赴任恩平途中，有《舟次寄周書昌》：「濟南東郭別，揮涕忽逾年。雲樹回頭杳，溪山寓目偏。貧知行路苦，懶失著書緣。懷友兼多病，春來雪滿顛。」途經江西南安，有《南安峽口山形曲峭頗似佛峪因寄周書昌》：「佛峪曾經訪草庵，磵松岩瀑對高談。炎洲不復通幽夢，忽有青山似濟南。」

四月初，濟寧直隸州知州胡德琳修《濟寧直隸州志》，六七月間，志稿由先生纂成。

> 乾隆五十年重修《濟寧知隸州志》胡德琳序：「己丑之秋，由歷下擢知濟寧州。」藍應桂序：「曩桂林胡公涖州之始，慨然以筆削為己任。延名宿，徵書籍，擇採訪，會集資斧，開館於庚寅之夏。」胡序：「涖任之時，猶以《歷志》自隨，謀付剞劂。至於州《志》，尚謝未遑。越明年暮春，乃集一二同志，商榷茲議……乃開志局。」胡序：「開志局未三月，余復蒙恩，擢守東昌……自秋徂冬，爰始畢業。」藍序：「草稿初成，遂擢東昌守。」

在濟寧修志時，遇熊寶泰，時有「文藏」之想。

> 熊氏《藕頤類稿》卷二《過濟甯喜遇周書昌永年明經時修州志即席作》：「齊土山川最雄傑，百二十二東西秦。必有奇士繼後鄭，我雖未見思其人。孝章（謂盛柚堂）本是生平友，為言周子世無有。五經紛綸折眾說，史筆亦可垂不朽。與我一見稱莫逆，上下議論三日劇。意欲積文作文藏（自明迄今之時文佳者盡收一處曰文藏），弆藏亦如梵夾樣。此事雖迂實奇想，不知何人肯收掌。我生最厭看制義，元祐三年本多事。猶喜仍是孔子術，不比詩賦同遊戲。歸途吳船書賈多，不

買舊書買文字。千佛名經入藏中，笑我今年方下第。發凡比例有精
意，此時且為觀新志。濟南名士聲名起，難得有司作知己。此志能傳
良有以，九能大夫（謂胡書巢）八能士。」是則先生「儒藏」說之雛
形，乃以八股文為藏，而形式則如佛書。此一設想，乃為後輯《制藝
類編》張本。

八月，先生中順天恩科鄉試舉人第八名，為是科「經魁」（《齒錄》），出
同考官陸費墀房。

法式善《清秘述聞》卷七《鄉會考官類》乾隆三十五年庚寅恩科鄉
試：「順天考官：吏部尚書劉綸字宸翰，江南武進人，丙辰鴻博。左
都御使觀保字伯容，滿洲正白旗人，丁巳進士。題『子曰孟公』全
章、『是故居上』二句、『他日由鄒』二句；賦得『野無伐檀』，得『揚』
字。」《鄉園憶舊錄》卷二：「林汲先生……自云不善作時下闈墨，顧
鄉、會皆中魁選。鄉墨『孟公綽』一節題文，尤古雅絕倫，三場多靠
策料作活計，先生提筆直書，腹笥傾瀉不盡。余見鄉、會策，原原本
本，主司擊賞，俱進呈。」汪啟淑《續印人傳》卷二《陸頤齋傳》：
「八月恩科，充順天鄉試同考官，山左周永年先生出其房，時稱衡鑒
精確。」

冬，在京購萬斯同《儒林宗派》鈔本，萬氏後人孫綿前乞借為校刻，因
為作序。

《儒林宗派序》：「四明萬季野先生《儒林宗派》鈔本十六卷，庚寅冬
購自都門。先生曾從孫邠初使君方牧臨清，聞之，亟借觀以校其家藏
本，乃多四卷。爰錄之，而以原本還余，且謀刻焉；復屬余為之序。」
考張自清修、張樹海等纂（民國）《臨清縣志》第十四篇《秩官志》，
萬綿前，字邠初，官歷城知縣，乾隆三十五年升臨清州知州。

是年《歷城縣志》五十卷稿成，歷時三年。

《歷志》李中簡序「蓋五年而後成書」蓋指刻本。桂馥《周先生傳》：
「縣令胡德琳延先生與青州李文藻同修《歷城縣志》，即出其書，肆
力搜討。既成，學士朱筠目以詳慎。」李中簡序：「東昌守桂林胡先
生……延益都李君荳畹、濟南周君靜函暨諸同志，據明季葉氏舊本
成之。二君皆淹博有文，又樂操其土風，故其結撰，壹以詳贍為主。」

胡序：「雖不敢謂毫髮無遺憾，訂誤者十之三、補缺者十之五，蓋益都進士李苣畹、邑孝廉周靜函之功居多；若足繭萬山、窮原竟委、目營手畫，則東原陳子子顯之勞不可泯也。」《鄉園憶舊錄》卷八：「江蘇布政方坳堂先生昂……嘗與周林汲先生修《歷城縣志》。序山水，法《山海經》、《水經注》；紀人物，薈萃諸史，美惡並列，亦創格也。」然則《歷志》纂修以先生為主：先生多有關於歷城之藏書；三年之中，先生常在濟南，而李文藻至京，又得官廣東，在濟南時少；李氏以進士身份，故得列名在先。且先生門人鄭銘、陳嘉樂（子顯）等亦與修纂。與其事者尚有申士秀、盛百二、俞思謙、方昂、朱彤等。章學誠《章氏遺書》卷一四《方志略例‧報廣濟黃大尹論修志書》嘗論是志曰：「纂輯之史，則以博雅為事，以一字必有按據為歸，錯綜排比，整煉而有剪裁，斯為美也……前周書昌與李南潤合修《歷城縣志》，無一字不著來歷。其古書舊志有明文者，固注原書名目，即新收之事，無書可注，如取於案牘，則注某房案卷字樣；如取投送傳狀，則注家傳呈狀字樣；其有得於口述者，則注某人口述字樣：此明全書並無自己一言之徵，乃真仿《舊聞》而畫一矣。」

三十六年辛卯（1771）　　四十二歲

在京。

二月，高宗東巡，至曲阜，四月回京。

三月，皇太后八十萬壽恩科會試，先生中式，為是科「經魁」（《齒錄》），殿試二甲三十一名，賜進士出身。座師為曹錫寶、鄧文洊等。

《清秘述聞》卷七《鄉會考官類》乾隆三十六年辛卯恩科會試：「考官：內閣大學士劉統勳字爾鈍，山東諸城人，甲辰進士，左都御使觀保字伯容，滿洲正白旗人，丁巳進士。內閣學士莊存與字方耕，江南武進人，乙丑進士；題『子曰若臧』四句，『明乎郊社』二句、『今曰性善』二句。賦得『下車泣罪』得『慚』字。」同書卷一六《同考官類》乾隆三十六年辛卯恩科會試：「侍讀學士朱筠字竹君，順天大興人，甲戌進士……禮部員外郎姚鼐字姬傳，江南桐城人。刑部員外郎曹錫寶字鴻書，江南上海人，丁丑進士。」曹錫寶《曹劍亭先生自撰年譜》乾隆三十六年：「春三月，欽點會試同考官，得士周永年等九

人……皆老名宿。後周以辦四庫書重入翰林。」卞寶第、李瀚章等修，曾國荃、郭嵩燾纂（光緒）《湖南通志》卷一八一《人物志》：「鄧文洑，字筆山，乾隆丙戌進士……辛卯分校禮闈，得山左一卷，詫為奇才，及揭曉，乃宿儒周永年也，大學士劉統勳稱為巨眼。」姚鼐《惜抱軒文集》卷五《方坳堂會試朱卷跋尾》：「乾隆三十六年會試，余與南康謝蘊山編修並為同考官……是科得才稱最盛，而當時登第煊赫有聲，若程魚門、周書昌、孔葒谷、洪素人、林於宣、孔㧑約輩。」平步青《霞外攟屑》卷五「乾隆辛卯會試榜得人」條：「辛卯一榜，以經術顯者有王方川增、李雲門湟、程澄江世淳、程魚門晉芳、邵二雲晉涵、周書倉永年、陳觀樓昌齊、洪素人樸、孔㧑軒廣森九人；以文章稱者有林香海樹蕃、周駕堂厚轅、侯葦園學詩、凌花農世御與海峰、山木、周宿航景益、程仁山巘、吳建軒思樹九人。任監司、郡、縣者有黃小峰軒、熊謙山枚、姜星六開陽、李石濤堡、田□□（按當作碧波）鳳儀、方坳堂昂、馬清恪慧裕、林□□其宴、和簡勤瑛九人。而以風節著者，止錢南園灃一人。」同榜尚有餘集、王爾烈、吳震起等。〔註 15〕

是時先生以佛學淵奧，名噪京城。

王昶《春融堂集》卷四五《再書楞嚴經後》：「今天下士大夫能深入佛乘者，桐城姚南青範、錢塘張無夜世犖、濟南周永年書昌及余四人……書昌方成進士。」

五月前，先生曾往訪錢大昕，錢以《續資治通鑑長編紀事本末》託先生轉致李文藻。錢與文藻書曾稱先生為「天下才，而皆不得預館選」。〔註 16〕

章學誠來訪，不值。先生離京。

《別傳》：「辛卯始識與桐，欲訪書昌。時二君甫成進士，俱罷歸銓部，意不自得，先後出都門。」

是年兩淮鹽運使鄭大進丁母憂去職。先是，先生有《鄭母江太恭人八十壽序》。

〔註 15〕朱寶炯、謝沛霖編：《明清進士題名碑錄索引・乾隆三十六年辛卯恩科》，上海：上海古籍出版社，1979 年，第 2738 頁。
〔註 16〕李經國：《錢大昕年譜長編》，北京：中華書局，2020 年，第 178～179 頁。

三十七年壬辰（1772） 四十三歲

在山東。

正月初四，高宗命各省督撫、學政購訪遺書，嗣是遂修《四庫全書》。

是月，作《課閒遺稿序》。

> 文見項葆禎修、李經野纂（民國）《單縣志》卷九。《課閒遺稿》二卷，單縣張賡烈撰，乾隆三十年刻本。賡烈為先生友人張敷之父，《遺稿》繫其詩集。

二月二十三日，李文藻有書來。

> 書言近日行止及校刊書籍事。

春，胡德琳修《東昌府志》，招先生往主其事，因結識張敷。

> 修志事見該書胡序。先生任主纂，今檢全書體例一同《歷志》，尤可見二書皆先生所主持。與事者尚有盛百二、董元度、聊城鄧汝勤（一作汝功）、德州梁鴻翥及錢塘人吳霽。張敷字茂初，東昌人。盛百二《柚堂文存》卷四《佑亭張君墓誌銘》：「歲壬辰，在東昌，周林汲永年向余言張子茂初之好學，余心識之。甲午冬，茂初訪余於任城，聽其持論，知林汲之取友不虛矣。」

五月，李文藻移官潮陽，有書來乞往寄《說文》。

> 《南澗文集》卷上《送馮魚山〈說文〉記》：「壬辰春，予調潮陽，其書院山長鄭君安道……索《說文》於予，乃為剟求於濟南周林汲。」又見李文藻《左傳評跋》。

夏，《歷城縣志》刻成（《歷志》何煟序）。

先生倡議為其師張元刊刻《綠筠軒詩集》，出其鈔本屬友人鄧汝功為編訂。

> 鄧汝功《綠筠軒詩集序》：「乾隆壬辰夏，余同年周進士書昌出張榆村先生《綠筠軒詩》，屬為編訂。因汰其鈔錄訛謬，及脫漏無從更正者十之三，而復舉其詩之所以可傳者書於卷端。」張廷案《綠筠軒詩集總目》：「比部郎李君荊圃，先祖門人也。偶言及遺詩未刻，比部慨然欲首倡，諸同學釀金而板行之，已而比部下世，事遂不果。明年壬辰，周君書昌復倡前議，索取案所藏本，倩門人鄭秋池楷書，立付梓人。」《綠筠軒詩集》凡七百餘首，含先刊《平山詩草》，後與晚年詩作編次，分為四卷，《四庫全書》列為存目書。是書於乾隆四十一年

（1776）冬刻竣。

秋，致書李文藻，宣傳《儒藏說》。

　　趙希璜《四百三十二峰草堂詩鈔》卷二〇《題周朗谷大令震甲曬書圖》「航海秋風欣附李」句下小注：「壬辰客潮陽李南磵先生幕……適朗谷尊人書昌信至，有『儒藏』之說。」今本《儒藏說》後所附《與李南磵》當即此。先生先後與李文藻、孔繼涵、俞思謙、韓錫胙等書札往返，謀議此事：勉李「勿畏其難而先自捫其舌」；又以孔「曲阜既文獻淵藪，足下又淹雅多聞，克肩此事」；更乞韓於「大江南北，斯文淵藪，更望隨處提倡，俾人人知有此一件公事未就」。俞思謙，字秉淵，號潛山，浙江海寧人，國子生。與修《歷志》。又參本譜乾隆四十六年。

周士孝將為先生置別業闢借書園，不果。往遊淄川，結識王相符等。

　　本集《劉太孺人八十壽序》：「曩者壬辰之秋，南川家松崖明府將為余置別業為借書園，余素耳蕭然山陽丘壑林麓之美，因往遊焉。得至淄川大窵橋莊，與王立齋三兄識。」蕭然山在泰山東北麓。立齋，即王相符，王培荀祖父，見方作霖修、王敬鑄等纂（宣統）《淄川縣志》卷九《三續封贈》。《鄉園憶舊錄》卷二：「周林汲先生……與先王父交善，嘗以商彝託先王父代售，其清況可想。性好書，有僕四人，專為收掌。先王父在都日，寓舍比鄰，朝夕過從，家僕田升亦代為經理。所刻書多寄余家代為消散。」

冬，寄戴震所校惠棟《左傳補注》及《說文》一部至廣州李文藻處。

　　李刻《左傳補注》跋：「惠定宇先生《左傳補注》六卷……乾隆壬辰冬，歷城周書昌寄副至羊城，乃戴東原先生手校本。」李文藻《送馮魚山〈說文〉記》：「壬辰春，予調潮陽。其書院山長鄭君安道……索《說文》於予，乃為劄求於濟南周林汲……是冬，予有事羊城，又得林汲所寄，則此本也。」

十二月初二日，李文藻有書來言恩平縣等事。〔註17〕

一年以來，先生在山東，一意謀建借書園。

〔註17〕李經國先生賜示照片。

《別傳》：「書昌嘗患學之不明，由於書之不備；書之不備，由於聚之無方。故竭數十年博採旁搜之力，棄產營書，久而始萃……書昌之志，蓋欲構室而藏，託之名山。又欲強有力者，為之贍其經費，立為法守，而使學者於以習其業，傳鈔者於以流通其書，故以『藉書』名園。」桂馥《周先生傳》：「先生於衣服、飲食、聲色、玩好一不問，但喜買書。有賈客出入大姓故家，得書輒歸先生。凡積五萬卷……約余買田築借書園，祠漢經師伏生等，聚書其中，招致來學，苦力屈不就。顧余所得書，悉屬之矣。」

並往徂徠山等處查訪，皆苦力屈不能就。

桂馥《未谷詩集》卷二《送周進士永年》詩：「寂寞三十載，騎驢京華趨。一舉擢高科，策對匹江都。聲名動日下，君心沖若虛。脫然返故鄉，惟載滿船書。徂徠山色好，獨往置田廬。石室數萬卷，願為後人儲。傳之得其人，尤勝兒孫愚。來者未可知，此心與之俱。」

先生復欲治《儀禮》，後以四庫館開，被徵而不得（桂馥《周先生傳》）。

三十八年癸巳（1773）　　四十四歲

在山東。

正月，安徽學政朱筠奏請於《永樂大典》中搜輯古佚書。

二月初六，上諭開四庫全書館修書，設總裁官核校《永樂大典》。二十一日，校辦《永樂大典》條例議定。是月，先生作《儒林宗派序》。

春，延梁鴻翥館於家（《續志》卷二二《藝文》）。

三月，胡德琳刻張爾岐《蒿庵集》、王蘋《蓼村集》於東昌，先生為校訂。時正纂《東昌府志》。

乾隆三十八年三月胡德琳刻《蓼村甲乙集序》：「歲壬辰，朝廷有收採遺書之役。余從事編校，得《蓼村文集》四冊於周子書昌……時余方刻《蒿庵集》，即以《蓼村文》刪訂付梓。」李文藻《蒿庵閒話跋》：「張稷若先生……文集三巨冊，胡書巢太守德琳選刻其半於東昌。」胡刻《蒿庵集目錄》：秀水後學盛百二訂，桂林後學胡德琳編，歷城後學周永年校。《續志》卷二二《藝文》：「周永年等《東昌府志》，乾隆癸巳，胡德琳官東昌府時所修也。

　　閏三月十一日，因紀昀等奏請，特旨調取先生等五人赴京辦理《四庫全書》。〔註18〕

　　　平步青《霞外攟屑》卷一「纂書改官」條：「詔開四庫全書館，是時非翰林而為纂修官者……邵南江（劉文正保）、周書倉（劉文正保）、余秋室（裘文達保）以進士歸班授編修。程魚門（□□□保）以吏部主事授編修，楊簡齋（昌霖，王文莊保）以舉人特賜進士歸班、庶吉士，戴東原（裘文達保）以舉人特賜進士、改庶吉士。癸巳徵修《永樂大典》，時戴、邵、周、余、楊皆里居，奉詔赴闕。」戴璐《藤陰雜記》卷二：「癸巳，四庫館開，以翰林纂輯不敷，劉文正保進士邵晉涵、周永年，裘文達舉進士余集、舉人戴震，王文莊舉舉人楊昌霖，時稱『五徵君』。」又《清史稿》卷一九〇《選舉志》：「三十八年，詔開四庫館。延置儒臣，以翰林官纂輯不敷，大學士劉統勳薦進士邵晉涵、周永年，尚書裘曰修薦進士余集、舉人戴震，尚書王際華薦舉人楊昌霖，同典祕笈。後皆改入翰林，時稱『五徵君』。」又有稱「四布衣」者，昭槤《嘯亭雜錄》卷一〇「四布衣」條：「乾隆中，上特開四庫全書館，延置群儒。劉文正公薦邵學士晉涵，于文襄公薦余學士集、周編修永年、戴東原檢討震於朝。上特授邵等三人編修，戴為庶吉士，皆監修四庫書，時人謂之『四布衣』。」《紀曉嵐文集》卷六《四百三十二峰草堂詩鈔序》：「趙君所與倡和者……周書昌、戴東原、余秋室皆以余薦修《四庫全書》入翰林。」阮元輯《兩浙輶軒錄》卷三二、戴璐《吳興詩話》卷一〇有高文照《聞邵二雲進士晉涵周林汲進士永年戴東原孝廉震余秋室進士集徵修四庫全書卻寄》詩。按即高文照《高東井先生詩選》卷四《詔起邵會元晉涵周進士永年余進士集戴孝廉震與修四庫全書用方比部昂韻卻寄》：「丹緌旁求石穴書，普天光氣吐蟫魚。洽聞端賴終軍豹，薄技空慚黔地驢。亡去篇增安世篋，載來學富惠施車。諸公袞袞承天詔，一夕都空處士廬。太室香凝古俎尊，弦弦清折映春溫。六經到底難高閣，八覽居然在國門。此日桓榮方得力，舊時董子絕窺園。百川派別終歸海，休辨江河清濁源。彤廷講德會諸儒，劍氣驚看動鹿盧。漬粉調丹分幾研，同和異器

〔註18〕張書才主編：《纂修四庫全書檔案·辦理四庫全書處奏遵旨酌議排纂四庫全書應行事宜摺》，上海：上海古籍出版社，1997年，第74頁。

奏笙竽。雍容揖讓周三雅，斑駁文章夏六瑚。回首青燈螢火地，荒江風景不堪圖。屈指人間幾甲寅，孤生天地一微塵。魏收木楊經穿久，劉勰雕龍自鬻頻。曠典千秋遭聖世，空山四壁有逋臣。大官庖味寧多羨，珍重青藜照讀人。」李慈銘《越縵堂讀書記》「戴東原集」條：「康熙間鴻博之舉，髦碩輩登，而當時有『野翰林』之目，致所謂『三布衣』者，皆不安其官，竹垞且得譴而去。習俗移人，難曉如此。直至今日，桐城謬種尚以邵二雲、周書倉及戴氏三君之入館為壞風氣，變學術，人無人心，亦可畏哉！」桂馥有《送周進士永年》詩。

先是，有與魯九皋書一通。

王昶《湖海文傳》卷四六魯九皋《與同年周靜函書》：「春仲，培封明府致到手書函。啟而讀之，恍如空谷之聞足音，其喜不可為量也。細繹書辭，雖謙沖抑退，而學問之意盈溢紙墨，至其所謂『書卷之外，別有事在』，而『欲舉古今事蹟、前賢議論愈同志講切而推行之。』其言又未嘗不與鄙衷深相契合也。」則先生所述似仍為「儒藏說」事。

附：魯九皋《與同年周靜函書》

（前略）某不肖，僻處荒村，見聞淺陋，家鮮藏書。然涉獵剽竊之餘，竊於亭林一家之言，極服膺焉。嘗推而論之，以為朝廷設科以取天下，二三年大比，試之經義、論策，以觀其所學。士誠克稱乎其選，豈不為學有經法、通知時事者哉？患在取之者太恕，而應之者不以其實，故雖後生小子，未嘗問學，亦汲汲懷躁進僥倖之心，人才是以不古若也。又嘗服膺歸震川之論，以謂士大夫不可不知文，能知文而後能知學古，故上焉者能識性命之精，其次亦能達於治體，而通於當世之務，以施於為政。竊欲與二三同志時講習焉，顧資力短淺，又荒村之中，言之無聽，唱之無和，蹉跎頹廢，徒以空疏不學之身，妄希古人有用之業，殊自愧已。客夏，聞二雲得入四庫館中，後閱邸抄，乃知足下同與茲選。比見苣畹與台山書，為述足下自館中寓書，極陳所見藏書之富，友朋講論之樂，念之神往。伏以足下平日本博學強識之士，今更讀秘書，而又日與一時賢豪遊，其胸中所蓄積，將來又寧可涯量耶？某自揣鈍拙固不敢以博涉為事，

第念若得相從時聞諸君子議論，亦庶幾稍擴其固陋之胸。而老親衰邁，不敢遠遊，翹企之私，日切於懷而已。二雲未得專書，均此致意。山館課讀，輒私擬策問，時與學者肄習，錄請教益。惟足下、二雲指其得失焉。

是年春末，作《重修仲夫子祠記》。

　　文見凌紱曾修，邵承照纂（光緒）《肥城縣志》卷二。《祠記》記其年肥城縣修石門建子路祠廟事，按《論語・憲問》「子路宿於石門」，是其本事。

夏，得魯九皋覆書。

　　前揭魯氏書：「客夏，聞二雲得入四庫館中，後閱邸鈔，乃知足下同與茲選。」

五月十七日，上諭令將各書核會為總目。

七月十一日，上諭准先生等與壬辰科進士一體散館，廷試第一，特旨授翰林院庶吉士，充纂修官（《齒錄》）。

八月，里人張鑾《豆疹詩賦》二卷刻竣寄來，遂為之序。

　　是書有乾隆三十七年、道光三十年（1850）刻本。張鑾，字五雲，國學生，屢試不第，遂治醫道，成是書，頗為醫家者宗。

九月初九，李文藻來書，與先生言傳刻書籍事。

　　吳慶坻《蕉廊脞錄》卷七：「李南磵書札卷子，官嶺南時與周書倉者。大率論刻《貸園叢書》事，搜討商搉，往復不勌。然南磵實循吏，不獨經生也。書中述讞定恩平民婦陳氏之獄、新安黃文二氏世仇十一案互毆之獄，可稱明允。其曰『過於為民而不為官』，尤良吏之用心矣。」〔註19〕

是日又為門生鄭銘《儀禮讀本》撰序。

　　《儀禮讀本》四卷，乾隆三十八年刻本，（宣統）《山東通志・藝文志》著錄。銘字秋池，歷城人。乾隆三十二年優貢，與修（乾隆）《歷城縣志》，任採訪。《序》稱：「是編原本張稷若先生《鄭注句讀》而

〔註19〕原札未見。圖片於 2007 年見嘉德拍賣會網站：http://www.cguardian.com/odt_tsrlt.php；http://www.cchicc.com/expert.php?id=10323。有葉德輝、柯劭忞跋各一通。

加以裁簡，詞約義明，兼附《戴記》中《冠義》等篇於其後，以明制與義並行之意。」

十一月，大學士劉統勳、劉綸卒，分謚「文正」、「文定」。

統勳曾為乾隆三十六年會試總裁，綸曾為乾隆三十五年順天鄉試主考官。《逸事》：「初徵入翰林院，諸城劉文正掌院事，甚加愛護。忽一日，對眾問曰：『孟子之平陸，平陸今在何處？』君據戰國而後，秦、漢、魏、晉、六朝以及唐、宋地名沿革，詳悉縷陳千餘言。文正笑曰：『是何言之拘也！昨日家信，吾某叔新置一小莊，俗名平陸。是何言之拘也！』」

是年，先生入館，進獻藏書為四庫所取者三十二種二百三卷。〔註20〕又搜輯《永樂大典》中宋元遺書，無間風雨寒暑，目盡九千巨冊，一萬八千餘卷。所輯佚書，經部有：唐史徵《周易口訣義》六卷、宋趙善譽《易說》四卷、〔註21〕宋易祓《周官總義》三十卷、〔註22〕宋王安石《周官新義》十六卷附《考工記解》二卷。

程晉芳《勉行堂文集》卷五《周官新義跋》：「熙寧經義局三書，成於荊公父子之手。《周官》則安石所手裁，《鐵圍山叢談》稱其筆跡如斜風細雨，蓋安石手稿也。近世如范文正、歐陽公墨蹟尚有傳者，而安石稿無存焉。豈以其人可議，不復收拾耶？《周官》舊二十二卷，此吾友周書滄從《永樂大典》錄出者，得十六卷，而地官、夏官缺焉。末附《考工記》二卷，蓋鄭宗顏輯安石《字說》為之。其於《周官》，好以《字說》牽合，乃王氏說經通病，而發明大義，自有不可泯滅者。余與書滄、孔葒谷各鈔一本，嗣是永清令周篋谷屬鈔一本，而陳上舍竹廠又鈔焉。行於世者有四本，亦難得之數也。」互見本譜乾隆四十二年八月條。

元毛應龍《周官集傳》十六卷、晉杜預《春秋釋例》十五卷、宋呂祖謙

〔註20〕按其所進書，以子、集二部居多，多為山左先賢著述。詳見寧聖紅：《周永年對〈四庫全書〉的貢獻》，《山東圖書館季刊》2005 年第 3 期。

〔註21〕史廣超：《四庫館臣輯〈永樂大典〉佚書考》，虞萬里主編：《傳統中國研究集刊》第 3 輯，上海：上海人民出版社，2007 年，第 510～551 頁。

〔註22〕按，易祓《周官總義》，乾隆四年（1739）寧鄉王文清曾從《永樂大典》中輯出付梓，後刻入《湖南叢書》。則修《四庫全書》時又重為輯出。

《春秋左氏傳續說》十二卷等。〔註23〕史部有：宋歐陽士秀《孔子世家補》
十二卷等。

  盧文弨《抱經堂文集》卷一九《與周林汲太史永年書》：「前見示《孔
  子世家補》一書……此書見示只五冊，尚未見『夫子曳杖之辰』，應
  尚有一冊在閣下所。」是知此書為先生所輯。《四庫全書總目》卷五
  九：「《孔子世家補》十二卷（永樂大典本）：宋歐陽士秀撰。士秀，
  廬陵人，仕履未詳……今考《永樂大典》所載……已非完書矣。」是
  書未見傳本。

  子部有：《老子道德經注》、《金樓子》六卷等。

  汪輝祖《書〈金樓子〉後》：「周書倉太史……從《永樂大典》輯錄《金
  樓子》六卷。」

  集部有：宋劉敞《公是集》五十四卷、宋劉攽《彭城集》四十卷、宋汪藻
《浮溪集》三十六卷、宋李光《莊簡集》十八卷、元姚燧《牧庵集》三十六
卷、元方回《〈文選〉顏鮑謝詩評》四卷、宋蘇過《斜川集》六卷等。〔註24〕

  吳長元《校刊斜川集原序》：「歲在癸巳，朝廷開館修《四庫全書》，
  特詔儒臣從《永樂大典》中搜羅遺籍，時山左周編修永年於各韻下得
  先生詩文散片共若干首。」〔註25〕

  當時在館校辦《大典》諸臣，極少盡心者，惟先生最認真。

  《于文襄公手札下》載于敏中致陸錫熊函：「昨閱程功冊散篇一項，
  除山東周編修外，認真者極少。」《別傳》：「四庫館開，既以夙望被
  徵，嘗欲……盡表遺籍，設法勸誘，使人刊布流通，且為學者無窮之
  利。而己身與同列者，竭所知能，優游寢食其中，將以庶幾得當，而
  於程功刻日，遷秩敘勞，皆未有以計也。事多扞格，不行。宋元遺
  書……多見採於明成祖時所輯《永樂大典》，時議轉從《大典》採綴，
  以還舊觀。而館臣多次擇其易為功者，遂謂搜取無遺逸矣。書昌固執

〔註23〕以上見司馬朝軍：《〈四庫全書總目〉編纂考》第一章《分纂官與〈四庫全書
   總目〉》第三節《周永年與〈四庫全書總目〉》，武漢：武漢大學出版社，2005
   年，第30、31頁。
〔註24〕司馬朝軍：前揭書；王紹曾：前揭文。
〔註25〕舒大剛、蔣宗許等校注：《斜川集校注附錄》，成都：巴蜀書社，1996年，第
   813頁。

以爭，謂其中多可錄。同列無如之何，則盡舉而委之書昌。書昌無間風雨寒暑，目盡九千巨冊，計卷一萬八千有餘。」《大典》輯佚頗為不易，《四庫全書總目》卷一〇七言「《永樂大典》詮次無法，割裂破碎。有非一篇而誤合者；有割綴別卷，而本篇反遺之者」，信為先生勞作繁難之實錄。汪輝祖《病榻夢痕錄》卷上丙午五十七歲：「壬辰四庫館開……諸城劉文正公嘗至翰林院云：本衙門向耐清苦。今因館務熱鬧，將來館停，諸君恐難為繼。」

作《王母劉太孺人八十壽序》。

三十九年甲午（1774）　　四十五歲

在京。

年初，《東昌府志》修成付梓，時先生官翰林院檢討。

二月，李文藻刻惠棟《左傳補注》成，有詩寄來。

> 《潮陽集》卷二《寄周書昌》：「白日昇天信有諸，承明述作陋蟲魚。奇書是寶歸甄品，錯字如塵費掃除。向朗八齡收古籍，申公千里上安車。同鄉尚有梁邱賀（謂梁志南），老抱遺經歎索居。」

三月三日，與四庫全書總纂官紀昀、陸錫熊，及纂修朱筠、翁方綱、林樹藩、程晉芳、任大椿等人出右安門十里至草橋，行修禊故事，復集於曹學閔齋中，與會凡三十九人。

> 翁方綱《跋曹慕堂邀同人詠詩卷》：「乾隆甲午三月三日，汾陽曹慕堂太僕集同人於右安門外草橋之南，攜童、冠，載酒肴，藉草雜坐，聯唱詠歸……是日，晚飯於太僕齋，曉嵐、耳山、子田、書倉適皆後至，故卷內無四君詩也。」〔註26〕

是夏，李文藻刻《九經古義》成，有詩寄來。

> 《潮陽集》卷二《惠定宇〈九經古義〉刻成寄示周書昌二十韻》：「紛綸數經義，吳下見顓門。紅豆無凡子，青箱有肖孫。心窮《周易》奧，力破《夏書》渾。偽傳成韲粉，多文抉本根。堯年誰與語，魯殿巋然存。亥豕因形識，蟲魚視掌論。積塵憑卻掃，疑獄伏平反。許慎動同

〔註26〕沈津編：《翁方綱題跋手札集錄》，桂林：廣西師範大學出版社，2002年，第383頁。

策，丁鴻義最繁。授徒開絳帳，仰屋謝朱軒。鍾鼓宣洪響，針砭到病源。直回秦室火，終食孔庭膰。世悟唐儒陋，人推漢學尊。前身應左史，接武或東原。翠軸勞郵寄，花廳快手翻。鬢絲聽訟白，眼到勘書昏。鋟版從蠻徼，傳家異兔園。諸生得津筏，絕業在乾坤。聖詔求遺籍，神州貢幾輈。千官品庖饌，四庫盡瑤琨。此帙寧磨滅，煩君獻九閶。」盛百二《皆山樓吟稿》卷四《題惠松崖先生〈授經圖〉》（壬寅）「豈知吾道東，廣傳梨棗壽」，自注：「益都李南澗司馬刻《九經古義》、《左傳補注》於嶺南。其板今歸歷下周林汲編修……余嘗謂先生之學，獨行山左。」七月二十五日，上諭令編《四庫簡明目錄》。

十月，李文藻在廣州，先生往寄惠棟《易例》。

李文藻《易例》跋：「甲午十月，予自潮來羊城，周校書永年寄《易例》一冊……予以意釐為二卷，屬順德張明經錦芳校刊。」

十一月，李文藻為長子章鄧求婚於先生。

《為宅郎求婚啟》：「伏以禮有婚姻，命由父母。古者慎於擇壻，畫雀屏間；後人藉以締交，繫羊車下。夫婦以義合，互稱堂上為舅姑；朋友最情親，特向膝前分半子。歡連兩姓，諾在一言。恭維親家先生，禮樂大儒，山川間氣。八歲已耽圖籍，向巨達竟有後身；六經都賴解梳，鄭康成乃其先輩。曹倉杜庫，兼馬蹄鹿苑之篇；陸海潘江，盡負笈袪衣之彥。篤於內行，怡怡孝悌之風；化其鄉人，藹藹詩書之澤。文章歸爾雅，力除卉犬篠驂；友道本至誠，事異青藍朱赤。壬申春半，初瞻光采於水西；己卯歲闌，共葺軼聞於岱下。管夷吾之於鮑叔，毋忘貧時；皇甫湜之效韓公，不如遠甚。從此晦明有間，由來夢寐相依。車過濟南，歧路之贈言猶在；雁回嶠外，璋鄉之尺牘恒通。一月數開緘，字挾嶠山秋色；雙魚遙作答，心隨庾嶺梅花。綈帙郵來，讀奇文於枕秘；榕廳吏散，見顏色於屋樑。閱會錄而翻惜名高，詞賦未陪雕輦；捧邸鈔而恭聞詔下，論經旋入石渠。擬古人則劉向、楊雄，方近代亦杜鎬、孫奭。韋曲去天尺五，瀛洲共仰神仙；潮陽計路八千，炎海徒添俗吏。不恨雲泥勢隔，本非東野之龍；只憐清濁塗分，甘作莒鄉之鼠。少陵易老，風花與驥子相催；五嶽未遊，婚嫁惟向平是累。夙聞令嬡，琢玉易成；所愧長兒，畫灰無狀。詎屬聊成鄧

子，許詩伐木之柯；因令澄海王生，敬致問名之簡。傳永言於萬里，盼金諾於來春。夫楊□經箱，盡從崔氏；涪翁句法，得自謝公。玉弗潤而妄託永清，黃口敢希前喆？珠既聯則何妨璧合，青雲冀附高衢。伏願飛鳳諧占，乘龍中選。雞鳴戒旦，預聞靜好之音；熊夢當宵，將得蕃昌之慶。馬遷之有楊惲，能傳《史記》一書；道韞之在謝家，已賞《毛詩》兩句。七橋跨明湖之上，牛女星輝；五柳鄰莊岳之間，朱陳村近。丈風泰水，松蘿之戚方新；白犬丹雞，車笠之盟彌固。儀先納采，翹瞻君子之光；喜溢牽絲，只候吉人之命。謹啟。」水西者，東流水街先生居所水西書屋；己卯為乾隆二十四年，是年二人同修《泰安府志》，考其《纂修姓氏》，惟先生為歷城人；一月數通書簡，與李文藻關係之密，莫如先生；「論經旋入石渠」，則為先生徵修《四庫全書》事：足證此《啟》為致先生。又劉盼遂編《段玉裁先生年譜》乾隆四十三年：「春……東原子中立即來書信……『廣西桂林府同知李公，係山東周諱永年同年、四庫館修書翰林之親家也』。」是知二人已為兒女親家。

是年，先生嘗回山東，時或一至曲阜。

孫永漢修、李經野等纂（民國）《曲阜縣志》卷八載先生《桂先生墓表》：「余二年前嘗至曲阜見先生。」桂馥之父，名公瑞，字輯五。喜堪輿。乾隆四十年卒，年六十八。

四十年乙未（1775）　　四十六歲

在京。

四月二十八日，先生特授翰林院編修、文淵閣校理，充四庫全書纂修館纂修兼分校官。

事見清《高宗實錄》卷九八一乾隆四十年四月乙巳條。《別傳》：「乙未入都，二君（指先生與邵晉涵）者方以宿望被薦，與休寧戴震等特徵修《四庫書》。授官翰林，一時學者稱榮遇。而戴以訓詁治經，紹明絕學，世士疑信者半。二君者皆以博洽貫通，為時推許。於是四方才略之士挾策來京師者，莫不斐然有天祿石渠、句《墳》抉《索》之思。而投卷於公卿間者，多易其詩賦舉子藝業，而為名物考訂與夫聲音文字之標，蓋駸駸乎移風俗矣。」

五月，李文藻刻惠棟《易例》成，有詩寄來。

　　《潮陽集》卷三《回帆寄書昌》：「身為萍葉忽西東，兩月番禺兀兀中。病榻偏多留客雨，回帆又遇打頭風。南州下吏黃茅瘴，上國諸儒白虎通。事不相關卻相憶，紙窗燈火幾年同。」前有是年端午所作，此詩當作於端午之後不久。

秋，章學誠入京，因邵晉涵見先生於「藉書園」（《別傳》）。

　　按先生在山東謀建借書園皆不果，本年即以四庫館開被徵而入都，攜妻、子同往，已見《別傳》。李文藻《桂林集》卷二乾隆四十二年《六月十五日出都留別欽州馮伯求季求歷城周書昌次伯求見贈韻二首》有「同好周柱史，插架高難攀。萬卷不滿意，持錄愁攢顏」句，言先生在京中有書萬卷；又《鄉園憶舊錄》卷二「先生在館時，蒙上垂問家藏書籍，刻有書目二部，遂以進呈。點出一千餘部進之」，則先生將書籍攜同行，在京居所名為「藉書園」，故章學誠謂「余因與桐往見書昌於『藉書』之園」；而先生所謂「使學者於以習其業，傳鈔者於以流通其書」之志則未達。葉昌熾《藏書紀事詩》卷五《周永年》云「借書園在濼源西」，不過為詩作句，未有實據；〔註27〕近人有言先生與桂馥闢借書園於歷下五龍潭者，徵之桂氏《潭西精舍記》，蓋承葉說而來，亦非。〔註28〕蓋先生「借書園」究為理想。先生後人遂名居所為「借書園」，先生子震甲即以所居朗園為「借書園」。〔註29〕又，桂馥言先生積書五萬卷，而章氏謂為「積卷殆近十萬」

〔註27〕按葉氏所據為桂馥《周先生傳》、沈起元《題水西書屋藏書目錄後》（即《題周生永年水西書屋藏書目錄後》），故以為「借書園」即在「水西」（即歷城東流水街）。水西書屋實為先生少時居住、藏書之所。

〔註28〕徐北文《林汲山人周永年》：「他……想聯合自己的好友，共同在濟南成立『借書園』。其地址是在五龍潭畔……他的友人桂馥就和友人們在五龍潭畔修建了『潭西精舍』……他本來約桂馥在潭西精舍買田購書……也未能實現。」按桂馥《晚學集》卷七有《潭西精舍記》，並未涉及周永年及「借書園」。徐文收入李永祥、劉培東主編：《濟南名士多》，濟南：山東人民出版社，1982年，第257頁。

〔註29〕同治間王大淮作《先正讀書訣序》：「『藉書園』水竹環碧，縹緗凌雲，古香旖旎。弦誦聲達戶外。」王培荀《鄉園憶舊錄》云：「周東木，名震甲，林汲先生子也……予以世好謁見於朗園……藏書萬卷，種竹千竿，入門巨竹拂雲。清泉淘湧過亭下，颯颯如風雨聲，匯為方塘。」王大淮所述之景象，而與王培荀所述朗園如出一轍，故其指為「朗園」無疑。

者，疑時有先後之故，沈起元《題周生永年〈水西書屋藏書目錄〉後》云「歷下書不易得」；而北京書市特盛，李文藻《琉璃廠書肆記》可證，得從容購置；又先生在四庫館中，嘗僱書工十人鈔書；又躬自鈔校，故有如章氏言能積卷近十萬者。

先生又請章學誠為《藉書園書目》作序。

《章氏遺書》卷八《藉書園書目序》：「《藉書園書目》者，歷城周林汲編修籍錄所藏經史百家之書，用隋、唐四庫例，粗具孔目，以備稽檢者也。周君嘗患學之不明，由於書之不備；書之不備，由於聚之無方。故竭數十年博採旁搜之力，棄產營書，久而始萃。今編目所錄，自經部以下凡若干萬卷，而舊藏古槧繕鈔希覯之本，亦略具焉。然周君之志，蓋欲構室而藏，託之名山，又欲強有力者為之贍其經費，立為紀綱，而使學者於以習其業，傳鈔者於以流通其書，故以藉書名園。又感於古人藏書之義，著《儒藏說》一十八篇，冠於書首，以為永久法式。嗚呼！周君於斯可謂勤矣。夫古者官府守書，道寓於器，詩書六藝，學者肄於掌故而已。及其禮失官廢，師儒授受，爰有專門名家，相與守先待後，補苴絕業。夫官不侵職，師不紊傳，其名專而易循，其道約而可守，是故書易求而學業亦易成也。自學問衰而流為記誦，著作衰而競於詞章，考徵猥瑣以炫博，剿掠文采以為工，其致力倍難於古人，觀書倍富於前哲，而人才愈下，學識亦愈以卑污，則專門之業失傳，古職之失守，而學者無所向方故也。間有好學深思之士，能自得師於古人，而典亡學絕之後，聞見局於隅墟，搜討窮於寡陋，不幸不見天地之純，古人之大體，而挾村書以守觚蒙者，遂得以暖姝菌蟊，學一先生之言，不復深維終始，則以書之不備、聚之無方，弊固至乎此爾。孔子曰：『多聞，擇其善者而從之，多見而識之。』孟子曰：『博學而詳說之，將以反說約也。』士生三古而後，苟欲有志乎官守師傳之業，非有所獨得者，固不可以涉獵為功；而未能博稽載籍遍覽群言，亦未有以成其所謂獨得之學，而使之毫髮之無憾。此周君之所以搜而聚，聚而藏，藏而籍錄部次，以為永久之指也。近世著錄，若天一閣、菉竹堂、傳是樓、述古堂諸家，紛紛著簿，私門所輯，殆與前古藝文相伯仲矣。然或以炫博，或以稽數，其指不過存一時之籍，而不復計於永久；著一家之藏，而不復能推明所以然者，廣

之於天下，其智慮之深淺，用心之公私，利澤之普狹，與周君相去當
何如耶？雖然，群書既萃，學者能自得師，尚矣。擴四部而通之，更
為部次條別，申明家學，使求其書者可即類以明學，由流而溯源，庶
幾通於大道之要，而有以刊落夫無實之文詞、泛濫之記誦，則學術當
而風俗成矣。斯則周君之有志而未逮，讀其書者不可不知其義也。」
《借書園書目》今存，有清李璋煜愛吾鼎盧鈔本、劉喜海味經書屋鈔
本兩種，藏於北京中國國家圖書館。

十一月二十一、二十二日，有與李文藻書。時先生在京為文藻打探知其
「推升有望」，並將與李議婚姻事，蓋將為子娶於李氏。（潘考〔其七〕）

冬，孔繼涵來借鈔浙江精進遺書壽松堂孫仰曾家鈔本《咸淳臨安志》（蔣
汝藻編《傳書堂善本書志》載繼涵《咸淳臨安志》跋）。孔氏又以魯九皋《山木
居士集》寄先生假鈔。〔註30〕先是八月，孔繼涵借《高麗圖經》鈔畢。〔註31〕

是年，汪輝祖（1730～1807）因邵晉涵、羅有高之介，請先生為其二母
作贈言（《書〈金樓子〉後》）。

錢大昕《潛研堂文集》卷一七《雙節門銘》：「乾隆二十九年十有二
月，禮部言：『故淇縣典使、蕭山汪楷妻王氏守節二十四年、側室徐
氏守節二十三年，同志撫孤，孝義兼備，應如例旌表。』制曰：可。」
先生《贈言》載嘉慶刻本《雙節堂贈言集錄》卷一二。

欲貿易以治生，尋大耗其貲。復營田地。

《別傳》：「初入翰林，以謂『官清則貴有守，惟治生有具，乃可無求
於人』。於是鬻間架，權市貨，倩賈客為之居廛，俄而大耗其貲，則
矍然省曰：『商賈末也，力農本也，棄本逐末，我則疏矣。』則又僦
田講求藝植，倩農師為之終畝。」

四十一年丙申（1776）　四十七歲

在山東，後赴京。

正月，在高密。

〔註30〕黃永年：《記得自忠厚書莊的善本書》，《藏書家》第8輯，濟南：齊魯書社，
　　　　2003年，第147頁。
〔註31〕周越然：《書與回憶‧高麗圖經》，瀋陽：遼寧教育出版社，1996年，第27頁。

與友人書：「丙申正月在高密南關與五兄分手。」

正月末，李文藻來札，蓋報去年底先生致書。隨書又寄李新刻成《左傳補注》等書。至二月，已寄來三函。三月，又從廣州寄書四通至京。（潘考〔其八、其九、其一〇〕）

夏，邵晉涵從汪氏振綺堂鈔得元張養浩《歸田類稿》，託羅有高攜來京與先生。尋錄副送四庫館（先生《重刊元張文忠公〈歸田類稿〉序》）。

先是，有與桂馥書一通。時先生正借館上書鈔錄，並謀輯《永樂大典》中宋元古醫書，就曲阜陳穎問醫家源流，並擬作《醫書考》報之。

> 見王獻唐輯《顧黃書寮雜錄》迻錄《周書昌致桂未谷函》。其中「午崖此刻想尚在家中」，午崖乃鄧汝功號，本年六月已下世（見李文藻《南澗先生易簀記》），故此書不得晚於本年六月；又言「鈔書之事，終多掣其肘者，亦所謂得寸則寸耳……宋、元人醫書，《大典》甚多，不知何者為外間所無。求陳先生速開一單，從莊谷處寄來。此刻王史亭先生現辦此門故也。要先開其最難得者」。桂馥《晚學集》卷八《陳先生生壙誌》：「先生名穎，初名彭，字述庵……歷城周永年被徵較四庫書，就問醫家源流，草《醫書考》報之。」《曲阜縣志》卷八顏崇榘《陳述庵先生墓碑銘》：「歷城周永年與君談竟日，歎其湛深。永年被徵修《四庫全書》，就問醫家源流，草《醫方考》報之。」桂馥《周先生傳》：「被徵纂修《四庫書》……借館上書屬予為《四部考》，備書工十人，日鈔數十紙，盛夏燒燈校治，會禁借官書，遂罷。」史亭者，王嘉曾（1729～1781），字漢儀，一字寧甫，江蘇華亭人。乾隆三十一年進士，官翰林院編修、文淵閣校理，有《聞音室詩集》。按《醫書考》、《醫方考》，疑同書之異名，為《四部考》一部分，而全書卒未成。

又先是，桂馥有書來言堪輿事，李文藻亦曾寄書來。

> 前引《周書昌致桂未谷函》：「前來札言堪輿事。此事易曉而難精，甚勿造次。《靈城精義》等書，亦非一時所能即解；《蕭仙全書》宜細玩之，中多微言也……南澗寄書一部又一紙。」

又先是，作《桂先生墓表》。

> 桂先生者，桂馥之父。《周書昌致桂未谷函》：「老伯大人墓表，初竟

作誌銘，乃改為表，於宜刪者忘刪之。邇來之憒憒，大率如此。」

四月，李文藻從廣州寄書數通至京。

七月十二日，韓錫胙卒，年六十一。

是年，先生曾歸里，又至長清訪友人朱續經（見下年）。

是年金川平定，王昶自軍前返京，擢通政使司副使，先生及京中名流皆往訪，文酒之盛如前。

先生在館上時，與紀昀時相過從。是年，作《花王閣剩稿跋》。

　　《花王閣剩稿》者，紀昀高祖坤詩集。《聽雨樓隨筆》卷四：「《花王閣剩稿》一冊，曉嵐先生曾祖厚齋所著也。厚齋值明季亂離，任俠談兵，負才不遇，以諸生終。其稿劫灰未燼之餘，百存二三，吾鄉周林汲為之序。」是書有嘉慶四年（1799）閱微草堂刊本，前有翁方綱乾隆四十一年所為序。先生跋在卷末，譽以為「清迴孤往，不改慷慨悲歌之舊」。紀昀《閱微草堂筆記》所記先生言亦姑附此。

附：紀昀《閱微草堂筆記》卷一二《槐西雜志二》

　　相去數千里，以燕趙之人，談滇黔之俗，而謂居是土者，不如吾所知之確。然耶否耶？晚出數十年，以髫齓之子，論耆舊之事，而曰見其人者，不如吾所知之確，然耶否耶？左丘明身為魯史，親見聖人；其於《春秋》，確有源委。至唐中葉，陸淳輩始持異論，宋孫復以後哄然佐鬥，諸說爭鳴，皆曰左氏不可信，吾說可信，何以異於是耶？蓋漢儒之學務實，宋儒則近名，不出新義，則不能聳聽；不排舊說，則不能出新義。諸經訓詁，皆可以口辯相爭，惟《春秋》事蹟鑿然，難於變亂。於是謂左氏為楚人，為七國初人，為秦人，而身為魯史，親見聖人之說搖，既非身為魯史，親見聖人，則傳中事蹟，皆不足據，而後可惟所欲言矣。沿及宋季，趙鵬飛作《春秋經筌》，至不知成風為僖公生母，尚可與論名分，定褒貶乎？元程端學推波助瀾，尤為悍戾。偶在五雲多處（即原心亭）檢校端學《春秋解》，周編修書昌因言：「有士人得此書，珍為鴻寶，一日與友人遊泰山，偶談經義，極稱其論叔姬歸鄫一事，推闡至精。夜夢一古妝女子，儀衛曾嚴，厲色詰之曰：『武王元女，實主東嶽，上帝以我艱難完節，接跡共姜，俾隸太姬為貴神，今二千餘年矣。昨爾述曁

儒之說，謂我歸鄅為淫於紀季，虛辭誣詆，實所痛心，我隱公七年歸紀，莊公二十年歸鄅，相距三十四年，已在五旬以外矣。以斑白之嫠婦，何由知季必悅我？越國相從，春秋之法，非諸侯夫人不書，亦如非卿不書也。我待年之媵，例不登諸簡策，徒以矢心不二，故仲尼有是特筆。程端學何所依憑，而造此曖昧之謗耶？爾再妄傳，當爛爾舌！』命從神以骨朵擊之。狂叫而醒，遂毀其書。」余戲謂書昌曰：「君耽宋學，乃作此言。」書昌曰：「我取其所長，而不敢諱所短也。」是真持平之論矣。

《閱微草堂筆記》卷一三《槐西雜志三》

魚門又言，遊士某，在廣陵納一妾，頗嫻文墨，意甚相得，時於閨中倡和。一日夜歸，僮婢已睡，室內暗無燈火，入視闃然，惟案上一箋曰：「妾本狐女，僻處山林，以夙負應償，從君半載，今業緣已盡，不敢淹留，本擬暫住待君，以展永別之意，恐兩相淒戀，彌難為懷，是以茹痛竟行，不敢再面，臨風回首，百結柔腸，或以此一念，三生石上，再種後緣，亦未可知耳。諸惟自愛，勿以一女子之故，至損清神。則妾雖去而心稍慰矣。」某得書悲感，以示朋舊，咸相慨歎。以典籍嘗有此事，勿致疑也。後月餘，妾與所歡北上，舟行被盜，鳴官待捕，稽留淮上者數月，其事乃露。蓋其母重鬻於人，偽以狐女自脫也。周書昌曰：「是真狐女，何偽之云？吾恐誌異諸書所載，始遇仙姬，久而捨去者，其中或不無此類也乎？」

《閱微草堂筆記》卷一四《槐西雜志四》

周書昌曰：「昔遊鵲華，借宿民舍，窗外老樹森翳，直接岡頂。主人言時聞鬼語，不辨所說何事也。是夜月黑，果隱隱聞之，不甚了了，恐驚之散去，乃啟窗潛出，匍匐草際，漸近竊聽，乃講論韓、柳、歐、蘇文，各標舉其佳處，一人曰：『如此乃是中聲，何前後七子，必排斥不數，而務言秦漢，遂啟門戶之爭。』一人曰：『質文遞變，原不一途，宋末文格猥瑣，元末文格纖穠，故宋景濂諸公，力追韓、歐，救以春容大雅。三楊以後，流為臺閣之體，日就膚廓，故李崆峒諸公又力追秦漢，救以奇偉博麗。隆、萬以後，流為偽體，故長沙一派又反脣焉。大抵能挺然自為宗派者，其初必各有根柢，是以

能傳其後，亦必各有流弊，是以互詆。然董江都、司馬文園文格不同，同時而不相攻也。李、杜、王、孟詩格不同，亦同時而不相攻也。彼所得者深焉耳。後之學者，論甘則忌辛，是丹則非素，所得者淺焉耳。』語未竟，我忽作嗽聲，遂乃寂然，惜不盡聞其說也。」余曰：「此與李詞畹記飴山事均以平心之論託諸鬼魅，語已盡，無庸歇後矣。」書昌微憪曰：「永年百無一長，然一生不能作妄語。先生不信，亦不敢固爭。」

《閱微草堂筆記》卷二〇《灤陽續錄二》

海中三島十洲，崑崙五城十二樓，詞賦家沿用之矣。朝鮮、琉球、日本諸國，皆能讀華書。日本余見其五京地志及山川全圖，疆界袤延數千里，無所謂仙山靈境也。朝鮮、琉球之貢使，則余嘗數數與談，以是詢之，皆曰東洋自日本以外，大小國土凡數十，大小島嶼不知幾千百，中朝人所必不能至者，每帆檣萬里，商舶往來，均不聞有是說。惟琉球之落漈，似乎三千弱水。然落漈之舟，偶值潮平之歲，時或得還，亦不聞有白銀宮闕，可望而不可即也。然則三島十洲，豈非純構虛詞乎？《爾雅》、《史記》皆稱河出崑崙。考河源有二，一出和闐，一出蔥嶺。或曰蔥嶺其正源，和闐之水入之，或曰和闐其正源，蔥嶺之水入之。雙流既合，亦莫辨誰主誰賓。然蔥嶺、和闐，則皆在今版圖內，開屯列戍四十餘年，即深岩窮谷，亦通耕牧。不論兩山之水孰為正源，兩山之中必有一崑崙，確矣。而所謂瑤池、懸圃、珠樹、芝田，概乎未見，亦概乎未聞。然則五城十二樓，不又荒唐矣乎？不但此也，靈鷲山在今拔達克善，諸佛菩薩骨塔具存，題記梵書，一一與經典相合。尚有石室六百餘間，即所謂大雷音寺，回部游牧者居之。我兵追剿波羅泥都、霍集占，曾至其地，所見不過如斯。種種莊嚴，似亦藻繪之詞矣。相傳回部祖國，以銅為城。近西之回部云，銅城在其東萬里。近東之回部云，銅城在其西萬里。彼此遙拜，迄無人曾到其地，因是以推，恐南懷仁《坤輿圖說》所記五大人洲，珍奇靈怪，均此類焉耳。周編修書昌則曰：「有佛緣者，然後能見佛界；有仙骨者，然後能見仙境。未可以尋常耳目，斷其有無。曾見一道士遊崑崙歸，所言與舊記不殊也。」是則余不知之矣。

四十二年丁酉（1777）　四十八歲

在京。

春，作《青章朱公墓誌銘》。

> 文見喻春林撰、朱續孜編纂（嘉慶）《平陰縣志》卷一七。朱續經
> （1705～1773），字青章，號豫堂。平陰人。《墓誌銘》稱：「（朱）喜
> 聚書，搜羅秘本及古金石文字，積至數萬卷。尤嗜宋元明諸儒撰述，
> 雖重本亦收。或問之，曰：『吾家子姓眾多，冀其各守一編，或可藉
> 以寡過也。』余以鄉里後進，每過公寓舍，雖盛暑嚴寒，亦手一編，
> 丹黃不倦；客至，則相校勘以為樂。歸里後，嘗訪公於長清，為余啟
> 鑰，登樓縱觀所儲，且曰：『子借書之局，何時可成？吾當與子結鄰
> 於山中矣。』孰意甫逾年而即聞公之歿耶！」按「借書之局」即先生
> 「借書園」之理想。

四月十二日，上諭令校辦完竣書籍發還藏書之家，先生藏書多部因故被
沒收。

> 《鄉園憶舊錄》卷二：「蒙上垂問家藏書籍，刻有書目二部，遂以進
> 呈。點出一千餘部進之，後印以御寶發還。堂官某求暫留借觀，未數
> 日而其家籍沒，書遂入大內矣。

四月，李文藻抵京，住先生處，後紀昀命居綠意軒（在紀氏府中）。〔註32〕
十九日，翁方綱、程晉芳邀先生與文藻、丁杰、陳以綱、梁鴻翥等小集於米市
胡同程晉芳齋。

> 李文藻《桂林集》卷二《翁覃溪學士程魚門吏部邀同丁小山陳立三周
> 林汲孔葒谷梁志南小集即席限南字》：「風濤萬里趁朝參，仙第招邀
> 快一談。檻月圓如人面好，簷花紅落酒杯酣。諸公論古追王質，晚學
> 研經仰鄭覃。幕府誰憐廢文史，白頭仍向瘴雲南。」翁方綱《復初齋
> 詩集》卷一五《李南磵至都葒谷書倉小山竹厂集魚門齋同用南字》：
> 「挑燈一夕勝開函，薊北多時憶嶺南。到處訪碑將石蛀，此身取喻是
> 書蟫。傾囊倒篋搜新刻，注海翻河續舊談。名士修髯彌嫵媚，月窗齊
> 拂影參鬖。」《傳書堂善本書志》載孔繼涵《張于湖集》跋：「乾隆丁

〔註32〕上海圖書館藏《清名人翰墨手跡》冊，乾隆四十二年五月十八日李文藻致錢
　　　大昕書。此據潘考。

酉……（四月）十九日甲寅，同德州梁明經志南鴻翥、徽州程吏曹魚
門晉芳、益都李司馬素伯文藻、濟南周編修林汲永年、海鹽陳上舍竹
厂以綱、大興翁學使正三方綱、湖州丁孝廉小山錦鴻飲於米市衚衕。」

二十三日，向翁方綱索詩（《翁方綱纂四庫提要稿》「《崇文總目》六十六
卷」條）。

五月五日，劉大櫆八十壽辰。先生曾褒美其文，由是有「桐城派」之號。
姚鼐《惜抱軒文集》卷八《劉海峰先生八十壽序》：「曩者，鼐在京
師，歙程吏部、歷城周編修語曰：『為文章者，有所法而後能，有所
變而後大。維盛清治邁逾前古千百，獨士能為古文者未廣。昔有方侍
郎，今有劉先生，天下文章，其出於桐城乎！』」姚鼐《惜抱軒文集》
卷六又有《復魯絜非書》：「往與程魚門、周書昌嘗論古今才士，惟為
古文者最少，苟為之必傑士也。」按此言實發自先生，又見引於《曾
文正公文集》卷三《歐陽生文集序》：「乾隆之末，桐城姚姬傳先生
鼐，善為古文辭。慕傚其鄉先輩方望溪侍郎之所為，而受法於劉君大
櫆……歷城周永年書昌為之語曰：『天下文章，其在桐城乎！』由是
學者多歸向桐城，號『桐城派』。」又孫葆田《校經室文集補遺·論
策合鈔簡編序》：「近日言古文者尤喜稱桐城派。當時實因吾鄉周書
昌編修一言為姚先生所稱述，以至於今。」程晉芳本即桐城人，又從
劉大櫆學文章，不必自為吹噓。〔註33〕

十一日，有與李文藻書，寄廣州周士孝處，轉致李，言處境艱難，而校
書致眼花。二十七日，戴震卒，年五十五。先生與為「石交」。

三十日，孔繼涵有與段玉裁書，言《聲類表》刻就，在先生等人處置
一二冊，段如還，仍送先生等人處。見《段玉裁先生年譜》。

六月十五日，李文藻出都返粵，往送之。文藻有詩留別。
《桂林集》卷二《六月十五日出都留別欽州馮伯求季求歷城周書昌
次伯求見贈韻二首》：「兩月住京華，與君無暫間。借鈔中秘笈，手少
備為艱。……四庫寫未半，積債如層山……同出國西門，書籯光斕

〔註33〕周啟麋《桐城派文論》載李詳言謂「桐城派」名起自程晉芳而非先生，非是。
見鄺健行、吳淑鈿編選：《香港中國古典文學研究論文選粹——文學評論篇》，
南京：江蘇古籍出版社，2003 年，第 96 頁。

斑。所遺尚幾種,將行復欲還。終日停軺語,未過盧溝關。」

李文藻南歸,途經開封,有《開封卻寄周東木》。是時,先生已病。

    《桂林集》卷二:「垂老重為萬里遊,濟南水木失淹留。八朝不見青山色,已渡黃河到汴州。」翁方綱《復初齋集外詩》卷一一《與南磵話別復用南字》之二:「東原已死書倉病,幾個同心可共談?」

先是,馮敏昌來與結識。

    清馮士履編、馮士鑣補編《先君子太史公年譜》乾隆四十二年丁酉三十一歲:「是年仍寓法源寺讀書,因遍交天下名士巨公,資益詩文,上下議論,如休寧戴東原先生、益都(當作歷城)周林汲先生、李南潤先生(按前當有「益都」二字,該譜誤以周、李皆益都人)。」

七月初一日、七月十一日、七月十四日、七月十九日,數致書李文藻。八月,文藻覆書數通,附寄周士孝所贈眼鏡一副。又將所刻書版寄來。先是,先生有輯《山左文抄》之願。(潘考〔其一一~一四〕)

八月二日,晨過孔繼涵處(《傳書堂善本書志》載孔繼涵《三國志》跋)。是月孔繼涵又來借鈔先生所輯《周官新義》。〔註34〕

十七日、三十日,有與李文藻書。九月二十八日至十一月間,李文藻南下廣西赴任,有數札寄來,往還商略《山左文抄》之選,及述沿途風景、碑刻等。先生亦有數札往還,乞代致候周士孝,報梁鴻翯亡訊,寄送戴震遺書等。(潘考〔其一五~二七〕)

    潘考其二七札云:「梁與戴公(戴震)之死,似為著述趕入《四庫》而起,其中殆有天焉。」

九月二日,孔繼涵來坐,先生為道泰安趙氏書籍散盡事,共歎惋久之。〔註35〕

九月,孔繼涵來借先生所藏王錫闡《曉庵遺書》。〔註36〕

作《歷城楊氏族譜序》。

秋,章學誠進京應順天鄉試中式。來訪先生,不值。

〔註34〕程元敏《三經新義輯考匯評》三《周禮》下引孔氏批跋,臺北:臺灣「國立」編譯館,1987年,第802頁。
〔註35〕程元敏:前揭書,第803頁。
〔註36〕傅增湘:《藏園群書經眼錄》卷一六,北京:中華書局,1983年,第1430頁。

章學誠《章氏遺書》外編卷二《乙卯劄記》：「歷城周書昌永年編修逝矣……檢笈中，得渠十五年前與友人手字，友人因其字寄余。時聞永清周明府震榮方欲鳩刻書之會也。君與友人字云：『永清之舉，必發自實齋。昨實齋過我而不在家，可恨也……惠書盡矣，思再多印而無其力，價亦多收不齊。惠書能趣令增流通千部亦妙。』其所云惠書者，元和惠氏棟校訂本也。其汲汲於表章先儒、嘉惠後學，精誠通於寤寐，而忘其家中無宿舂糧。真可敬也！」按先生所謂「惠書」者，以其後「多印」、「價」、「流通千部」之語，當是李文藻刻惠棟所著書。章氏所謂「校訂本」指此。

十月二十九日，高宗命以哈密瓜賜四庫全書館諸臣，因與紀昀、陸錫熊、朱筠、翁方綱等一百五十三人聯句，紀詩集卷八《恩賜四庫全書館哈密瓜聯句一百五十四韻》紀其事。

是年，先生已在《永樂大典》中輯出《金樓子》六卷，鮑廷博（1728～1814）以書來索，因請邵晉涵轉託汪輝祖交鮑，為汪所書《雙節贈言》一併託邵代致。

章學誠《乙卯劄記》：「歷城周書昌永年……與友人字云：『……《金樓子》有一底本，鮑以文來索者屢矣。擬即寄去，魚門處尚有一本也。』」

先生營農畝治生，兩遇豐年，而大耗其資，又輯《制藝類編》。

《別傳》：「則又僦田講求藝植，倩農師為之終畝，凡再遇豐年，而僦田所獲不足償其糞溉，則又囂然省曰：『農夫耒耜，士之贅也。我不食業，而耕是謀，失吾本矣。』遂評輯制舉之文，鐫印萬本，以為諸生干祿者資。」

是年，梁鴻翥卒，年五十九，身後著述歸先生。

李文藻《桂林集》卷一四《寄周書昌》：「連歲摧殘梁鄧李，巋然君是魯靈光。」鄧已前卒，李卒於明年，故知梁鴻翥卒於是年。平步青《霞外攟屑》卷六：「國朝今文《尚書》之學甚多……其從事古文《尚書》者，不少概見。乾隆中，德州老儒梁志南……有《尚書義》若干卷，羅台山曾校之。又有《周易觀運》、《書經續解》、《春秋辨義》、《春秋義類》、《儀禮綱目》、《周官辨義》、《禮記辨義》、《詩經辨義》，

計百卷。志南終於優貢，年五十九。書皆未刻，歷城周書倉藏之。據吳穀人《還京日記》卷上云：『書倉亡，書籍聞頗散失。故梁書至今不傳。』」吳錫麒《還京日記》五：「近代若田紫綸之風雅、梁志南之經術，伐山通道，推波助瀾，足為北邦之圭臬！……志南經解諸書，向在吾亡友周書倉永年處。聞書籍近頗散失，其傳不傳又未可知也。」馮豫等纂（光緒）《德州鄉土志·耆舊錄》：「（梁志南）歿後，益都李文藻刻其《春秋條辨》於嶺南，周永年刻其《儀禮提綱》於歷下。」此言所刻書，今未見有傳本。李文藻嘗轉述梁氏說經語一條與錢大昕，為錢採入《潛研堂文集》卷八《潛研堂答問》中。盛百二《皆山樓吟稿》卷三《送梁明經志南鴻羡之德州》詩末小注：「梁熟《十三經注疏》，而自注經多心得，與先儒異。」

先生所纂《東昌府志》付梓。

該書五十卷，《圖考》一卷，首一卷，流傳不甚廣。

約是年，為淄川縣重修大興教寺撰碑記。

四十三年戊戌（1778）　　四十九歲

在京。

春，圖輪布招與翁方綱、羅聘同遊菜香草堂看山桃，翁有詩紀之。

翁詩在《復初齋集外詩》卷一二。圖輪布（1720～1785），姓佟氏，名圖輪布，字裕軒，滿洲鑲紅旗人。乾隆六年舉人，十三年進士，官至侍講學士。有《枝巢詩草》。

四月，在京師與某友人聚首。

與友人書（見四十一年正月條）：「戊戌四月，在京師與六兄一聚，此後消息茫然。」

春夏間，申士秀歿於四川石泉任上，年六十六。五月十五日，凶信至。

下引《皇清誥授奉直大夫刑部江西司員外郎加一級霖村馬君墓誌銘》：「猶憶戊戌歲五月十五日，君倉猝詣余曰：『吾師歿於蜀中矣。』余哭失聲，相對慘沮者久之。」

四月，羅有高病。五月，會試報罷。章學誠於去冬結識有高，其以是年七月離京南歸，此間先生與二人常相聚談。

章學誠《庚辛之間亡友列傳・羅有高傳》：「君立身行己，純儒也。顧喜為浮屠學，時京師士大夫講梵學者，有歷城周編修永年，最為淵奧；於叢林方丈講僧，鮮所許可，獨深契君，謂得之深。」王昶《春融堂集》卷五十八《羅台山墓誌》：「江西羅君台山，以乾隆丁酉與余定交於京師，相過從者歲餘。明年戊戌五月，君會試報罷，別余南歸……丁酉…入都……明年四月得疾，七月南歸。」

七月，李文藻自知不起，來書訣別。（潘考〔其二八〕）

今據潘考全錄其文：「弟病於旱而死於旱，七夕無雨則無望矣。以天之酷蒸益身之潮熱，不過數日陰絕矣。邵二雲久不相聞，求其一詩一文，非兄不可。梁志南挽詞求正。哀哉哀哉！孰通經義孰文章，歷下追隨似雁行。三歲摧殘梁鄧李，巋然君是魯靈光。戊戌七月七日辰刻，愚弟文藻頓首，林汲老大人。」乾隆五十八年，桂馥跋其後曰：「此札為先生絕筆。寄到時，余適在坐，林汲使余讀之，苦不能識。閱三日，林汲識之。『三歲摧殘梁鄧李，巋然君是魯靈光』，梁謂志南，鄧謂謙持，李乃自謂也。」〔註37〕

八月初四，李文藻卒於廣西桂林府同知任上，以詩來別，並以書目相屬。

李文藻《南澗先生易簀記》七月初二：「所藏書不必分……或書昌《儒藏》成，即盡歸於書昌可也。」翁方綱《復初齋文集》卷十四《李南磵墓表》：「君之志書目，則周編修永年志之。年四十有九……君卒於乾隆四十三年八月四日。」錢大昕《李南澗墓誌銘》：「去歲，南澗自粵西貽予書，言生癰於尻，甚劇。自後久不得音問。又數感惡夢。今冬，其弟文濤使來告曰：『吾兄去年八月四日病癰，終於官舍，遺命不作行狀，以自編年譜乞先生銘其墓。』」李文藻《寄周書昌》：「孰通經義孰文章，歷下追隨似雁行。連歲摧殘梁鄧李，巋然君是魯靈光。」《別傳》：「辛丑，李君卒廣西同知，以詩別書昌，意謂梁、鄧先後下世，以次及李，因擬書昌為魯靈光。」文藻與先生相交幾三十年，友誼最篤，又為親家，凡相聚及書札往還，無不言傳鈔書籍事，並相與往復搜刻齊魯先賢遺書及樸學前輩名著，不遺餘力。

〔註37〕原載陳介錫編《桑梓之遺錄文》，《山東文獻集成》第 1 輯第 40 冊，據山東省博物館藏清鈔本影印，第 375～376 頁。

李文藻回籍安葬，所刻書版歸先生，而暫留文藻家中。

　　盛百二《皆山樓吟稿》卷四《題惠松崖先生〈授經圖〉》：「益都李南澗司馬刻《九經古義》、《左傳補注》於嶺南，其版今歸歷下周林汲編修。」互見本譜乾隆五十三年。

冬，為汪輝祖所書《雙節贈言》並所輯《金樓子》，轉至汪輝祖處。

　　汪輝祖《書〈金樓子〉後》：「二年以來輾轉付託，閱十有餘人。題緘之字已磨滅殆盡，不可辨識，而緘封且半敝矣。啟而讀之，不惟《雙節贈言》無恙也；太史從《永樂大典》輯錄《金樓子》六卷命至鮑君以文者，亦儼然在焉。」《金樓子》經汪輝祖轉交至鮑廷博，刻入《知不足齋叢書》第九集。

十二月，先生外祖母瞿氏、舅母魏氏受旌建坊。京中名流翁方綱、馮敏昌、程晉芳、蔣士銓、曹錫寶、餘集、李中簡、朱筠、王爾烈、羅國俊、潘廷筠、沈孫璉等皆為作《王氏雙節詩》（《齊河縣志》卷三〇《藝文》）。

歲末，趙希璜贈金並詩。

　　趙希璜《四百三十二峰草堂詩鈔》卷二《歲暮懷人》（戊戌）：「髯翁貧病今猶昔，時欠長安賣藥錢。欲繼石倉闢儒藏，亂書堆裏日安眠。」李調元《雨村詩話》卷七：「歷城周書昌太史永年……家酷貧……趙渭川聞其貧，助以金，並贈詩云：『髯翁貧病今猶昔，時欠長安賣藥錢。堪笑石倉無粒米，亂書堆裏日高眠。』末句竟可作書昌行樂圖。」按李調元所引異於趙氏原詩，疑先作玩笑語，趙氏後刻入詩集時又改訂者？觀此詩，先生清況可想。

是年，作《陝西河州鎮掛印總兵官楊公暨配張夫人合葬墓誌銘》。

申士秀歿於四川石泉任上，年六十六。

　　先生為撰《墓表》云：「先生以乾隆癸未成進士，年已五十。筮仕時，年以六十，知四川慶符、安、石泉三縣。在官六載，清慎如一日。戊戌，歿於任。」

四十四年己亥（1779）　　五十歲

在京。

正月，羅有高卒，年四十六。

二月，作《盛秦川先生六十壽序》。

秋，授己亥恩科鄉試貴州主考官，八月至貴陽。

> （道光）《貴陽府志》卷三《大事記》乾隆四十四年八月記事，周為
> 正主考，非是。李憲喬《少鶴詩鈔》卷五《送周林汲編修典試黔中》：
> 「山入黔中青，泉落黔中鳴。吾聞諸東野，日夜懷勝形。儒臣被簡
> 命，舊夢皆今經。昏宿極井鬼，霧驪辭襄荊。野蘭或遍山，峒苗時到
> 城。君至掇其秀，負淳兼抱馨。會使天南風，變作齊魯聲。齊魯不產
> 金，由來固所輕。」《清秘述聞》卷七《鄉會考官類》乾隆四十四年
> 己亥恩科鄉試：「貴州考官，御使黃騰達字雲駒，江南休寧人，辛巳
> 進士。編修周永年字舒昌（按當作書昌），山東歷城人，辛卯進士。
> 題『有美於玉沽諸』，『衣錦尚絅』一句，『由射於百』三句。賦得『千
> 崖秋氣高』得『清』字。」所取士有黎安理（1754～1822）等，安理
> 字履泰，號靜圃，遵義人。鄭珍《巢經巢詩鈔》前集卷二《檢外祖黎
> 靜圃安理府君文稿感成》：「惟昔外王父，孝友發屯否……文亦殺鋒
> 棱，百鍊化饒指。老手林汲翁，見之歎無已。謂是有根本，更無巘可
> 抵。」又《播雅》卷一四：「外王父……『四子』、《六經》，咀精吸髓。
> 發為文，樸渾明確，在鍾陵、望溪間。歷城周林汲永年，制義老斲輪
> 也，常歎服得嘉隆三昧。」

在貴州落水，為救起。後又擬授山東主考大臣，被奏係本籍乃止（《鄉園
憶舊錄》卷二）。

還京途中奉母王氏於北京。

> 《續志》卷四一《周永年傳》：「性至孝，迎養母王氏於京師，永年已
> 五十矣，猶依依為孺子慕。」

陳以綱假館永清知縣周震榮，在京置酒，招先生與章學誠、邵晉涵、任
大椿、王念孫、顧九苞、吳蘭庭、劉台拱等，宴會甚歡。

> 事見章學誠《庚辛之間亡友列傳·陳以綱傳》。胡適《章實齋先生年
> 譜》繫此事於乾隆四十三年，按王念孫乾隆四十五年四月方入京，章
> 學誠於乾隆四十四年至四十五年冬館戶部尚書梁國治家，四十六年
> 三月轉赴河南，故繫此事於本年。

四十五年庚子（1780） 五十一歲

在京。

七月，同圖輪布、曹學閔、翁方綱、羅聘遊城西極樂禪寺，翁有詩《同裕軒慕堂林汲兩峰遊城西笑巖石塔院極樂禪寺次裕軒韻四首》紀之。

秋，子震甲順天鄉試中式。

> 《鄉園憶舊錄》卷二：「震甲，字東木。乾隆庚子北闈出場，錄稿呈先生，怒其恊先正矩矱；揭曉，竟中魁，蓋以偏師制勝也。」

十月，作《六吉尹公墓誌銘》。

冬，盧文弨南歸。在京友好小集，作贈《說》。

> 八月，高宗七十壽慶，盧文弨來京參加慶典。翁方綱《復初齋文集》卷一二《送盧抱經南歸序》：「乾隆四十五年秋，餘姚盧抱經學士祝釐北來；其冬，將南歸，同人集方綱詩境軒，各為文以贈其行。」又卷一七《書同人〈贈盧抱經南歸序〉卷後》：「右送抱經文凡七首：未谷、魚門為《記》，林汲為《說》，小疋為《書後》，而石厓、端臨與予為之《序》者也。」

十二月十九日，宋蘇軾生日，先生與同人往翁方綱蘇齋小集，並出借宋版《山谷編年詩》殘槧與翁，翁以詩紀之。

> 《復初齋集外詩》卷一五《黃文節公像雖日懸蘇齋然以配食之例為詩則不敢也載軒編修以摹本來並奉齋中屬賦是日並借觀林汲秘校所藏慶元己未山谷編年詩宋槧殘本》：「閬風指似竟如何，皖口峰頭俯逝波。借問舉杯酬太白，誰同趺息對東坡。南華內外編應合，束晳笙詩補未訛。此日廬山真面在，依然千丈掛銀河。」

四十六年辛丑（1781） 五十二歲

在京。

正月十五日，與翁方綱、盧文弨等八人同觀桂馥新著《續三十五舉》於翁方綱之詩境軒。

> 劉盼遂《高郵王氏父子年譜》乾隆四十六年載同觀者尚有程晉芳、丁杰、陳以綱、劉台拱、王念孫。

春，為尹行鐸（1712～1774）撰《應山縣知縣醒斯公墓誌》。

六月二十七日，朱筠卒，年五十三。先是，翁方綱致書曹文埴，稱先生學極博，惜無著作。

> 謂：「至近日，若朱竹君、周書倉，學皆極博，然未嘗有撰述之書。桂馥亦然，桂馥尚有《續古文韻》、《續三十五舉》之書，朱竹君、周書倉則並此而無之。」〔註38〕

秋，先生被記過五十次。〔註39〕是時，《四庫全書》將竣。

> 《別傳》：「庚子、辛丑之間，《四庫全書》將竣，而館閣被命特修之書，若《開國方略》、《滿洲源流》、《職官表》、《河源考》之類，指不勝屈，皆欲趣成，以入《四庫》著錄。館閣撰述需人，翰林稍知名者，一人常兼數館；又借才外曹，若進士、舉、貢、諸生未得官者，或藉以超資換階，紛然競赴功名之會。而書昌不得與，意泊如也。」

八月，友人俞思謙成《海潮輯說》二卷。先是，先生嘗在《永樂大典》中為其鈔輯有關文獻一卷寄與之。

> 乾隆四十六年八月《海潮輯說自序》：「自來言潮者頗少專書，即間有一二篇，又多缺略未備，或偏執一見，務申己說，不求其是……適故人歷城周書昌太史方承修《四庫全書》，從《永樂大典》中鈔『潮』字韻一卷見寄，因得益增所未備。」

先是，嘗與翁方綱、洪樸、任大椿等集圖輪布漫圖送阮葵生南歸。（《復初齋詩集》卷二四《慕堂素人林汲幼植同集裕軒學士漫圖送吾山侍御假歸淮南二首》）。

秋，李調元謀集《函海》，先生嘗以鈔本三十種售之。

> 李調元《童山文集》卷四《山海經補注跋》：「周書昌太史嘗為予言：『升菴先生著有《水經補注》、《山海經補注》二書，疏釋精確，足補酈道元、郭景純所未備；惜《水經》注早佚，存者惟《山海經》一卷耳。』」《函海》中《續孟子》、《哲匠金桴》底本皆得自先生。李調元《雨村詩話》卷三：「歷城周書昌太史永年，嗜古多聞，家酷貧。余在通州時，書倉嘗以家藏寫本書三十種售於余，得三百金。後復悔之，余已歸蜀，猶致書雲谷，曉曉不已，然實古君子也。」雲谷者，

〔註38〕沈津：前揭書，第 564 頁。是札不能繫年，姑附此。
〔註39〕郭伯恭：前揭書第八章，第 157 頁。

漢州張邦伸，李調元鄉試同年，有《雲谷詩草》八卷。按馬傳業纂修
（同治）《續修羅江縣志》卷二四《藝文志》引楊懋修《李雨村先生
年譜》，李調元本年在通州直隸通永兵備道。

十月，在山東，曾過東明。

與友人書（見四十一年正月條）：「辛丑十月，於東明遇四兄於途，款
襟數語，匆匆別去。」

十二月初六，第一分《四庫全書》辦完。

四十七年壬寅（1782）　　五十三歲

在京。

正月，翁方綱為題《林汲山房圖二首》，張慶源為作《林汲山房記》。

《復初齋詩集》卷二四《林汲山房圖二首》：「因山並寺託幽居，對畫
看山十載餘。清梵雲中出鍾磬，浩歌風外答樵漁。芳菲百本仍開圃，
悵望千秋更借書。欹枕春明勞夢寐，故鄉如此好林廬。鈔從館閣逮瞿
曇，中麓儲藏比未堪。萬卷波瀾瀉瓶水，千峰結構到茅庵。載書莫漫
推池北，名士從來屬濟南。春雨欲催農事起，暮雲如畫點煙嵐。」（民
國）《續修歷城縣志》卷一九《古蹟考四》張慶源《林汲山房記》：「以
靜為靜者非靜，以動為動者非動。靜之本體，靜中有動機；動之本
體，動中有靜理。仁智，天性也。學者靜存動察，往往於山水間遇
之。山，仁象也；水，智象也。至於山下出泉，則無靜非動，無動非
靜，動靜互根，山澤通氣，太極之圖也，天地之化機也。鳶飛魚躍，
之為言上下察也，山水其造端耳。周子林汲山房之旨也。周子名永
年，歷下學者。城之南三十里為白雲山，山半為般若寺，寺後為林汲
泉。泉流為瀑布，三淳瀁而始放焉。其三潭有橫石當之，瀑遂環石而
分注。周子嘗讀書寺中，為屋數椽，名之曰林汲山房，時與二三友人
盤桓於泉石間，領略山水真意。今老矣，此樂不可復得，忽憶之弗能
忘，為《林汲山房圖》，而命予記之。余為推本其所以不能忘之故如
此，周子之不能忘，非情也，性也，言性則故而已矣。」

正二十一日，第一分《四庫全書》成，貯於文淵閣；二月二日，高宗賜宴
並賞賜館臣。

　　春，與翁方綱、程晉芳、曹學閔等集於圖輪布漫圃，翁有詩紀之；又同翁方綱、圖輪布、曹學閔遊北京城南王氏廢園，翁有詩紀之。

　　《復初齋詩集》卷二四《同益齋慕堂魚門書倉飯裕軒漫圃得和字》：「三五聯裾步屧過，花風轉扇候微和。小亭蔭客如青笠，素壁披雲有綠蓑。鄰舍影隨濃淡樹，夕陽皴入淺深坡。只應乞個蒲團去，分取幽香篆一窠。」同卷《同裕軒慕堂林汲遊城南王氏廢園四首》：「尚有坡陀迤，緣溪三四亭。酒簾招客醉，麥壟向人青。坐出諸花杪，風來遠籟聽。田家與僧舍，渾不界畦町。覆盎城南路，村村映綠楊。花迷韋曲宅，橋指斛斯莊。雨洗菰根白，泥牽荇蔓長。行行方罥影，穿破翠中央。合抱千竿竹，周遭萬柄荷。畫欄斜日倚，小艇亂雲過。偶向回汀憶，題來斷稿多。誰能裁匹絹，寫出舊煙波。同遊追昨夢，一瞬廿三年。石瀨非垂釣，蒲團漫話禪。鬢絲春水照，鞭影夕陽煙。風皺衣襟起，瑽琤響萬泉。」

　　三月，同圖輪布、丁杰、翁方綱、宋葆醇等遊李漁所修園亭，歸來集於圖輪布漫圃。翁有詩紀之。

　　《復初齋詩集》卷二四《同裕軒林汲瘦同小疋芝山訪李笠翁所葺園亭歸飯裕軒漫圃三首時瘦同小疋將出都》：「溝折郭西偏，孤亭一笠圓。花飄三月尾，樹古百年前。畫理餘皴染，歌聲罷管絃。誰鐫八分字，石勢似張然。葺屋翻芰木，新椽異舊陰。能來評奧曠，幾個共苔岑。等是幽棲味，相看道氣深。蓄菹兼抱甕，冷淡乃知音。地記五亭居，人懷四雨廬。須知夢煙水，不是狎樵漁。食力自澆圃，比鄰聞讀書。此盟誰果副，慚愧摘園蔬。」

　　是年，丁杰曾來借元刻《困學紀聞》。

　　《傳書堂善本書志》載丁杰本年六月《困學紀聞》跋：「林汲先生舊藏元板《困學紀聞》一部，每相見必出以共賞。後杰亦得一部，亦此板所印也。假先生藏本以歸，增補闕畫。二本互有脫葉，並為補充。」是書有「林汲山房藏書」、「傳之其人」、「借書園印」、「周永年印」、「書倉一字書愚」諸印。

　　秋，董元度將東歸，翁方綱、方昂餞之於城南東湖柳村之崇效寺，先生與紀昀、蔣士銓、程晉芳、邵晉涵等十一人前往。

《復初齋文集》卷一二《送董曲江歸平原詩序》:「壬寅秋,平原董寄盧先生將東歸,其同年友大興翁方綱與其鄉人歷城方昂坳堂為茗蔬於城南東湖柳村之崇效僧舍,於是獻縣紀茶星昀、宛平張晴溪模、鉛山蔣定甫士銓、新安程蕺園晉芳、歷城周林汲永年、餘姚邵二雲晉涵、歙洪素人朴、汪訒庵啟淑、桐城吳華川詒豐、湖口周載軒厚轅、錢塘吳穀人錫麒,或以舊侶,或以新知,皆相與戀別述懷,徙倚蕉桐之陰,歡言竟日而不能去。……諸君子相和為詩以記之。」《復初齋詩集》卷二五有《秋日集城南崇效寺送曲江歸平原二首》。

先是,董元度在京時,先生嘗與之及法坤厚、紀昀等結詩社,推坤厚為首。

張同聲修、李圖纂(道光)《膠州志》卷二八《法坤厚傳》:「坤厚字南埜,一字黃裳。監生……舉乾隆十五年經學,十六年召試。生平雅遊,所至傾倒,東國名宿二十餘人結『岱社』,推坤厚為首。(原注:德州宋弼云:「南埜與獻縣紀昀、平原董元度、歷城周永年結詩社,皆推南埜為首。」)……著有《蔭松堂詩集》十六卷、《白石居文集》四卷。」

秋,先生在館上,與程晉芳、翁方綱論詩(《復初齋詩集》卷二五《數日前與魚門林汲同直論詩意若有未罄者密雲道中賦此歸以呈二君》)。

冬,閱文安陳氏《蘭雪齋藏稿》,並致書邵晉涵劑,推賞陳氏文。

本集有《蘭雪齋藏稿合選序》兩篇。李慈銘《越縵堂日記》曾見先生與邵書三通,「書倉兩書言文安陳氏時文稿事,極推重之。」〔註40〕

十一月,第二分《四庫全書》成,貯於文溯閣。

是年,有與盧文弨書一通,言處境艱難。盧覆書,論宋歐陽士秀《孔子世家補》一書。先是,先生在《永樂大典》中輯出此書,欲付梓,嘗乞盧氏為審定。

前引盧氏《與周林汲太史書》:「前見示《孔子世家補》一書……其考訂歲年行事,以正史公之誤,誠有足多者……此書誠當板行,以垂示久遠,不可任其湮沒也。文弨見識淺陋,其中亦尚有疑焉者……今當

〔註40〕張桂麗輯校:《越縵堂讀書記全編》光緒十年八月二十日「乾隆諸儒致邵晉涵尺牘」條,上海:上海古籍出版社,2021年,第1724~1725頁。

付雕，亦不必為之改訂，唯俟讀者之自為取捨焉耳。此書見示只五
冊，應尚有一冊在閣下所。」

十一月，在山東。

與友人書（見四十一年正月條）：「壬寅十一月至□□□房哭之。」

四十八年癸卯（1783）　五十四歲

二月，《四庫全書總目》進呈。

李慈銘《越縵堂讀書記》「四庫全書總目提要」條：「《總目》雖紀文
達、陸耳山總其成，然經部屬之戴東原，史部屬之邵南江，子部屬之
周書倉，皆各集所長。書倉於子，蓋集畢生之力，吾鄉章實齋為作
傳，言之最悉。故是部綜錄獨富，雖間有去取失宜，及部敍未當者，
要不能以一疵掩也……子則文達涉略既徧，又取資貸園，彌為詳密。」
又：「《四庫》子部提要，多出歷城周書倉永年之手。書倉專精丙部，
而紀河間之學，亦長於諸子，故精密在史部集部之上。」按李慈銘說
不知何據，然清末頗在京城流行，清季周星詒於《竄檁日記鈔》卷下
《橘船錄》戊戌（1898）五月初七日日記：「前年北觀，得之都中人。
此說余不甚信。」要之，先生久服其勞，貢獻必不在李氏所言之下
耳。陳垣《中國佛教史籍概論》卷一「《四庫提要》正誤」條：「《四
庫提要》成書倉卒，謬誤本多。惟釋家類著錄十三部，存目十二部，
謬誤尚少，此必稍通佛學者所為。吾嘗考之，四庫館員中以佛學名者
無幾，吾頗疑其出於歷城周書昌永年也。纂輯《四庫全書》之議，雖
發自朱竹君筠，然與周永年之《儒藏說》，亦頗有關係……頗疑釋家
類提要出永年手，故舛誤尚不多也。」《逸事》載先生嘗自謂：「吾於
儒書，未敢自信。至於釋氏之學，號得道高僧，未肯讓也。」先生於
所輯如《公是集》、《彭城集》、《浮溪集》等亦為撰寫提要。

十月，在京賦詩餞送友人王汝璧。

汝璧，字鎮之，四川銅梁人。乾隆三十一年（1766）進士。王汝璧《銅
梁山人詩集》卷五有《癸卯十月汝璧將赴順德任魚門編修書昌檢討
南雷儀曹縠江考功子田儀部秋浦侍御各賦詩餞送並倩申明經叔泮繪
九客圖匯為一冊時南園銀臺伯思水部奉命視學楚黔去已匝月魚門亦
假歸江淮余為五言古詩一篇即以錄別》紀之。

十二月十八日，孔繼涵卒，年四十五。先是其子廣栻（1755～1799）曾為先生校書，並從《永樂大典》中抄出宋戴復古《石屏續集》。

按孔繼涵《紅榈書屋雜體文稿》卷三《因居記》，繼涵以乾隆四十二年十月告病，奉母歸里。廣栻事見戚學標《鶴泉文鈔續選》卷八《石屏續集跋》。

是年，第三分《四庫全書》成，貯於文源閣。

作《書金玉川松竹居圖》。

四十九年甲辰（1784）　五十五歲

在京。

閏三月二十日，與友人宴會於陶然亭。

章銓《染翰堂詩集·陶然亭》小序：「閏三月二十日，與者黃小華洗馬（軒）、王方川（增）、范蘭圃（衷）、吳楚頌、周東屏（興岱）、周書昌（永年）、周駕堂（厚轅）、龔荻浦（大）、馬雪嶠（啟泰）、曹顧崖（城）、倉敞庵（聖脈）翰林、王瑤峰（爾烈）、鄭秋浦（澂）、楊竹村、朱蒨庭（依）、馮半梅（靖）侍御、吳初恬（震起）、崔滄亭（修紳）、程澄江、姜星六（開陽）、劉淑庵、邱曉瀛（文愷）郎中、祝留邨（雲棟）員外、吳東石（元祺）太守及予共二十七人，時長日和風，□心對酒。青條綠水，掩映生姿，洵足陶寫離情，銷除旅況。」詩云：「聞說髯公欲返吳，江亭舊雨共提壺。荻蘆出水二三尺，楊柳搖窗四五株。采葛漫將秋比日，歌驪且與酒為徒。最憐一揖匆匆去，勝集他時憶得無。」

春，周廣業（1730～1798）因丁傑之介，來京與先生結識。先生借、贈書數種與之。

周廣業《四部寓眼錄》卷一《春秋左傳翼疏》跋：「癸卯冬，將入都，丁君小疋從杭州寄余書五函，囑分送其一與魚門及林汲兩先生。迨攜至，已甲辰春仲。」又《孟子注》跋：「甲辰春，遊京師，家太史林汲先生復以此本見遺，則安邱韓岱雲所新刻也。」先生又以《齊乘》相贈（《四部寓眼錄》卷二）。周廣業《循陔纂聞》卷三：「甲辰春官報罷，入校書局中，寓內城煤炸衚衕……《鮚埼亭集》鈔本，云是家太史林汲永年所藏，余即從太史借觀。」

四月二十二日，同年設席於周厚轅之雙蔭堂，宴請會試座師莊存與（1719
～1788），與其會者三十一人。

> 章銓有《染翰堂詩集・辛卯同年公請少宗伯莊方耕座師》小序：「四
> 月二十二日，同年至者黃小華（軒）、陳觀樓（昌齊）、王方川（增）、
> 范蘭圃（袞）、馬雪嶠（啟泰）、周書昌（永年）、周冠山、周載軒、
> 黃葭塘（瀛元）、吳銘荼、曹顧崖（城）、龔荻浦（大萬）、鄭秋浦（澂）、
> 王遙峰（爾烈）、朱蓧庭（依）、楊竹邨、吳初恬、馬□□（慧裕）、
> 崔莘甫（修紳）、程澂江、徐玉崖（長發）、墻翁川（見羹）、姜星六
> （開陽）、邱曉瀛、張實園（華甫）、祝留邨、劉曦若、辛□□（□
> 一）、鄭仰峰（栩）、吳東石及余共三十一人。時設席於周載軒之雙蔭
> 堂。緗囊插架，紅藥盈階，琴酒從容，見燭而散，極盡師友之樂云。」
> 詩云：「雍容師友共階庭，應號堂名作聚星。盛世巍科能得士，儒生
> 事業在通經。官高鸞掖尚書省，品重瀛洲太史亭。金帶圍開問幾朵，
> 桑祥徵已兆讀書廳。」

六月二十一日，程晉芳卒於陝西畢沅幕府，年六十七。

八月，印行《蘭雪齋稿合選》，為作序二篇。

> 序見《周林汲先生評選蘭雪齋稿合刻》卷首，乾隆歷下周氏借書園刻
> 本。按此書為制藝文選本，即章學誠《別傳》所稱「遂評輯制舉之
> 文，鐫印萬本，以為諸生干祿者資」，則先生當時所從事於制藝文者，
> 不僅於其年輯印《制藝類編》而已。

冬，第四分《四庫全書》成，貯於文津閣。

是年，先生數夢見黎簡，為張錦芳言之（《五百四峰堂詩鈔》卷一四《趙
渭川索觀予近詩一本遂攜至燕作詩寄之》）。

作《皇清例授文林郎知河南鄢城縣事季封楊公墓誌銘》。〔註41〕

> 楊封（1706～1783），字季封，一字既葑，號柳田，歷城人。性好聚
> 書，先生嘗與之約，至其家撿所未有者鈔之，而卒未能。

是年，印行《制藝類編》二十卷，作《制藝類編序》。

> 《別傳》：「遂評輯制舉之文，鐫印萬本，以為諸生干祿者資。其文多
> 組織經史，沉酣典籍，意在即舉業而反之，通經服古，自謂『庶幾義

〔註41〕韓明祥主編：《濟南歷代墓誌銘》圖版，濟南：黃河出版社，2002 年。

為利矣』。然而應科舉者多迂之，印本不售，而刻印貲多券質，責逋計子母，即鬻萬本不足償。於是至大狼狽。凡書昌計治生，知其事者，無不規諫，雖妻、子亦力阻，而書昌自喜益深。黠者或從中暗規其利，書昌又坦懷無逆億。故以溫飽之家購書，余蓄無幾，至三變計而益憊不支。」王祖昌《秋水亭詩草》卷三《哭周太史林汲》「長使高文垂宇宙，不留沃土與兒孫」句注：「太史為刻名家文而貧。」按「評輯制舉之文」者，即《制藝類編》等。《鄉園憶舊錄》卷二：「所選《制藝類編》，幾於家傳戶誦，四川亦為翻刻。」則或虛美歟？

五十年乙巳（1785）　　五十六歲

是年乞假歸里。

按《清史稿》卷四八一本傳，先生在書館好深沉之思，四部兵、農、天算、術數諸家，鉤稽精義，褒譏悉當，為同館所推重。沈可培《灤源問答》卷二「臧文仲廢六關」條採先生說經語一條，袁枚《隨園隨筆》亦採先生說經語數則。《採訪冊》謂先生「在京時，從學者甚夥：始則教以立品，謂『讀古人書，即當學古人行事；若徒取其詞藻，而棄其精華，則去為學之道遠矣』。次則教以兵、農、禮、樂之異同，刑法、賦稅之沿革，自兩漢以迄元、明，源流畢示。末乃及於制藝、聲律焉。每暇時，講論至深夜不倦，故從學之士，多立品端行者」。李文藻臨終《寄周書昌》詩謂「歷下追隨似雁行」，今先生在京時從學者已一無可考。

附：袁枚《隨園隨筆》卷一八《辨訛類下》

「左氏萬者二人之訛」條

周林汲太史云：《左氏·昭二十五年》「萬者二人」當作「二八」。魯自隱公考仲子之宮始用六羽，其群公之廟必皆用六佾可知。季氏，卿也，舞用四佾。今又取襄廟四佾而為佾，故惟有二八在。鄭賂晉悼公女樂二八，而悼公分一人以賜魏絳。秦之遺戎王，亦以女樂二八。是知樂不分雅俗，皆以八人為佾也。

「左氏賦一鼓鐵之訛」條

鐵當作鍾，鍾鼓皆量名，一乃齊壹之義。毀其不齊者，更鑄以給焉。又取其餘，以為鑄刑鼎之用也。古人鑄鼎用銅不用鐵，杜氏乃云鼓

為鼓橐之鼓。凡鑄鍾鼎，誰非鼓橐者耶？此亦林汲太史之說。

五月，為北京崇效寺住持僧福安（1728～1789）題《訓雞圖》。

> 文見《京津風土叢書》本張江裁輯《北京崇效寺訓雞圖志》，內云「余來往茲寺七八年」。

六月，扶母至德州，講學於德州繁露書院，門人有封大受等。

> 《德州鄉土志‧耆舊傳》：「大受登乾隆庚戌科進士。歷城周永年主講繁露書院，器重之。」

母王氏七十八歲，翁方綱為作《周書昌母王太宜人七十有八壽序》。

> 其文今佚，存目見《復初齋逸文目》。

八月廿八日，友人圖鏕布卒。先生與之為談禪之友，後作《圖裕軒先生小傳》，自署稱「後學」。

> 文據國圖藏拓片，原石在北京門頭溝戒臺寺。

九月，翁方綱出官江西，路經德州，先生往訪於驛舍，與談經藝、藏書、佛典，並共懷在京友人等，翁有二詩紀之。

> 《復初齋詩集》卷三三《德州驛舍三首》：「講堂繁露名，取諸漢董子。圖經說廣川，即今景州是。地界燕齊間，頗聞師承旨。夫子魯諸儒，時應徵召起。十年直承明，一朝還梓里。家餘萬卷書，今方編摩始。一經貴精專，不在鶩誇靡。往闕何從補，對君汗顏泚。挑燈懷我侶，屈指姚（姬川）邵（二雲）任（子田）。出處雖不同，所恃同此心。惓念西郊詩，野圃坐秋陰。十年感搖落，題葉託苔岑。況聞河汾老（慕堂），臥扃懷遠林。動靜各有適，定力無淺深。所賴金石性，止水觀浮沉。試拈淨名義，為君張玉琴（林汲精內典）。」

是年先生在德州講學，而藏書半在焉。在德州將歸，以書寄朋好處，逮返，而其書盡為人竊去（《鄉園憶舊錄》卷二）。

> 王灼《悔生詩鈔》卷三《德州憶周編修林汲》：「積雪論文夜，飛花醉酒晨。天涯問遺老，海內少斯人。歡息風猶古，悲涼草已陳。遺書三萬卷，零落更誰珍？」詩末小注：「編修藏書數萬卷，半置歷城故廬，半置德州。身後散失殆盡。」

間歸里，訪問戚友（本集《李母張太孺人八十壽序》）。又拜申士秀之墓，

為撰《墓表》。

是年歷城被旱，大饑，人相食。〔註42〕

五十一年丙午（1786）　　五十七歲

在歷城。

二月初一日，與邑人立碑於濟南千佛山。

> 其文曰：「千佛山關係省城風水，不宜鑿石伐樹，致傷龍脈……如有
> 仍在山鑿、伐者，立即稟報，以憑按法究處。」〔註43〕

春，歷城被饑，餓殍踵接；夏，被疫；秋，穀大熟。

六月二日，母王氏病卒於德州，年七十九，誥封太宜人。

八月，作《王氏雙節婦墓表》。

秋，門人周士壽中四川鄉試舉人。

> 《聽雨樓隨筆》卷二：「南川周士壽，號仁山。從其兄松崖宦山東，
> 延歷城周林汲先生永年授經。質甚鈍，作文拙澀不能成句。先生語松
> 崖曰：『彼非此道中人，不可為也。』仁山歸里，竟入泮。及回山左，
> 怪問所以，云出門後，渡黃河、觀太華，閱劍閣棧道之險，經嘉陵、
> 岷江之奇，忽覺耳目開朗，心胸為之豁然。古人『得江山之助』，良
> 有以也。旋中乾隆丙午鄉試。」

五十二年丁未（1787）　　五十八歲

在歷城。

三月二十二日，母王氏歸葬歷城西三里莊父墓旁。

五月十九日，高宗以熱河文津閣《四庫全書》訛謬甚多，令朝臣將該閣
及文瀾、文源二閣書一併校閱挖改。二十四日，又派二百餘官校閱文瀾、文
源二閣書。

夏，黎簡有詩寄來。

> 載《五百四峰堂詩鈔》卷一七《寄周編修書倉》：「狂簡疏狂也自容，
> 自矜柔翰勁於風。一時脫帽傳張旭，直似橫刀揖董公。甘製短衣看射

〔註42〕《續志》卷一《總紀》。以下記歷城事本此。

〔註43〕向聞濟南千佛山有先生刻石，乃於 2007 年 4 月 21 日，入山錄得碑文。又見
鄒衛平主編：《金石精萃》，濟南：濟南出版社，2008 年，第 34 頁。

虎，誤操長技事雕蟲。不知骨相南天外，到得瀛洲北夢中。」近人袁行雲謂：「作者落落寡和，交遊中嶺南諸子外，唯於周永年、黃景仁多所許可。」〔註44〕

六月十一日，紀昀上奏請許自任重校文源閣明神宗後諸書。

十月十五日，高宗以《四庫全書》錯訛太多，處罰一應官員。

五十三年戊申（1788）　　五十九歲

在京。

春，為周士孝父母撰墓表。

> 按陳槙修、李蘭增等纂（民國）《文安縣志》卷三《官師志》，時周士孝官直隸文安縣知縣。本集《湖南直隸郴州州判暨配楊孺人合葬墓碣》：「戊申之春，士孝以墓碑未樹，持狀來乞余為表墓之文……士孝與余交二十餘年，言皆可信，因仿姚文公志梁孝子之例以表其墓。」墓碣，無銘。《南川縣志》卷一二作《孝子周公墓表》，有銘文。兩文小異。《聽雨樓隨筆》卷一：「周公萬殊，字同川，南川人。乾隆辛酉拔貢。性至孝……有子八人，人稱周有八士。吾鄉林汲先生為作《周孝子傳》，又為作歌。節錄之云：『割股和藥已母疾，篤孝一念天所憐。哀禱祈神神降福。子有八士孫曾繁。長幼勖率以孝友，山村半夜聞誦弦。維農力田自有秋，科名恰取如蟬聯。蔚為南川之望族，不數浦江有義門。』可以風矣。」《南川縣志》卷一一《周萬殊傳》：「歷城編修周永年為作墓表，以『孝子』冠首。」

冬，至青州李文藻家攜李刻書板至京。

> 先生乾隆五十四年作《貸園叢書初集序》：「去年冬，始由濟南至青州，慰其諸孤，因攜板以來。」《續志》卷二三《藝文》：「按是編……版存京師琉璃廠。」

是年，作《皇清誥授奉直大夫刑部江西司員外郎加一級霖村馬君墓誌銘》。

> 此據拓片，墓誌原石出土於青州。馬雲龍（1745～1786），字霖村，

〔註44〕袁行云：《清人詩集敘錄》卷四三，北京：文化藝術出版社，1994年，第1495頁。

號菊圃。《墓誌銘》云：「余與君先後受業於申清川先生之門。」馬氏下葬於十一月二日，墓誌作於其先。

是年，作《李母張太孺人八十壽序》。

五十四年己酉（1789）　六十歲

在京。

五月，李文藻前在廣東所刻諸書，先生編為《貸園叢書》，序以行之。

> 序謂：「《貸園叢書初集》共十二種，其板皆取諸青州李南澗家。其不曰『《大雲山房叢書》』者何也？曰尚思續刻以益之……余交南澗三十年，凡相聚及簡尺往來，無不言傳鈔書籍之事。及其官恩平、潮陽，甫得刻茲十餘種，其原本則多得之於余。」《貸園叢書初集》有惠棟《九經古義》十六卷、《易例》二卷、《左傳補注》六卷、李文淵《左傳評》三卷、江永《古韻標準》四卷、《四聲切韻》一卷、戴震《聲韻考》四卷、南宋曾宏父《石刻鋪敘》二卷、《鳳墅殘帖》二卷、元張養浩《三事忠告》三卷、張爾岐《蒿庵閒話》二卷、趙執信《談龍錄》一卷，都十二種，四十六卷。

十月，作《重刊太上感應篇箋注序》。

> 惠棟《太上感應篇箋注》一卷，濟寧王宗敬道光重刻本。《序》稱：「元和惠定宇先生，醇儒也，……顧鄭重《太上感應篇》，為之作注，淄川亡友張廷寀惠夫嘗與先生同客揚州盧運使官署，言先生晨起必危坐敬誦此篇一過，乃及他書。然則先生實藉此以檢束身心，故學行著作蔚為儒宗，而非徒以矜其博雅。」

冬，李憲喬贈詩；又同潘庭筠、李憲喬同遊崇效寺，憲喬有《同林汲蘭公遊崇效寺兼呈澄貞淨三上人》。

> 《少鶴內集》卷一〇：「輦下無停蹕，詣人多不逢。此來一談次，已歷六時鐘。隔水閒數鶴，出雲高兩松。不忘將苦行，深勉到疏慵。」潘庭筠（1742～？），字蘭公，浙江錢塘人。

是年，紀昀就余廷燦《戴東原事略》論戴氏反切起源說相詰，先生為調停其異見。

> 見余廷燦《存吾文稿》。《事略》附識，余氏謂戴震以反切不自釋氏，

紀昀為書致辨，先生見之，曰：「何如兩存其說，一以見東原之博學淹通，未必不有武斷；一以見先生（按謂紀昀）之好古精嚴，至不肯背負死生。尚論尚友者，不可省括而知所從違乎？」

五十五年庚戌（1790）　六十一歲

在京。

春，桂馥、封大受中進士。先是桂馥在京時，先生嘗與共遊書市；又同拜圖輪布之墓。

> 桂馥《札朴序》：「往客都門，與周君書昌同遊書肆，見其善本皆高閣，又列布散本於門外木版上，謂之書攤，皆俗書。周君戲言：『著述不慎，但恐落在此輩書攤上也。』他日又言：『宋、元人小說盈箱累案，漫無關要，近代益多，枉費筆劄耳。今與君約，無復效尤。』」此不得其時，姑附此。又桂馥《未谷詩集》卷二《拜圖裕軒先生墓》自注：「馥與周編修永年同謁，距先生卒已十餘年矣。」先生曾有《圖裕軒先生小傳》。〔註45〕

王祖昌來京，請先生為點定詩集，祖昌有《贈周太史》詩。

> 王衍福《秋水亭詩草跋》：「庚戌春來京師……同鄉周林汲太史為選存若干首。」又《鄉園憶舊錄》卷七：「王秋水祖昌，新城人，住石橋，與王石文為從孫，亦漁洋之族人也。貌樸魯，好為詩。阮芸臺先生視學山東，崇尚風雅，秋水入古場，作論詩絕句數十首，大蒙激賞，拔冠諸生。自是益肆力為詩，求周林汲先生為點定。好遊，晚年東西南北，奔走不倦，謁鐵冶亭、阮芸臺兩制府，劉岸准、劉松嵐兩觀察。」《秋水亭詩草》卷三《贈周太史》：「茅舍焚香竟日清，讀殘貝葉不聞聲。落花滿院無人到，趺坐閒看鹿女行。」《秋水亭詩續集》卷首載黃如珌《王子文小傳》：「濟南詩人曰子文王君，歲庚戌……年四十……子文名祖昌，號秋水，新城人，漁洋從曾孫也。」先生曾評點王祖昌與劉大紳（1747～1828）贈答詩，劉氏《寄庵詩鈔》卷三《夢周林汲太史感賦兼懷王子文》詩題小注：「子文與余贈答詩，林汲品騭如新，每一披閱，淚淫淫下也。」劉大紳，字寄庵，雲南寧州人，

〔註45〕劉湄《裕軒先生戒臺祠堂記》，蒙北京市門頭溝區建委張雲濤先生惠示該碑刻錄文，謹致謝忱。

乾隆三十七年（1774）進士，時任山東新城縣知縣，見《府志》卷三一《秩官志》。

四月，與同里毛堃刊元張養浩《歸田類稿》，作《重刻張文忠公歸田類稿序》。

秋，李憲喬有《零陵江次寄周林汲編修潘蘭公侍御》。

《鶴再南飛集》：「秋氣集孤舫，前宵別夜猨。湘吟穿石際，岩宿浸星根。白閣心長在，蒼霄手可捫。求空空不得，到此欲無言。」後有《石燕》詩，小序：「庚戌秋，予再赴粵西，道出零陵。」

王祖昌將歸，贈詩。先生送其出都。

《秋水亭詩草》卷三《秋日將歸呈周太史林汲》：「久住林泉不近名，逍遙偶而到都城。知音竟得青雲侶，招隱難忘白社情。絕塞天高流雁影，香山月冷動砧聲。重陽迢遞還家去，回首遙空北斗橫。」又《哭周太史林汲》：「病中送我出都門，青眼相看拭淚痕。」

是年病重。致書章學誠，乞身後為作傳。秋後，以病乞歸。

章學誠《乙卯劄記》：「得邵二雲書，歷城周書昌永年編修逝矣。二雲傳其遺書，屬余為傳……二雲來書云，君後得痰疾，時迷時醒，言語多不甚可辨，一日過二雲，謂『幾死者數矣，覺有事未了，而終不能言。今及憶所懷，乃欲使實齋為我撰傳耳。此言既達，後雖不復能言，無憾也。』已而歸家，一年乃卒，哀哉！」據此知先生於本年秋後乞歸。

作《牛君墓誌銘》。

先生在京日，曾與玉棟相往還。

乾隆五十九年（1794）玉棟跋劉攽《彭城集》抄本云：「彭城集四十卷，抄自周編修書昌林汲山房。原書亦抄本，而潦草脫誤特甚，間有硃筆點勘，或芟補一二字句者，皆書昌手跡。書昌時官京師，晨夕過讀易樓，相勉以讀書學古。一日者，攜此集示予。予回因借抄。未幾謝病還濟南，亟持去。……書昌在同輩中，號稱淵雅，顧其讀書也，博而不精。其讀是書也，尤鹵莽而自詡心得。」〔註46〕

〔註46〕逯銘昕整理：《彭城集》前言，濟南：齊魯書社，2018年。

先生在京日，常稱三教合一之論。

> 李憲喬《凝寒閣詩話》載憲喬與袁枚書：「自楊子雲論性後，世間學
> 術流弊，常苦一『混』字，近如周林汲輩動稱三教歸一，正是混處，
> 某意甚不取也。」又朱曾傳《說餅庵詩集》有《過周書昌不值》：「公
> 讀桑門書，折衷於夫子。薄翳卷浮雲，粹然見名理。崇有不崇無，撐
> 腸貯經史。」

先生出都前，任承恩過訪，有詩紀之。

> 《二峛草堂愚稿·過周書倉翰林》：「老輩如不足，挹之恒有餘。不才
> 時已棄，夫子古相於。踐席語更僕，借書歸滿車。石倉今穩在，龍洞
> 夢幽居。」

五十六年辛亥（1791）　六十二歲

歷城家居。

正月，濟南地震。

春，作《東嶽廟文昌閣記》。

> 其文曰：「吾邑南門外舊有東嶽廟，大壁之右有文昌殿。道士胡常喜
> 謀移見於民隅，邑人釀金以成之。吾友楊子果亭致書來索予序文。」
> 二月立碑，桂馥為書丹，《續志·藝文》卷三〇《金石考》據原碑過
> 錄。

七月，先生卒，年六十二歲。晉贈奉直大夫、河南太康縣知縣加知州銜
（《齒錄》）。

> 《鄉園憶舊錄》卷二：「林汲先生……先生晚年喜談禪，瀾翻釋典，
> 見僧輒舉佛經相與辯難，不解，即以杖擊其禿頂……以七品官奉旨
> 《國史》立傳，異數也。」

先生自謂文拙，不存稿，晚年手訂《文集》、《制藝類編》，《文集》已非完
帙。

> 平步青《樵隱昔寱》卷三《蜆斗薖樂府本事敍》：「如林汲山人不著一
> 書、不留隻字，自是別一種性情學問。」

先生歿後，章學誠為撰《周書昌別傳》。

> 《乙卯劄記》：「其汲汲於表章先儒、嘉惠後學，精誠通於寤寐，而

忘其家中無宿舂糧。真可敬也！」吳蘭庭《胥石文存》有《與章實齋書》：「書昌往矣。如書昌者復有何人？書昌性行樸實，與其讀書有得處，要為不可磨滅。足下為抒所得力，復推本於古來師儒傳受，守先待後之故，反覆究論，義甚偉、意甚殷。」又《章氏遺書補遺·答吳胥石書》：「且足下所以索僕之言，蓋有感於僕嘗傳周書昌發憤於讀書無用之說，而以守先待後，歸功書昌。足下許僕言之有故，庶幾善持論也……蓋書昌自謂有用，而世人以為無用，故僕推其所用，為當世剖。當世宜有信者，即起書昌於地下，知其犂然亦有當於心也。」

桂馥為撰《周先生傳》。

謂：「北方學者，目不見書，又尠師承，是以無成功。使先生講授借書園中，當有一二後起者。顧吞志以歾，惜哉！朋輩多習浮文、逐虛譽。先生刊落華藻，獨含內美，學思堅明，識解朗悟。汪汪千頃陂，豈澗、溪、沼、沚之可徒涉乎！」

嘉慶中，焦循議以先生入《國史儒林傳》，比之唐孔穎達、褚無量云（《雕菰集》卷一二《國史儒林文苑傳議》）。

道光中，孫宗照，曾孫如城、如璧編輯校訂《林汲山房遺文》。

《齒錄》記為「《林汲山房遺集》二卷」。今《續修四庫全書》集部第1449冊影印本《林汲山房遺文》乃道光間葉名灃題款鈔本，即據宗照、如城等所編校者鈔錄，然鈔錄潦草，訛謬時出，且有未鈔完之篇。

光緒間，玄孫兆慶校勘《先正讀書訣》。

譜餘之一　後裔

先生妻長清廩生劉繩祖女，敕封安人，晉封太宜人（《齒錄》）。

子震甲，字東木，號朗谷，舉人，嘉慶五年（1800）任河南通許知縣，十一年至十三年（1806～1808）任太康知縣。

見張士傑修，侯崑禾纂（民國）《通許縣志》卷五《官師志》；杜鴻賓修，劉盼遂纂（民國）《太康縣志》卷七《職官表》。《採訪冊》本傳：「子震甲，乾隆庚子順天舉人，歷任河南通許、尉氏、太康知

縣。署信陽州知州，加知州銜。」又《齒錄》：「署桐柏、永城、新鄭縣知縣，裕州、信陽州知州。信陽州立生祠……著有《唐詩聲律譜》五卷，待鐫。誥授奉直大夫，晉贈奉政大夫。」《鄉園憶舊錄》卷四：「周東木，名震甲，林汲先生子也。以孝廉任河南太康令，加知州銜，罷官……自號朗谷，因改名朗園云。」宋翔鳳《憶山堂詩錄》卷八《歷下留別八首》之五《歷城周東木刺史震甲》「名園訪近郊」句下小注：「刺使朗園別業，在濟南西門外里許。」又據《齒錄》，震甲娶長清趙璣女。

能為詩。

王培荀《鄉園憶舊錄》卷二：「東木詩能承家學，《送古愚陸二歸江南覲省》：『清時不負老萊衣，回首田園足是非。愧我中年營旅食，羨君計日覲慈闈。蘋花江上風初冷，蘆葉洲前雁正飛。鄭重倚門相望意，好將寸草報春暉。』《奉和趙二年丈自伊犁歸里懷舊妓蘭素原韻》：『戍客歸從弱水濱，多情杜牧又尋春。猶餘鸚鵡杯中酒，無復蝦蟆嶺下人。一曲風中留孽果，再生天上是前因。寒回萬里雪山路，迢遞重城煙火新。』《再疊原韻送趙二年丈北遊》：『玉螺峰下鏡湖濱，花拂低簷柳拂春。霧樹青簾寒貰酒，畫欄紅袖夜留人。風含易水添愁思，日抱燕山結夢因。寂寂黃金臺畔路，暫開煙草一痕新。孤蹤曾屆苦寒濱，白草黃雲不見春。萬里鶯花迎遠客，廿年詩酒屬何人。嘗來沙界三千數，脫盡雲羅十二因。大海茫茫天澹澹，海天空闊一番新。』」

附：（道光）《濟南府志》卷五三《人物九》

周震甲字東木，號朗谷，永年子也。乾隆庚子科舉人，以大挑分發河南，歷任通許、尉氏諸縣。所蒞之地民間規費盡皆蠲免，案無宿牘，政聲載道。蒞太康，值荒旱，下車十日，即申文請疏濬洪溝，以工代賑，又請平糶，皆不果。乃捐廉俸施賑濟，寒士分潤者百十家，閭閻賴以全活者甚眾。去任之日，士民數千人閉城門不忍使之去。後攝信陽州篆，境內舊有紅鬍子教，滋事為害甚烈。捕治殆盡，一方安堵，有夜不閉戶之風。及歸，士民攀輪依戀，為立生祠以追思之。事聞，加知州銜。

女某，適肥城廩生尹鴻侍。〔註47〕

鴻侍，字子端，廩生。弟鴻保，太學生，撰《書周徵君逸事》。周氏，震甲胞妹。

又一女，適益都李文藻長子章鄧。

馮敏昌《小羅浮草堂詩鈔》卷三《送李南磵司馬於彰義門暮歸有述》：「而來兩賤士，兼之一姻親。」自注：「時偕舍弟暨周書昌編修往送。」

孫宗耀，號溪亭，監生，誥授奉直大夫。道光時任四川崇慶州州同，署知州，二十年（1840）四月初一日任貴州廣順知州，當年歿於任。

見謝汝霖等修，羅元黼等纂（民國）《崇慶縣志・秩官第六》；周作楫修，蕭琯等纂（道光）《貴陽府志》卷一一《職官表》。《聽雨樓隨筆》卷一：「林汲先生孫溪亭宗耀，補四川崇慶州州同，升貴州廣順州知州以卒。」《鄉園憶舊錄》卷二：「周林汲先生……孫宗耀，號溪亭，官四川崇慶州州同。與予同宦一方，相見如故。升貴州廣順州知州歿。」

宗照，字用晦，一字通甫，號定齋，監生，順天鄉試挑取謄錄。例贈文林郎。有《喜聞過齋詩草》一卷、《待正錄》一卷、《日省錄》一卷、《喜聞過齋摹古法書》十卷（《續志》卷四一併《齒錄》；《摹古法書》，《續志》作「《摹古法帖》」），又編校《林汲山房遺文》。

何紹基《東洲草堂詩鈔》卷二《和壁上詩》小注：「壁上詩云……款書『定齋』，後知為歷城周通甫。」又其《東洲草堂文鈔》卷一〇《記安氏刻孫過庭書譜後》：「朗園主人……周通甫為東木先生之子，以藏書世其家。」

宗文（《王太宜人墓誌銘》）。

宗熙，嘗檢校先生所選《古文蒙養集》五卷。

《續志》卷二九《藝文》有周宗熙《陳生廣揚錄先大父林汲公所選〈古文養蒙集〉畢檢校之餘不覺愴然因成二絕》。

〔註47〕族人山東長清尹遜生先生藏清尹序長會試朱卷。此項資料由筆者從叔萊蕪尹祚鵬先生提供，附此誌謝。

　　曾孫如城（1814～？），字方山，號雲坡，一字竹坡，宗照子。行一。道
光二十四年（1844）順天鄉試第六十名舉人，咸豐三年（1853）六月署懷柔知
縣，十月改房山知縣，四年（1854）四月去任；又六年七月至七年正月（1856
～1857）任平谷知縣。咸豐六年（1856）七月至翌年（1857）正月任平谷知
縣。

　　　　見李鴻章等修，張之洞等纂（光緒）《順天府志》卷八二《官師志》，
　　　　李興焯修、王兆元纂（民國）《平谷縣志》卷二《職官》。

　　如璧，如城弟，字子完，拔貢生（《續志》卷三四《選舉表》）。道光間，
與如城校勘《林汲山房遺文》。

　　如璽，宗耀子，字寶傳，同治三年（1863）署四川鹽茶道庫大使。

　　　　見丁寶楨纂修（光緒）《四川鹽法志》卷三〇《職官表》四。《鄉園
　　　　憶舊錄》：「宗耀，號溪亭……子如璽，號寶傳，余招致來榮。」《聽
　　　　雨樓隨筆》：「林汲先生孫溪亭宗耀……子寶傳羈蜀難歸，藏書無
　　　　存。」

　　玄孫兆慶，字少傳，如璽之子。同治十二年（1872）以四川重慶府經歷
兼署重慶批驗大使（《四川鹽法志‧職官表》四）。光緒初任四川郫縣知縣，培
修倉廒。三年至五年（1877～1879）任雙流知縣。六年至十年（1880～1882），
任四川新繁縣令。八年（1882）曾出先生小像，錢保塘（1832～1897）為題
詩。十四年至十八年（1888～1892）任巴縣知縣，十八年正月至九月有監修府
學明倫堂事等。曾校訂《先正讀書訣》。

　　　　見李之青等修，戴朝紀等纂（民國）《郫縣志》卷二《公署》；侯俊
　　　　德等修，劉復等纂（民國）《新繁縣志》卷二二《職官》；錢氏《清
　　　　風室詩鈔》卷五《周少傳大令屬題其高祖林汲先生小像》七絕二首；
　　　　朱之洪等修，向楚等纂（民國）《巴縣志》卷六《職官》並同書卷七
　　　　《學校》。錢氏詩云：「圖史縱橫傲百城，心香一瓣漢經生。借書園
　　　　內春風滿，如聽先生洛誦聲（先生築借書園，藏書十許萬卷，中祀
　　　　漢儒伏生等）。讀書有法求先正（先生著有《先正讀書訣》一卷），
　　　　薄宦無田遺後人。留得清芬傳累葉，棠陰花發蜀江春（少傳大令現
　　　　宰新繁）。」

附：2021 年 7 月 10 日在濟南市中區殷家林村周逢和家採得周氏家譜

1	2	3	4	5	6	7
周永年	周震甲	1 周宗曜	1（在成都居住）			
			2			
			3			
		2 周宗昭	1 周如城	1 周兆怡	周鴻□	
				2 周兆愉		
			2 周如璧	周兆逵	周鴻俊	1 周逢霖
						2 周逢春
						3 周逢森
						4 周逢和
		3 周宗烈（絕）				

譜餘之二　著述

桂未谷云，先生自謂文拙，不存稿；又汲汲以立品端行為要，故慎於著述，而所存者亦鮮。今考其書，計有：

自著
歷城金石考二卷

林鈞《石廬金石書志》卷一作「《歷城金石考》二卷，清益都李文藻、歷城周永年同撰」；《清史稿・藝文志》作「《歷城金石考》二卷，周永年撰」。據《歷志》胡序，考拓金石文字者為先生門人陳嘉樂，則此書當以先生為主。

儒藏說

存。有《松鄰叢書》甲編本。《採訪冊》亦錄其文。

林汲山房遺集二卷（《齒錄》）

存。孫致中《紀曉嵐年譜・徵引參考書目》有「《林汲文鈔》，清周永年著，道光間刻本」，各家書目皆未載，今亦未之見。《林汲山房遺文》，尚有中國科學院圖書館藏鈔本一冊，南京圖書館藏葉氏寶芸齋鈔本一冊。

明季詠史百一詩注

《續志》卷二九《藝文》著錄。《鄉園憶舊錄》卷一：「（張）篤慶……其《百一詩》，專詠明事，斷自神宗，瀾翻史籍，縱橫排奡，漁洋稱為『冠古之才』。周林汲太史為之注，極詳博。」

醫書（方）考

未成。見前年譜乾隆四十一年。桂馥《周先生傳》云《四部考》，是先生擬作之書。

評選

制藝類編二十卷（《齒錄》）

存。按此即章學誠《別傳》所謂「評輯制舉之文，鑴印萬本，以為諸生干祿者資。其文多組織經史，沉酣典籍，意在即舉業而反之通經服古」者，刊於乾隆四十九年。

周林汲先生評選蘭雪齋稿合刻

乾隆借書園刻本。先生選評清陳儀（1670～1742）所撰之制藝文。

懷友錄評一卷

《懷友錄》一卷，方昂撰、周永年評，原稿本，濟南張景栻藏。〔註48〕

山左文存

王政修，王庸立等纂（道光）《滕志》卷八《儒林》：「張菊字振秋，號澹圃恒人。監生。……未冠補博士弟子，為名諸生。是時文章尚排比，澹圃獨以正希《文止》為的，心摹手撫，寄古淡於清深。故試屢躓，以附貢終。……沒後，周太史永年徵其集入《山左文存》。」是則《文存》為先生擬撰集之書而未果者。

纂輯

古文養蒙集五卷（《齒錄》）

未見。是書為先生選訂，分為五類，以求師、定志、立品為主，次乃及學問、讀書之法（《續志》卷二九《藝文》）。《續志》卷二九《藝文》載先生孫宗熙《陳生賡揚錄先大父林汲公所選古文養蒙集畢檢校之餘不覺愴然因成二絕》，時約在道光間。

先正讀書訣一卷（《齒錄》）

存。《先正讀書訣》。是書採唐宋以下名儒論讀書語四十餘家、近二百則，前附桂馥《周先生傳》及宗稷辰、閻敬銘、顧復初所撰序，皆謂是先生未成之書。有道光二十二年（1842）王氏刻本，光緒四年（1878），先生玄孫兆慶重

〔註48〕王紹曾主編：《山東文獻書目》，濟南：齊魯書社，1993年，第392頁。

刻於蜀地。後又收入《靈鶼閣叢書》。先生有覆李憲嵩書言:「竊以明中葉以來,學法蕪廢。或遁於禪玄,或守其固陋,遂無由見古人之大全。有志者果能尋章摘句,用數年工夫讀經,則於後來諸書,黑白了然,如登五嶽以覽中原,而德、言、事功亦可擇一途以從事矣。」〔註49〕由此可想見先生之志趣,殆與《古文養蒙集》類似。

軒轅黃帝陰符經塔藏解三卷結解一卷

馬國翰《玉函山房藏書簿錄》著錄,清江南刻本。此書原本王丹仙撰。丹仙,字白鹿仙,自號鹿背子。

與修

泰安府志

歷城縣志

東昌府志

濟寧直隸州志

志書皆前見年譜。

林汲山房遺文篇目補遺

《林汲山房遺文》篇目	集外文(出處具在文中)
文昌閣記	儀禮讀本序
盛秦川先生六十壽序	儒林宗派序
吳虛白先生八十雙壽序	痘疹詩賦序
鄭母江太恭人八十壽序	歷城楊氏族譜序
李母張太孺人八十壽序	重刻張文忠公歸田類稿序
王母劉太孺人八十壽序	花王閣剩稿跋
王母顧太孺人壽序	雙節堂贈言
周母鄒姚太孺人六五十壽序	李靜叔私謚孝悼議
湖南直隸郴州州判周公暨配楊孺人合葬墓碣	六吉尹公墓誌銘
	申士秀墓表
陳君金南墓表	桂先生墓表
王氏雙節婦墓表	孝子周公墓表
刑部直隸司員外南豐縣知縣楊公墓誌銘	皇清例授文林郎知河南郾城縣事季封楊公墓誌銘
陝西河州鎮掛印總兵官楊公暨配張夫人	

〔註49〕即前揭包雲志文所載。包文繫此札於乾隆三十五年(1770),無據。

合葬墓誌銘	應山縣知縣醒斯公墓誌
牛君墓誌銘	圖裕軒先生小傳
翰林院編修焦公墓誌銘	與李文藻書二通
椅園高公家傳	與孔繼涵書一通
韓節婦傳	覆俞思謙書一通
書金玉川松竹居圖	覆韓錫胙書一通
貸園叢書序	與李憲喬書一通
制義類編序	與桂馥書一通
蘭雪齋稿序	與友人書一通
小題文原序	與馮君擢書一通
	念青高公墓誌銘〔註 50〕
	〔擬〕北京崇效寺訓雞圖題詞〔註 51〕
	〔擬〕太上感應篇注序〔註 52〕
	〔擬〕為歷城楊葉所畫馬題序〔註 53〕
	家藏貫珍錄序〔註 54〕
	毅齋公奏議遺集序〔註 55〕
	〔擬〕秦節婦傳〔註 56〕
	范陽村居記〔註 57〕

附：尋訪林汲後人之路

　　十六年前，我開始與同學申君勾稽鄉先正周永年的生平資料，到 2007 年初，年譜大致已草就。大概是那年的夏天，終於有了計算機的幫助，網上信息很多。我記得用了「周永年」「周書昌」「周林汲」等詞，在百度上把幾乎所有的網頁都過了一遍，發現了關於周氏後人的一篇新聞報導，說是在濟南市的黨家鎮殷家林村（現屬市中區陡溝街道），有周永年的後代，網頁上還配了

〔註 50〕此文未獲，見清朱曾詰《純甫文稿》（稿本）之《高府君墓誌銘》。
〔註 51〕載《雙肇樓叢書》本《北京崇效寺訓雞圖志》。
〔註 52〕焦循《里堂書跋》卷二「太上感應篇惠氏注」條云是任城王宗敬刻，前有先　　　　生序。是書未見諸家著錄。
〔註 53〕郝懿行《曬書堂文集》卷一〇《楊君畫馬記》。
〔註 54〕原書一冊，張潛撰。潛字幽光，歷城人。是書刻於雍正甲寅，又有乾隆間補　　　　刊本，道光間重刊本。山東省圖書館藏。
〔註 55〕《東原杜氏族譜》卷首，濟南市圖書館藏，民國排印本。
〔註 56〕秦氏，費縣人王鍔妻。見（清）李敬修纂修（光緒）《費縣志》卷十二，光緒　　　　二十二年刻本。
〔註 57〕陳炳德修，趙良澍纂（嘉慶）《旌德縣志》卷九《藝文》。

一位老者的照片，我現在還清楚地記得那老者說他們家曾經有「藉書園」的大區。當時便很想去探訪一下，可是一方面限於條件，自己視此為畏途；再則雜務叢脞，這屬於不急之務，也就壓下了。我自己都想不到，十四五年之後，我能有機會踏入林汲後人的大門。7 月 10 號，在大眾日報社劉國勝先生的熱心聯絡之下，我們終於見到了十幾年前出現在網頁上的那位老者，周逢和老人，他已經八十有七了。老翁耳背，眼睛尚好，問題由我寫在家人準備好的紙上。老人絮絮叨叨說了一些情況，他所能說的，都是林汲孫輩乃至曾孫輩以下的事情了，主要是他父親和幾個兄弟的情況。他告訴我們，周家人煙不旺，家裏曾經分過幾次家，有東西兩支，西支在濟南西關的「周家花園」（看來就是周震甲經營的那個朗園），另一支在東關。我急於知道的「藉書園」大區，一直保存在西關這一支，並隨著到了殷家林。後來到了土改時，家裏覺得木頭匾留著沒用，就劈了燒火了。他們之所以到了殷家林，是因為老人的父親周鴻俊（字傑三）是「姥娘門上落戶」。濟南的周氏家道敗落，「周家花園」沒有了，在歷城縣的周家人都要賃屋以居了。後來他們就落在了殷家林的朱姓親戚家裏。這也就是說周如璧為兒子娶了朱家的媳婦。這個時間已是晚清了。周鴻俊是老翁的父親，他活了九十四歲，二十歲不到就去兗州、泰安「幹鹽務」，時間長達四十多年。民國了之後留在食鹽公司，主要的工作是在海邊看著曬鹽。後來不知什麼時間，周鴻俊又改行成為醫生，在濟南西關租房開中藥鋪。周鴻俊擅長書法，曾為長清三區小題寫校名。周鴻俊一生，先後娶了三任妻子，育有四子二女。四子分別為周逢林、周逢春、周逢森和周逢和。周逢霖生於 1900 年代之初，在村裏務農，66 歲死於肝癌。周逢春生於清末民初之際，後參加國民黨海軍，抗戰時期隨入重慶，後來落戶四川自貢。三哥同周逢和老人是同母所出，生於 1930 年代初，後參軍，17 歲時和姐姐到了臺灣，年已 92 歲。只周逢和老人與大哥的後代還在殷家林。家人又為我們介紹了周逢和老人的坎坷遭遇。土改劃成分的時候，他戴上了地主的帽子，於是二十多年不得翻身，解放後在村裏經常受批鬥，頭髮曾被踩下來一大塊。54 歲時才到了四川，找了當地的妻子回老家。採訪完畢臨走前，我把打印好的年譜送給了周家，年譜的皮上是從《清代學者像傳合集》中截取下來的周永年畫像，我問周逢和老人的小孫子長治小朋友，這畫像和他爺爺像不像，他說很像。我們拍了合影，我還特地與長治小朋友合了影。這回的探訪，算是還了我一個願。後來，劉國勝先生告訴我，今年是林汲先生逝世二百三十週年。

引書目錄

一、古籍

1. 清阮元校刻《十三經注疏》，中華書局 1980 年影印本。
2. 清閻若璩《尚書古文疏證》，上海古籍出版社 2010 年版。
3. 宋易祓《周官總義》，《湖南叢書》本。
4. 清鄭銘《儀禮讀本》，乾隆刻本。
5. 清朱彝尊《經義考》，上海古籍出版社 2010 年版。
6. 明宋濂等《元史》，中華書局 1976 年版。
7. 清張廷玉等《明史》，中華書局 1974 年版。
8. 趙爾巽等《清史稿》，中華書局 1977 年版。
9. 《清實錄》，中華書局 1986 年影印本。
10. 清萬斯同《儒林宗派》，《四明叢書》本。
11. 清阮元《兩浙輶軒錄》，浙江古籍出版社 2012 年版。
12. 清黃宗羲、全祖望等《宋元學案》，中華書局 1986 年版。
13. 清錢儀吉、汪兆鏞等輯《清碑傳合集》，上海書店 1988 年影印本。
14. 清江藩《國朝漢學師承記》，中華書局 1983 年版。
15. 李放《皇清書史》，《遼海叢書》本。
16. 清汪啟淑《續印人傳》，道光二十年（1840）海虞顧氏刻本。
17. 清彭蘊璨《歷代畫史匯傳》，道光刻本。
18. 清錢大昕撰、《竹汀居士年譜》，江蘇古籍出版社 1997 年《嘉定錢大昕全

集》本。

19. 劉盼遂《高郵王氏父子年譜》，江蘇古籍出版社 2000《高郵王氏遺書》版。

20. 王章濤《王念孫王引之年譜》，廣陵書社 2006 年版。

21. 劉盼遂編《段玉裁先生年譜》，北京圖書館出版社 1999 年《北京圖書館藏珍本年譜叢刊》影印本。

22. 清曹錫寶《曹劍亭先生自撰年譜》，版本同上。

23. 清馮士履等《先君子太史公年譜》，同上。

24. 清沈起元撰、沈宗約補編《敬亭公年譜》，同上。

25. 劉耀東《韓湘岩先生年譜》，同上。

26. 清嚴榮《述庵先生年譜》，同上。

27. 清汪輝祖《病榻夢痕錄》，同上。

28. 清鄭福照《姚惜抱先生年譜》，同上。

29. 王蘭蔭《朱筍河先生年譜》，同上。

30. 《東原杜氏族譜》，民國排印本。

31. 毛承霖修、趙文運等纂《續修歷城縣志》，民國十三年（1924）濟南大公印務公司印本。

32. 清王贈芳等修、成瓘等纂《濟南府志》，道光二十年（1840）刻本。

33. 清楊士驤修、孫葆田等纂《山東通志》，民國四年（1915）山東通志局鉛印本。

34. 清李銘皖等修、馮桂芬纂《蘇州府志》，光緒八年（1882）刻本。

35. 清余麗元修、譚逢仕等纂《石門縣志》，光緒五年（1879）刻本。

36. 清陳慶蕃修、葉錫麟等纂《聊城縣志》，宣統二年（1910）刻本。

37. 清宮懋讓修、李文藻纂《諸城縣志》，乾隆二十九年（1764）刻本。

38. 清董鵬翔修、牟應震纂《禹城縣志》，嘉慶十三年（1808）刻本。

39. 清林溥修、周翕鏞纂《即墨縣志》，同治十二年（1872）刻本。

40. 清周碩勳修纂《潮州府志》，乾隆二十七年（1762）刻本。

41. 方作霖修、王敬鑄等纂《淄川縣志》，民國九年（1920）藝林石印局印本。

42. 清柳琅聲等修、韋麟書等纂《重修南川縣志》，民國二十年（1931）鉛印本。

43. 清左宜似等修、盧鋆等纂《東平州志》，光緒七年（1881）刻本。

44. 楊豫修等修、郝金章等纂《齊河縣志》，民國二十二年（1933）鉛印本。

45. 清柏春修、魯琪光纂《南豐縣志》，同治十年（1871）刻本。

46. 清曹掄彬等修、曹掄翰等纂《雅州府志》，乾隆四年（1739）刻本。

47. 清胡德琳修、李文藻等纂《歷城縣志》，乾隆三十六年（1771）刻本。

48. 清崔雲輝、金鳳藻等輯《歷城縣志採訪冊》，山東省圖書館藏道光間稿本。

49. 清方鳳修、戴文熾等纂《青城縣志》，乾隆二十四年（1759）刻本。

50. 清趙宏恩修《江南通志》，文淵閣《四庫全書》本。

51. 清王道亨修、張慶源纂《德州志》，乾隆五十三年（1788）刻本。

52. 清曾冠英修、李基熙纂《肥城縣志》，嘉慶二十七年（1822）刻本。

53. 清凌紱曾修、邵承照纂《肥城縣志》，光緒十七年（1891）刻本。

54. 項葆禎修、李經野纂《單縣志》，民國十八年（1929）石印本。

55. 張自清修、張樹海等纂《臨清縣志》，民國二十三年（1934）鉛印本。

56. 張志熙修、劉靖宇纂《東平縣志》，民國二十五年（1936）刻本。

57. 清陳炳德修、趙良澍纂《旌德縣志》，嘉慶十三年（1808）刻本。

58. 清喻春林撰、朱續孜纂《平陰縣志》，嘉慶十三年（1808）刻本。

59. 孫永漢修、李經野等纂《曲阜縣志》，民國二十三年（1934）鉛印本。

60. 清顏希深修、成城等纂《泰安府志》，乾隆二十五年（1760）刻本。

61. 清胡德琳修、周永年等纂《濟寧知隸州志》，乾隆五十年（1785）刻本。

62. 清卞寶第等修、曾國荃等纂《湖南通志》，光緒十一年（1885）刻本。

63. 清馮騕纂《德州鄉土志》，光緒鈔本。

64. 周作楫修、蕭琯等纂《貴陽府志》，道光二十年（1840）刻本。

65. 清張承燮等纂，法偉堂校補《益都縣圖志》，光緒三十三年（1907）刻本。

66. 余有林修、王照青纂《高密縣志》，民國二十四年（1935）青島膠東書社鉛印本。

67. 張士傑修、侯崑禾纂《通許縣志》，民國二十三年（1934）鉛印本。

68. 杜鴻賓修、劉盼遂纂《太康縣志》，民國二十二年（1933）鉛印本。

69. 陳楨修、李蘭增等纂《文安縣志》，民國十一年（1922）天津源泰印字館鉛印本。

70. 清馬傳業纂修《續修羅江縣志》，同治四年（1864）刻本。

71. 清張同聲修、李圖纂《膠州志》，道光二十五年（1845）膠州衙原刻本。

72. 謝汝霖等修、羅元黼等纂《崇慶縣志》，民國十五年（1926）鉛印本。

73. 清萬青黎等修、張之洞等纂《順天府志》，光緒十二年（1886）刻本。

74. 李興焯修、王兆元纂《平谷縣志》，民國二十三年（1934）天津文竹齋鉛印本。

75. 李之青等修、戴朝紀等纂《郫縣志》，民國三十七年（1948）鉛印本

76. 侯俊德等修、劉復等纂《新繁縣志》，民國三十六年（1947）鉛印本。

77. 朱之洪等修、向楚等纂《巴縣志》，民國二十八年（1939）刻本。

78. 清李敬修纂修《費縣志》，光緒二十二年（1896）刻本。

79. 清江乾達修、牛士瞻等纂《新泰縣志》，乾隆四十九年（1784）刻本。

80. 清嵩山修、謝香開等纂《東昌府志》，嘉慶十三年（1808）刻本。

81. 欒鍾垚修，趙仁山等纂《鄒平縣志》，民國三年（1914）刻本。

82. 清金棨《泰山志》，山東人民出版社 2019 年版。

83. 清閔麟嗣《黃山志》，康熙刻本。

84. 明施沛《南京都察院志》，南京出版社 2015 年《金陵全書》影印本。

85. 清丁寶楨纂修《四川鹽法志》，光緒八年（1882）刻本。

86. 清佚名纂《道光二十四年山東會試同年齒錄》，清刻本。

87. 清吳錫麒《還京日記》，《小方壺齋輿地叢鈔》本。

88. 清紀昀等《武英殿本四庫全書總目》，國家圖書館出版社 2019 年影印本。

89. 中國科學院圖書館整理《續修四庫全書總目》，齊魯書社 1999 年影印本。

90. 蔣汝藻編《傳書堂藏善本書志》，國家圖書館出版社 2010 年影印本。

91. 清馬國翰《玉函山房藏書簿錄》，北京圖書館出版社 2001 年影印本。

92. 清林鈞《石廬金石書志》，文史哲出版社 1971 年影印本。

93. 清李慈銘著、張桂麗輯校《越縵堂讀書記全編》，上海古籍出版社 2021 年版。

94. 吳格編《翁方綱纂四庫提要稿》，上海科學技術文獻出版社 2005 年版。

95. 清章學誠撰、王重民解《校讎通義通解》，上海古籍出版社 1987 年版。

96. 梁元帝《金樓子》，《知不足齋叢書》本。

97. 清陸世儀《思辨錄輯要》，《叢書集成初編》本。

98. 清周永年輯《先正讀書訣》，《靈鶼閣叢書》本。

99. 清張潛《家藏貫珍錄》，道光刻本。

100. 清黃汝成《日知錄集釋》，花山文藝出版社 1990 年版。

101. 清桂馥《札朴》，中華書局 1992 年版。

102. 清沈可培《濼源問答》，道光刻本。

103. 清周永年《儒藏說》，《松鄰叢書》本。

104. 清王士禛《皇華紀聞》，齊魯書社 2007 年《王士禛全集》本。

105. 清王培荀《鄉園憶舊錄》，齊魯書社 1993 年版。

106. 清王培荀《聽雨樓隨筆》，巴蜀書社 1987 年版。

107. 清袁枚《隨園隨筆》，浙江古籍出版社 2018 年《袁枚全集新編》本。

108. 清法式善《清秘述聞三種》，中華書局 1982 年版。

109. 清戴璐《藤陰雜記》，上海古籍出版社 1985 年版。

110. 清平步青《霞外攟屑》，上海古籍出版社 1982 年版。

111. 清周星詒《窳櫎日記鈔》，《乙亥叢編》本。

112. 清昭槤《嘯亭雜錄》，中華書局 1980 版。

113. 清吳慶坻《蕉廊脞錄》，中華書局 1990 年版。

114. 清紀昀《閱微草堂筆記》，上海古籍出版社 1980 年版。

115. 張江裁輯《北京崇效寺訓雞圖志》，《京津風土叢書》本。

116. 清于敏中《于文襄公手札》，國家圖書館出版社 2012 年《中華再造善本》叢書影印稿本。

117. 清張鑾《痘疹詩賦》，乾隆刻本。

118. 清惠棟注《太上感應篇箋注》，道光重刻濟寧王宗敬本。

119. 清俞思謙《海潮輯說》，《叢書集成初編》本。

120. 孚佑大帝呂純陽注《九皇新經注解》，清抄本。

121. 馬其昶：《韓昌黎文集校注》，上海古籍出版社 1986 年版。

122. 宋黃庭堅《宋黃文節公全集》，光緒二十年（1894）黃壽英義寧州署刻本。

123. 宋劉攽《彭城集》，齊魯書社 2018 年版。

124. 宋蘇過撰、舒大剛等校注《斜川集校注》，巴蜀書社 1996 年版。

125. 元張養浩《元張文忠公歸田類稿》，乾隆歷城周氏刻本；文淵閣《四庫全書》本。

126. 《劉敏中集》，吉林文史出版社 2008 年版。

127. 《姚燧集》，人民文學出版社 2011 年版。

128. 明葉盛《涇東小稿》，上海古籍出版社 2002 年《續修四庫全書》影印明弘治刻本。

129. 明邱濬《瓊臺詩文會稿》，內蒙古人民出版社 2002 年版。

130. 明李攀龍《滄溟先生集》，上海古籍出版社 1992 年版。

131. 明紀坤《花王閣剩稿》，嘉慶閱微草堂刻本。

132. 清王士禛《帶經堂集》，康熙七略書堂刻本。

133. 清朱彝尊《曝書亭集》，民國涵芬樓影印康熙五十三年（1714）刻本。

134. 清王餘佑《五公山人集》，華東師範大學出版社 2011 年版。

135. 清王源《居業堂文集》，道光十一年（1831）讀雪山房刻本。

136. 清方苞《望溪集》，咸豐元年（1851）戴鈞衡刻本。

137. 清王苹《二十四泉草堂集》，康熙五十六年（1717）于熙學刻本。

138. 清沈廷芳《隱拙齋集》，乾隆刻本。

139. 清周永年《林汲山房遺文》，上海古籍出版社《續修四庫全書》影印清抄本。

140. 清桂馥《晚學集》、《未谷詩集》，道光二十二年（1841）孔憲彝刻本。

141. 清姚鼐《惜抱軒詩文集》，上海古籍出版社 1992 年版。

142. 清吳省欽《白華後稿》，嘉慶石經堂刻本。

143. 清翁方綱《復初齋集外詩》，民國六年（1917）吳興劉氏嘉業堂刻本。

144. 清陳儀《周林汲先生評選蘭雪齋稿合刻》，乾隆周氏籍書園刻本。

145. 清張賡烈《課閒遺稿》，乾隆刻本。

146. 清盛百二《柚堂文存》、《皆山樓吟稿》，乾隆寶綸堂刻本。

147. 《焦循詩文集》，廣陵書社 2009 年版。

148. 清錢大昕《潛研堂集》，上海古籍出版社 1989 年版。

149. 清李文淵《李靜叔遺文》，乾隆益都李氏刻本。

150. 清吳蘭庭《胥石文存》，《吳興叢書》本。

151. 清李文藻《南澗文集》，《功順堂叢書》本。

152. 清王嘉曾《聞音室詩集》，嘉慶二十一年（1816）王元善刻本。

153. 清李光地《榕村集》，文淵閣《四庫全書》本。

154. 清吳玉綸《香亭文稿》，乾隆六十年（1795）滋德堂刻本。

155. 清劉大紳《寄庵文鈔》、《寄庵詩鈔》,《雲南叢書初編》本。

156. 清董芸《廣齊音》,濟南出版社 1998 年版。

157. 清沈起元《敬亭文稿》,乾隆十九年(1754)刻增修本。

158. 清李慈銘《越縵堂詩文集》,上海古籍出版社 2008 年版。

159. 清張元《綠筠軒詩草》,乾隆間鄭銘鈔本。

160. 清高文照《高東井先生詩選》,道光十二年(1832)武康徐氏刻本。

161. 清嚴長明《嚴東有詩集》,民國元年(1912)郋園刻本。

162.《戴震文集》,中華書局 1980 年版。

163. 清朱曾傳《說餅庵詩集》,山東大學出版社《山東文獻集成》影印清抄本。

164. 清王昶《春融堂集》,嘉慶十二年(1807)塾南書舍刻本。

165. 清張爾岐《蒿庵集》,乾隆胡德琳刻本。

166. 清韓錫胙《滑疑集》,咸豐石門山房刻光緒修補本。

167. 清盧文弨《抱經堂文集》,中華書局 1990 年版。

168. 清李文藻《嶺南詩集》,乾隆刻本。

169. 清熊寶泰《藕頤類稿》,嘉慶性餘堂刻本。

170. 清趙希璜《四百三十二峰草堂詩鈔》,乾隆五十八年(1793)安陽縣署增修刻本。

171. 王葦《蓼村集》,乾隆三十八年(1773)胡德琳刻本。

172.《紀曉嵐文集》(附孫致中編《紀曉嵐年譜》),河北教育出版社 1991 年版。

173. 清程晉芳《勉行堂詩文集》,黃山書社 2012 年版。

174. 清翁方綱《復初齋文集》、《復初齋詩集》,道光十五(1836)年刻本。

175.《曾國藩詩文集》,上海古籍出版社 2005 年版。

176. 清朱珪《知足齋文集》,嘉慶九年(1804)刻增修本。

177. 清鄭珍《巢經巢詩鈔》、《播雅》,上海古籍出版社 2012 年《鄭珍全集》本。

178. 清李調元《童山文集》,《叢書集成初編》本。

179. 清王汝璧《銅梁山人詩集》,光緒二十年(1894)北京刻本。

180. 清戚學標《鶴泉文鈔續選》,嘉慶十八年(1813)刻本。

181. 清章銓《染翰堂詩集》,上海古籍出版社《清代詩文集彙編》影印清抄本。

182. 清黎簡《五百四峰堂詩鈔》，嘉慶元年（1796）廣州儒雅堂陳氏刻本。

183. 清王灼《悔生詩鈔》，嘉慶十三年（1808）刻本。

184. 清余廷燦《存吾文稿》，咸豐五年（1855）雲香書屋重刻本。

185. 清任承恩《二羲草堂愚稿》，嘉慶九年（1804）刻本。

186. 清平步青《樵隱昔寱》，《香雪崦叢書》本。

187. 清宋翔鳳《憶山堂詩錄》，道光五年（1825）增修本。

188. 清馮敏昌著、李寅生等校注《小羅浮草堂詩鈔校注》，上海古籍出版社 2018 年版。

189. 清何紹基《東洲草堂詩集》。上海古籍出版社 2012 年版。

190. 清何紹基《東洲草堂文鈔》，光緒刻本。

191. 清錢保塘《清風室詩鈔》，民國二年（1913）《清風室叢刊》本。

192. 清朱曾詧《純甫文稿》，山東大學出版社《山東文獻集成》影印稿本。

193. 清李文藻《南澗先生遺文》，民國二十五年（1936）蟬隱廬印本。

194. 清余集《秋室學古錄》，道光刻本。

195. 清董元度《舊雨草堂詩》，乾隆四十三年（1778）刻本。

196. 清孔繼涵《紅榈書屋詩集》、《紅榈書屋雜體文稿》，《微波榭遺書》本。

197. 清王祖昌《秋水亭詩草》、《秋水亭詩續草》，嘉慶劉崧嵐刻本。

198. 清邵晉涵《南江文鈔》，道光十二年（1832）胡敬刻本。

199. 清鄭珍著、白敦仁箋注《巢經巢詩鈔箋注》，巴蜀書社 1996 年版。

200. 清阮元《揅經室集》，中華書局 1993 年版。

201. 清孫葆田《校經室文集附補遺》，《求恕齋叢書》本。

202. 清葉昌熾《藏書紀事詩》，上海古籍出版社 1989 年版。

203. 葉德輝《觀古堂詩錄》，民國二年（1913）郋園刻本。

204. 清尹序長會試朱卷，長清尹遜生藏。

205. 郭紹虞《滄浪詩話校釋》，人民文學出版社 1983 年版。

206. 清戴璐《吳興詩話》，《嘉業堂叢書》本。

207. 清王昶著、周維德輯校《蒲褐山房詩話新編》，齊魯書社 1988 年版。

208. 清李調元著、詹杭倫、沈時蓉校正《雨村詩話校正》，巴蜀書社 2006 年版。

209. 明周亮工輯《尺牘新鈔》，上海雜誌公司 1935 年版。

210. 清汪輝祖輯《雙節堂贈言集錄》，乾隆汪氏刻本。

211. 清周永年編《制藝類編》，乾隆四十九年（1784）刻本。

212. 明錢謙益《列朝詩集小傳》，上海古籍出版社 1983 年版。

213. 清王昶《湖海詩傳》、《湖海文傳》，上海古籍出版社 2013 年版。

214. 明胡震亨編《唐音統籤》，齊魯書社 2001 年《四庫全書存目叢書補編》影印康熙刻本。

215. 徐世昌輯《晚晴簃詩匯》，民國十七年（1928）退耕堂刻本。

216. 清李文藻《先妣棚聯》，山東省圖書館藏李文藻手稿。

217. 清李憲噩等《三李詩鈔三李詩話》，齊魯書社 2020 年版。

218.《周廣業筆記四種》，浙江古籍出版社 2013 年版。

219.《章學誠遺書》，文物出版社 1985 年版。

220. 清李調元編刻《函海》，光緒七年（1881）廣漢重刊本。

221. 清周永年編印、李文藻刻《貸園叢書》，乾隆五十四年（1789）印本。

222.《郝懿行集》，齊魯書社 2010 年版。

223. 清李文藻《李文藻四種》，上海古籍書店 1981 年影印清鈔本。

224. 陳介錫編《桑梓之遺錄文》，山東大學出版社《山東文獻集成》第 1 輯影印清鈔本。

二、近人論著

1. 李振聚《林汲山房佚文輯考》，《版本目錄學研究》第 9 輯，國家圖書館出版社 2018 年版。

2. 龔肇智《嘉興明清望族疏證》，方志出版社 2011 年版。

3. 錢實甫《清代職官年表》，中華書局 1980 年版。

4. 沙嘉孫《山東藏書家史略》（增訂本），齊魯書社 2017 年版。

5. 浙江省博物館編《幽居與雅集：明清山水人物畫中的文士生活》，浙江人民美術出版社 2019 年版。

6. 宮曉衛主編《藏書家》第 20 輯，齊魯書社 2016 年版。

7. 韓明祥《濟南歷代墓誌銘》，黃河出版社 2002 年版。

8. 包雲志《袁枚、劉墉、周永年、吳大澂未刊信札四通考釋》，《中國典籍與文化》2005 年第 2 期。

9. 《山東省立圖書館季刊》第 1 集第 2 期「奎虛書藏落成紀念專號」,濟南北洋印刷公司民國二十五年(1936)版。

10. 王獻唐輯《顧黃書寮雜錄》,齊魯書社 1984 年版。

11. 《尹氏族譜》,2009 年排印本。

12. 蕭一山《清代通史》,中華書局 1986 年影印本。

13. 陳垣《明季滇黔佛教考》,安徽大學出版社 2009 年《陳垣全集》本。

14. 黃雲眉《史學雜稿訂存》,山東人民出版社 1980 年版。

15. 王化東輯《濟南名勝古蹟輯略》,民國二十九年(1941)排印本。

16. 潘妍豔《李文藻與周永年書札二十八通考釋》,《國學季刊》5~6 輯,山東人民出版社 2017 年版。

17. 張雷《高密三李友朋書札七則》,《歷史文獻研究》第 21 輯,華中師範大學出版社 2002 年版。

18. 王紹曾《目錄版本校勘學論集》,上海古籍出版社 2005 年版。

19. 郭伯恭《四庫全書纂修考》,國立北平研究院史學研究會 1937 年版。

20. 任松如《四庫全書答問》,上海啟智書局 1935 年版。

21. 陳垣《中國佛教史籍概論》,上海書店出版社 2001 年版。

22. 朱寶炯、謝沛霖編《明清進士題名碑錄索引》,上海古籍出版社 1979 年版。

23. 李經國《錢大昕年譜長編》,中華書局 2020 年版。

24. 張書才主編《纂修四庫全書檔案》,上海古籍出版社 1997 年版。

25. 寧聖紅《周永年對〈四庫全書〉的貢獻》,《山東圖書館季刊》2005 年第 3 期。

26. 司馬朝軍:《〈四庫全書總目〉編纂考》,武漢大學出版社 2005 年版。

27. 沈津編《翁方綱題跋手札集錄》,廣西師範大學出版社 2002 年版。

28. 劉培東主編《濟南名士多》,山東人民出版社 1982 年版。

29. 宮曉衛主編《藏書家》第 8 輯,齊魯書社 2003 年版。

30. 周越然《書與回憶》,遼寧教育出版社 1996 年版。

31. 鄺健行等編選《香港中國古典文學研究論文選粹——文學評論篇》,江蘇古籍出版社 2003 年版。

32. 程元敏《三經新義輯考匯評》,臺灣「國立」編譯館 1987 年版。

33. 傅增湘《藏園群書經眼錄》，中華書局 1983 年版。

34. 胡適撰、姚名達訂補《章實齋先生年譜》，安徽教育出版社 1999 年版。

35. 鄒衛平主編《金石精萃》，濟南出版社 2008 年版。

36. 袁行雲《清人詩集敘錄》，文化藝術出版社 1994 年版。

附錄一：周永年傳記資料

周先生傳

曲阜桂馥撰

周先生永年，字書昌，濟南歷城人。結茅林汲泉側，因稱「林汲山人」。先生於衣服、飲食、聲色、玩好一不問，但喜買書。有賈客出入大姓故家，得書輒歸先生。凡積五萬卷。先生見收藏家易散，有感於曹石倉及釋、道《藏》，作《儒藏說》，約余買田築借書園，祠漢經師伏生等，聚書其中，招致來學，苦力屈不就。顧余所得書悉屬之矣。縣令胡德琳延先生與青州李文藻同修《歷城縣志》，即出其書，肆力搜討。既成，學士朱筠目以詳慎。後成進士，欲入山治《儀禮》。被徵纂修四庫書，授翰林院編修、文淵閣校理。當是時，海內學人集輦下，皆欲納交，投刺踵門，然深相知者，新安程晉芳、歸安丁杰、虞姚邵晉涵數人而已。借館上書屬予為《四部考》，備書工十人，日鈔數十紙，盛夏燒鐙校治。會禁借官書，遂罷。先生於經史、百氏之言，覽括略盡，觀其大義，不讐章句。自謂文拙，不存稿，故歿後無傳焉。

論曰：北方學者，目不見書，又鮮師承，是以無成功。使先生講授借書園中，當有一二後起者。顧吞志以歿，惜哉！朋輩多習浮文、逐虛譽；先生刊落華藻，獨含內美，學思堅明，識解朗悟。汪汪千頃陂，豈潤溪沼沚之可徒涉乎？其於先輩，雅慕顧亭林、李榕村、閻潛邱、方望溪，於鄉人則稱張稷若，斯可以得其志趣矣。

周書昌別傳

賜進士出身候選國子監典籍會稽章學誠撰

余去京師四年，春明故人，日益以遠。今年邵晉涵與桐氏書來，言書昌病歸狼狽，殊可念。俄又書來，言書昌死矣。乾隆五十六年辛亥秋七月也。哀哉！余自己丑、庚寅間，京師聞書昌名，未得見。辛卯，始識與桐，欲訪書昌。時二君甫成進士，俱罷歸銓部，意不自得，先後出都門，余亦遊涉江湖，不遑安處。乙未入都，二君者方以宿望被薦，與休寧戴震等特徵修四庫書，授官翰林，一時學者稱榮遇。而戴以訓詁治經，紹明絕學，世士疑信者半；二君者皆以博洽貫通，為時推許。於是四方才略之士挾策來京師者，莫不斐然有天祿、石渠、句《墳》、抉《索》之思；而投卷於公卿間者，多易其詩賦舉子藝業，而為名物考訂與夫聲音文字之標，蓋駸駸乎移風俗矣。余因與桐往見書昌於「藉書」之園。「藉書園」者，書昌之志也。書昌故溫飽橐饘於書，積卷殆近十萬，不欲自私，故以「藉書」名園。「藉」者，借也。嘗以其意請余為《藉書目錄》之序。余序之曰：

書昌嘗患學之不明，由於書之不備；書之不備，由於聚之無方。故竭數十年博採旁搜之力，棄產營書，久而始萃。今編目所錄，自經部以下凡若干萬卷。而舊藏古槧繕鈔希覯之本，亦略具焉。然書昌之志，蓋欲構室而藏，託之名山；又欲強有力者為之贍其經費，立為法守，而使學者於以習其業，傳鈔者於以流通其書，故以「藉書」名園。又感於古人柱下藏書之義，以為釋、老反藉「藏」以永久其書，而儒家乃失其法，因著《儒藏》之說一十八篇，冠於書首，以為永久法式。嗚呼！書昌於斯可謂勤矣！夫古者官府守書，道寓於器，《詩》、《書》六藝，學者肄於掌故而已。及其禮失官廢，師儒授受，爰有專門名家，相與守先待後，補苴絕業。夫官不侵職，師不紊傳，其名專而易循，其道約而可守，是故書易求而學業亦易成也。自學問衰而流為記誦，著作衰而競於詞章。考徵猥瑣以炫博，剽掠文采以為工。其致力倍難於古人，觀書倍富於前哲，而人才愈下，學識亦愈以卑污。則專門之業失傳，古職之失守，而學者無所向方故也。間有好學深思之士，能自得師於古人，而典亡學絕之後，聞見局於隅墟，搜討窮於寡陋。不幸不見天地之純，古人之大體。而挾村書以守牗蒙者，遂得以暖姝菌蠢，學一先生之言，不復深維

矍然省曰：「商賈末也，力農本也，棄本逐末，我則疏矣。」則又傗田講求藝植，倩農師為之終畝，凡再遇豐年，而傗田所獲不足償其糞溉，則又矍然省曰：「農夫末耜，士之贅也。我不食業，而耕是謀，失吾本矣。」遂評輯制舉之文，鐫印萬本，以為諸生干祿者資。其文多組織經史，沉酣典籍，意在即舉業而反之通經服古，自謂「庶幾義為利矣」。然而應科舉者多迂之，印本不售，而刻印貲多券質，責逋計子母，即鬻萬本不足償。於是至大狼狽。凡書昌計治生，知其事者無不規諫，雖妻子亦力阻，而書昌自喜益深。黠者或從中暗規其利，書昌又坦懷無逆億。故以溫飽之家，購書餘蓄無幾，至三變計而益懘不支。然其讀書實深有得，而流俗視之，乃與言治生等。嗚呼！人固不易知，知人讀書之有所得，則更不易。自孔氏之門，顏、曾、游、夏不專一律；孟子王齊反手，身當七百名世，而井田、封建，一則曰「聞其略」，再則曰「此其大略」、「諸侯之禮則未之學」。荀卿深明禮、樂，詳於制數，雖推施不及孟子，而於入孝出悌，守先王之道以待後之學者，實無愧焉。人豈可一律哉？自有謂坐言起行，譏宋儒為無用者，於是經術淵閎之士，或於世事稍疏，即為儒者詬病，不知守先待後，責固不輕；而書昌勤學而不為名，心公而無私於利，粹然古之醇儒。不知者譏其所見之偏，即知之者亦徒震於學識之博，而於書昌之所自得者，則皆未有當也。書昌於學，其大者溯源《官禮》。嘗謂：「宋儒以後，學統授受、學案異同，言人人殊，皆逐末而遺本。夫學安得有統？《周官禮》，千古之學統也；學安得有案？《春秋》禮，千古之學案也。」又曰：「君子思不出位，『位』於古文同『立』，惟禮有定位，所以立不易方，『不知禮無以立也』。鄭、孔諸儒之於《禮經》，往往張之，或失其位。《周官》之禮遂失其傳，而人且無所措手足矣。」故於宮室、制度、登降儀節，講求甚悉。以為學而不明於此，皆面墻也。又曰：「學必求諸身心，蕺山劉子以後，遂無深造自得之學，其紛紛爭宗旨者，市於學也。」旁涉《佛藏》，博綜探索，自謂有得。嘗謂：「告子言『生之謂性』，人知其為佛氏所宗，不知彼謂『不得於言，勿求諸心』，乃是陰關儒行；彼謂『不得於心，勿求諸氣』，乃是陰關道流。」蓋其意以儒者存養省察為反求諸心，道家飛伏修煉為求助於氣也。聞者雖疑信不定，然其所見，卓然不可易也。始余遊京師，於書肆見偉丈夫，黝澤而髯，取肆書都目，瀏覽絕疾，似無所當意者。掉臂竟去，余微跡之，益都進士李文藻也。後見書昌髯偉絕類李君，因悉李君志奇好古亦似書昌。時李已出為廣東知縣，與書昌往復搜刻山東前輩遺書，不遺餘力。余恨未得交李

君也。同時聊城鄧汝功、德州梁鴻翥皆篤學嗜古，不為時名，推為山東士望。辛丑，李君卒廣西同知，以詩別書昌，意謂梁、鄧先後下世，以次及李，因擬書昌為魯靈光。今十年爾，而書昌又逝，悲夫！書昌諱永年，書昌其字，自號「林汲山人」。其先浙江餘姚人也，自高祖遷居歷城。祖母劉以節孝旌。考堂，國學生，善行聞於鄉里。母王，有淑德，閭黨稱之。書昌乾隆三十六年進士，特授翰林庶吉士，散館授編修，充文淵閣校理。乾隆四十四年貴州鄉試典試官。卒年六十有二。子震甲，乾隆四十五年舉人。余與書昌交，終始於與桐。居京師，嘗困躓少歡。過二君，輒忘患苦，能作竟日談晏。憶書昌方欲傚田治生，有老農為述田家樂事，娓娓入人。余聞之意移，亦欲共書昌效徹田遺意，獨與桐謂未可信。余詢其故，與桐曰：「農田之必有利，猶讀書之必有益也。農子聞大儒言讀書之功，而捨其耒耜以求占畢可乎？」余曰：「我輩歸老故山，得有田圃林泉之勝，三數知契，衡宇相望，弦誦之餘，因而課耕問蒔，朝夕過從。人在士農之間，不亦可乎？」與桐、書昌皆色然有慕，斯言猶在耳也，不知感慨繫之矣！與桐書言書昌且東歸，自知不起，屬與桐寄語，俾余為傳。余謂書昌不好名，傳不足以慰地下也。若其讀書有以自得，區區欲以己之所有公於斯人，則余與與桐所為心折者爾。

道光歷城縣志採訪冊周永年傳

周永年字書昌，號林汲山人。乾隆丙子科優貢，庚寅科順天鄉試舉人，辛卯科會試進士。癸巳，詔修《四庫全書》，授翰林院編修，兼四庫館纂修。己亥恩科貴州鄉試副考官。在京從學者甚夥：始則教以立品，謂「讀古人書，即當學古人行事；若徒取其詞藻，而棄其精華，則去為學之道遠矣」。次則教以兵、農、禮、樂之異同，刑法、賦稅之沿革，自兩漢以迄元、明，源流畢示。末乃及於制藝、聲律焉。每暇時，講論至深夜不倦，故從學之士，多立品端行者。所選《古文養蒙集》分為五類。先以求師、定志、立品為主，後及學問之要、讀書之法。所著有《儒藏說》、《歷城縣志》，並手定《制藝類編》、《文集》。子震甲，乾隆庚子順天舉人，歷任河南通許、尉氏、太康知縣，署信陽州知州，加知州銜。孫宗耀，現任四川崇慶州州同。住雙忠祠，現住東流水。其事績已入鵲華一約採訪冊。茲附錄。

清史稿周永年傳

周永年，字書昌，歷城人。博學貫通，為時推許。乾隆三十六年進士，與

晉涵同徵修四庫書，改翰林院庶吉士，授編修。四十四年，充貴州鄉試副考官。永年在書館好深沉之思，四部兵、農、天算、術數諸家，鉤稽精義，裒譏悉當，為同館所推重。見宋、元遺書湮沒者多見採於《永樂大典》中，於是抉摘編摩，自永新劉氏兄弟《公是》、《公非》集以下，凡得十餘家，皆前人所未見者，咸著於錄。又以為釋、道有藏，儒者獨無，乃開借書園，聚古今書籍十萬卷，供人閱覽傳鈔，以廣流傳。惜永年歿後，漸就散佚，則未定經久之法也。

清史列傳周永年傳

周永年，字書昌，山東歷城人。少嗜學，聚書五萬卷，築藉書園，祀漢經師伏生等，博洽貫通，為時推許。乾隆三十六年進士，特召徵修四庫書，改翰林院庶吉士，散館授編修，充文淵閣校理。四十四年，充貴州鄉試副考官。永年在書館，見宋、元遺書湮沒者多採入《永樂大典》中，於抉摘編摩，自新喻劉氏兄弟《公是》、《公非》集以下，凡得十餘家，皆前人所未見者，悉著於錄。生平與邵晉涵及江都程晉芳、歸安丁杰、曲阜桂馥交最契。嘗借館中書與馥為《四部考》，備書工十人，日夜鈔校。會禁借官書，乃止。其為學務觀大義，不讐章句。自謂文拙，不存稿，著有《先正讀書訣》一卷，卒年六十二。

肥城尹鴻寶書周徵君逸事

世言林汲先生有夙慧，方四五歲時過書肆，遽出荷囊中物購《莊子》。少長，於書無所不窺，而又篤嗜內典，無遠近物色梵莢貝葉，庋置所居小樓幾半焉。任抽一卷試之，朗朗口誦如素習。自謂：「吾於儒書未敢自信，至於釋氏之學，雖得道高僧，未肯讓也。」肄業灤源書院，時太倉沈敬亭為山長，著有《周易孔義集說》，徵君每於聽講後，薈萃注《易》家數十種羅列几上，逐一閱之既遍，起行庭中默會之。凡意中所許駁與所遵信者某說某義，輒娓娓向同人道，蓋不惟過目成誦，且若目下數行者。然凡同人看文字未及半，而君已終篇矣。初征入翰院，諸城劉文正掌院事，甚加愛護。忽一日對眾問曰：「孟子之平陸，平陸今在何處？」君據戰國而後秦漢魏晉六朝以及唐宋地名沿革，詳悉縷陳千餘言。文正笑曰：「是何言之拘也。昨日家信，吾某叔新置一小莊，俗名平陸。是何言之拘也。」河間紀曉嵐先生夙號淵博，時相會聚，徵君沖和謙抑，若無所長。曉嵐語儕輩曰：「亦獨人耳」既而邵二雲山人來，坐談甚久，曉嵐聽之不解，所謂乃心服。邵名晉涵，君同年被徵者也。

道光濟南府志周永年傳

周永年字書昌，號林汲山人，堂之子。有夙慧，少長，於書無所不窺。乾隆三十六年辛卯進士，罷歸銓部，意不自得，出都門。乙未，以宿望被薦，與邵晉涵、戴震徵修四庫書，授官翰林院編修。一時學者稱榮遇，四方才略之士挾策來京師者，莫不斐然有天祿石渠、勾墳抉索之思，而投卷於公卿間，多易其詩賦舉子藝業，為名物考訂與夫聲音文字之標，蓋駸駸乎移風俗矣。書昌故溫飽，積卷殆近十萬，不欲自私，以藉書名園。藉者，借也。四庫館開既，以夙望被徵，與同列者優游寢食其中。宋元遺書，歲久湮沒，畸篇膡簡，多見採於明所輯《永樂大典》。時議採綴，以還舊觀，而館臣多次擇其易為功者，遂謂搜取無遺。書昌固執以爭，謂其中仍多可錄，同列盡舉而委之。無間風雨寒暑，目盡九千巨冊，計卷一萬八千有餘。丹鉛標識，摘塊編摩，於是永新劉氏兄弟《公是》《公非》諸集以下又得十有餘家，皆前人所未見者，咸著於錄。好古之士謂其有功斯文。自是不復任載筆矣。庚子辛丑間，四庫全書將竣，而館閣被命特修之書，若《開國方略》《滿洲源流》《職官表》《河源考》之屬，指不勝屈，皆欲趣成，以入四庫著錄。撰述需人，翰林知名者，一人常兼數館。又借才外曹，若進士、舉貢、諸生未得官者，或藉以超資換階，紛然競赴功名之會，而書昌皆不得預，意泊如也。乾隆四十四年貴州鄉試典試官。卒年六十二。子震甲。

民國續修歷城縣志周永年傳

周永年字書昌，號林汲山人。父堂，先為餘姚人，後遷歷城，以貿易致饒裕，自奉甚儉約，獨供子力學，出資購書不少吝。永年有夙慧，少長，於書無所不窺。乾隆三十六年成進士，改歸銓部。四十年，以夙望被薦，與邵晉涵、戴震徵修四庫書，授翰林院編修。時宋元遺書，歲久湮沒，畸篇膡簡，多見採於明所輯《永樂大典》。時議採綴，以還舊觀，而館臣多次擇其易為功者，遂謂搜取無遺逸矣。永年固執以爭，謂其中多可錄。同列無如之何，則盡舉而委之。永年永年無間風雨寒暑，目盡九千巨冊，凡萬八千餘卷，丹鉛標識，摘抉編摩。於是永新劉氏兄弟《公是》《公非》諸集以下又得十餘家，皆前人所未見者，咸著於錄。好古之士謂其有功斯文。永年於學其大者溯源官禮，嘗謂：「宋儒以後，學統授受，學案異同，言人人殊，皆逐末而遺本。夫學安得有統，《周官禮》千古之學統也；學安得有案，《春官禮》千古之學案也。」

又曰：「君子思不出其位。位於古文同立。惟禮有定位，故立不易方。不知禮無以立也。鄭、孔諸儒之於禮經，往往張之，或失其位。《周官》之禮遂失其傳，而人且無所措手足矣。」故於宮室制度、登降儀節講求甚悉，以為學而不明於此，皆面牆也。又曰：「學必求諸身心。蕺山劉子以後，遂無深造自得之學。其紛紛爭宗旨者，市於學也。」旁涉佛藏，博綜探索，自謂有得。嘗謂：「告子言生之謂性，人知其為佛氏之所宗，不知彼謂不得於言無求諸心，乃是陰闢儒行；彼謂不得於心無求諸氣，乃是陰闢道流。蓋其意以儒者存養省察為反求諸心，道家飛伏修煉為求助於氣也。」聞者疑信參半，然其所見卓然不可易也。永年幼嗜聚書，儲藏近十萬卷。見收藏家易散，有感於曹倉及釋道藏，作《儒藏說約》，又不欲自私，名其居曰藉書園。性至孝，迎養母王氏於京師。永年已五十矣，猶依依為孺子慕。己亥，典貴州鄉試。卒。子震甲字東木，乾隆四十五年舉人，歷任河南通許、尉氏諸縣。蒞太康時，值荒旱，震甲下車後即申請疏濬洪溝，以工代賑，不果。又請平糶，亦不果。乃捐俸施濟，民賴以全活者甚眾。攝信陽州篆，捕治教匪殆盡。去之日，士民攀轅依戀，為立生祠。孫宗照號定齋，監生，世守經籍，博學工詩，著有《喜聞過齋詩草》。工書法，有《摹古法帖》十卷待梓。

附錄二：周永年在四庫館的歲月 [註1]

　　西學東漸以前的傳統中國，大概很少有打破公私之分，將書籍的全體進行複製，拿來與全民共享的觀念。這個問題，時至現在也還是人類肩頭一副並不輕鬆的擔子，它卻在清朝中葉的「乾隆盛世」被提前提出。它的提出者，是濟南人周永年。他要獨自挑起這副擔子，結果可想而知。

「老名宿」出山

　　乾隆三十八年（1773）的夏秋之間，剛剛開啟不久的四庫全書館，陸續迎來了幾位原先仕途不算得意的士大夫。周永年在其中還算是科名最高的，兩年前（乾隆三十六，1771）他已經得中進士，當時就已在京的文化圈小有名氣，被視為「老名宿」。比起這時候一同被召進北京的那位屢舉不第的學術鉅子戴震來，也算得上科場得意了。不過，正因為他中了進士，才愈發顯得仕途的不得意。大清帝國科名最高的進士，卻也一年多沒有官做。殿試後三日，進士朝考，周永年考得並不理想，只以知縣的名目歸班待闕，大概要麼給一個遠地的知縣，要麼就是無闕可放，點不得翰林，待在北京徒增尷尬，只好先回濟南老家「自謀職業」。

　　中進士後的第二年（乾隆三十七，1772）一開春，他就到東昌府（山東聊城）去修志書，知府胡德琳是他的「老父母」。三四年前，胡在歷城縣的任上，就聘請周永年主持纂修《歷城縣志》，後來這部書成了中國方志編纂歷史上的一部名作，當時即頗得好評。《歷城縣志》剛剛刻板完工，又來做《東昌府志》，駕輕就熟。

〔註 1〕本文原載杜澤遜主編《國學茶座》2015 年第 3 期，署名「新橋」。

不過，做幕僚、修志，只算為人打短工，此時仕途路蹇的周永年甚至想跑進山裏作隱士，學他的鄉前輩——清初大儒、濟陽張爾岐那樣，去研究《儀禮》。就在這個時候，因為四庫館缺人手，乾隆皇帝一道詔書，這才把周永年又從山東請了回來，開啟了近二十年的四庫館生涯。這一年，周永年四十四歲。

閏三月十一日，辦理四庫全書處奏請調取邵晉涵、周永年、餘集、戴震、楊昌霖等五人來京。當時舉薦周的，是以首席軍機大臣身份擔任四庫全書正總裁的劉統勳（1698～1773）。劉統勳既是一人之下萬人之上的宰輔，又是周的鄉前輩（他是諸城人），還是周永年中進士那一年的會試主考官。他的保舉自然湊效。

這件事在當時引起了轟動。被保舉的這五個人——邵晉涵、周永年、餘集、戴震、楊昌霖，要麼是如周永年這樣不得意的前進士，要麼是戴震這樣沒有進士頭銜的舉人，他們居然越過身份上的重重阻礙，被推到了帝國文化舞臺的最前沿，所以當時在京城，「五徵君」、「四布衣」之類稱號就流傳開來。詔書一經公布，隨著邸鈔傳遍全國。友人紛紛來信給周，表達推許、羨慕。浙江詩人高文照作《聞邵二雲進士晉涵周林汲進士永年戴東原孝廉震余秋室進士集徵修四庫全書卻寄》詩，有「曠典千秋遭聖世」之句。周永年的老朋友李文藻遠在廣東聽說此事，一方面贊許周永年名至實歸，另一方面也慨歎自己未能與此榮選。當時他寫了三首詩：

數行御札下彤墀，檢點巾箱北上時。幾輩同登麟趾殿？明年許到鳳凰池。

出山道為詩書重，拜爵名教婦孺知。我亦歸班前進士，甘迷簿領向南陲。

——周書昌被詔分校四庫全書特授館職

不奉巾慕十載餘，知音未報鬢毛疏。受衣去後翻多難，作吏前時已廢書。

丹藥甘輸餂鼎犬，銅章竟似上竿魚。同門袞袞多才彥，盡被提攜到石渠。

四庫全書管領新，揚雄劉向是前身。充庭縹帙方州貢，脫手丹鉛內府珍。

仗節頻為乘傳使，宣麻正用讀書人。何年問字承明直，一坐前

堂浩蕩春。

——上紀曉嵐先生二首

「同門袞袞多才彥，盡被提攜到石渠」，顯然是指周永年得推薦之力而得與修書之事。他簡直就是在埋怨自己的座師紀曉嵐不肯推薦自己了。於此可見周永年這批人被徵召在當時士大夫中產生的影響。

不止如此，這件事在清代學術文化史上也是一個亮點。因為四庫館最初的設想，是以翰林為編纂的主體。但是一來翰林人數有限——當時真正具體辦理卷帙浩繁的《永樂大典》，人手僅有三十來個；二來，更重要的，點了翰林的未必精於學術。既然皇帝要纂修成不世出的文化大典，以標榜自己的「文治」，那麼如果僅有翰林虛名而不通古學，修書不成樣子，自然「不敷用」。所以要破格選用高才。也正是這次徵召的事件，不但改變了幾位潦倒士人的後半生，四庫全書本身以及隨之而來的文化效應也將呈現不一樣的面貌。章學誠有一點觀察，那就是因為這次突然的徵召，京城士子中的學術氛圍為之一變：

> 於是四方才略之士挾策來京師者，莫不斐然有天祿石渠、句《墳》抉《索》之思。而投卷於公卿間者，多易其詩賦、舉子藝業，而為名物考訂與夫聲音文字之標，蓋駸駸乎移風俗矣。

修書

再度進京後，這年（1773）七月，周永年被準與晚自己一屆的壬辰科進士一體散館，特旨授翰林院庶吉士，充纂修官。去年底，曾經推許過周永年《歷城縣志》的安徽學政朱筠，借詔令搜訪天下遺書的機會，向皇帝建議輯校明修《永樂大典》。由《大典》的輯佚書活動，直接推動了四庫館的開啟，而《大典》於是也就成了四庫館最初時的主要工作對象。周永年等人進京，也是被任命來承擔此事。工作地點就在翰林院衙門。這裡是辦理四庫全書的主要場所，輯佚書、辦理各省所進書和宮廷藏書，都在這個衙門。這裡隨著四庫開館，人員愈多，館務愈發熱鬧。衙門裏有三間南屋——原心亭，周永年就在這裡校辦《永樂大典》。

「五徵君」、「四布衣」的名目，大概只是一時的熱鬧，真正進入工作的狀態後，也不會有什麼特權。反而正是因為特旨選調，所以要承擔更大的壓力、更多的工作，要對得起皇帝的「洪恩」、舉主的提攜。

館中的主要任務是辦理《永樂大典》的遺書，當時的《大典》有近萬冊，

從翰林院典籍庫的蛛網中搬出，卷帙浩瀚，頭緒紛繁。辦理章程規定，每個纂修官每天要看固定的冊數，按日子算工作量，每人每個月要看至少一百本，有專人對辦理人員進行考核。要求按照既定的書單，把亡佚的古書，統統抄出，重新編排成原樣。編完之後，還要校對。周永年做纂修官，負責輯佚，還要負責校對（兼分校官）──校對就不僅是自己手頭的書，還包括同事輯出的其他佚書。

這個差事並不容易，因為《大典》原是分韻編排，同一種書的內容，往往散見於各韻某字之下。搜集同一種書，步驟是在不同的地方拿籤條標識出佚文──謄錄出散片──黏連成初稿──纂修官校對補正，再謄出修改稿。而後這個稿子再層層呈遞，直到總裁校正完畢，才能謄錄成書。最初的工作往往最為繁難，今天抄出的一篇文字與昨天抄出的，對於原書來說大多不能連貫。這就需要綜合其內容，考察其他書的引用情況，按照一個比較穩妥的標準進行連綴成書，其中的情況非常複雜。有時甚至還會遇到《永樂大典》本身的錯誤，比如有的文字並非一篇，《大典》誤合；又有同一段文字割裂數處的。需要詳加考證，才能成書。

一方面是規定的期限、繁鉅的勞動，一方面又是卷帙浩繁、割裂散亂的故紙堆。這就使很多參與其中的纂修人員以「交差」為第一目的，能敷衍就敷衍。他們往往清理出一些部頭小、容易搜採連綴的佚書，應付了事。唯獨周永年不管這些，他一心要把沒有讀到過的宋元佚書找出來。

同事們敷衍說沒有那麼多佚書可以輯出，而周則諤諤爭辯，於是這個活兒就落到他頭上。乾隆四十一年（1776）前後，周永年寫信給老朋友桂馥，要他請其曲阜老鄉、也是一位熟知醫家源流的陳穎老先生，趕快出具一份散佚宋元古醫書的書單，交給友人孔繼涵寄來翰林院。因為當時館上有一位同事正在辦理這部分書，趁這個機會可以收穫更大。看起來這是給同事增加負擔，不過此事經周永年提起，恐怕多出的這部分，也是由他承擔起來。

他的辛苦，外人看得清楚，四庫總裁于敏中寫道：

　　　　昨閱程功冊散片一項，除山東周編修外，認真者極少。

局外人章學誠寫道：

　　　　書昌（周字書昌）無間風雨寒暑，目盡九千巨冊，計卷一萬八
　　千有餘。

有時因為上司催逼得緊，周永年又不肯敷衍交差，於是常常把館中藏書帶回

家，焚膏繼晷。當時，私自把館藏書帶回住處是不允許的，館上早有禁令。

這樣的情況下，有些書費盡周折，往往還不能夠完善。乾隆四十五年（1780），周永年已輯出了散佚已久的宋代大學者劉敞的《公是集》，按照體裁分為五十四卷，把《大典》中劉氏的詩文等都收入其中。當年秋天，退休在家的盧文弨到北京來參加皇帝的七十壽慶，周永年把此書拿給盧審閱，盧氏就為周指出了編排上的瑕疵。原來《公是集》的原本中，詩分為古詩與律詩兩集，文則有內、外、小三集之別，可是周的編排，卻沒有照顧到這些體例，尤其文的部分，打亂了原本的次序，混編在一起。不過，編排上的出入也許不是周個人所能決定的，但這終究是小事。《公是集》能夠重現世間，嘉惠學林，盧文弨也感到非常高興，在京停留時將此書抄了一本，帶回浙江。

經過周永年的努力，像王安石《周官新義》、杜預《春秋釋例》、梁元帝《金樓子》、劉敞《公是集》、汪藻《浮溪集》、蘇過《斜川集》等等，一大批湮沒散佚了的名流名著重獲新生。

這樣一幹就是八年。這期間，周四十五歲那年，《四庫簡明目錄》開始編纂；四十六歲上，晉級為翰林院編修。到了乾隆四十六年，周永年五十二歲了，當時各種「文化工程」——像《開國方略》、《滿洲源流》、《職官表》、《河源考》之類，數不勝數，紛紛上馬，周永年作為知名翰林，卻無緣參與其中。到了下一年年初，第一分《四庫全書》終於完成，也就是文淵閣四庫全書；二月初二，皇帝賜宴並賞賜館臣。緊接著的一年，《四庫全書總目》進呈。關於《總目》，後來清季李慈銘特別提到了周的貢獻，甚至認為：

> 經部屬之戴東原，史部屬之邵南江，子部屬之周書倉，皆各集所長。書倉於子，蓋集畢生之力……故是部綜錄獨富……彌為詳密。

李慈銘的話也許有些誇大。不過不難由此想見周的貢獻。

修書是周永年的工作，他熱愛他的工作。不過前代的典籍恐怕還不是他的精神歸依之所，他是個佛教徒。求學時代的青年周永年，已頗留心於佛教的書籍，「梵夾貝葉」已占到那時藏書的一半。「林汲山人」的別號，也是在山寺讀書時所取，友人寫他——「周郎跏趺坐，夜涼佛燈青」；他甚至很不知趣地寫信給自己就讀的書院山長，暢論「三教合一」的宗旨。這個主張，到老也沒變。

後來進了京，結交各種高級士大夫，瞭解佛學就成了周永年的一個標識。那位纂輯《金石萃編》的前輩學者王昶曾說，現在天下讀書人只有四個能「深

入佛乘」，其他不過是拾掇一二桑門語，聊作點綴。這四個人中，就有剛考中進士、年輩最小的周永年。大概因為這個佛學的愛好，入館修書，四庫全書裏有限的佛教古籍，也歸周來打理。史家陳援庵先生認為，幾部佛教書籍的提要撰寫得差失尚少，大抵就是周永年通曉佛典的緣故。

不過工作中與佛教的接觸，畢竟沒有多少，更多的情況則是把它當做信仰來奉持。紀曉嵐記下了他們之間的一則故事：乾隆年間帝國的軍隊打到了西域，見：

> 諸佛菩薩，骨塔具存，題記梵書，一一與經典相合⋯⋯所見不過如斯，種種莊嚴，似亦藻繪之詞矣。

他認為佛經上的金碧輝煌，與現實的殘破衰敗對不上號，那麼佛經的記載就值得懷疑。這可惹到了佛教徒周永年，他對自己的上司和師長紀曉嵐說：

> 有佛緣者，然後能見佛界；有仙骨者，然後能見仙境，未可以尋常耳目，斷其有無！

道不同不相為謀，紀也只好尷尬地進入下一話題。章學誠也有一個觀察，他說：

> 時京師士大夫講梵學者，有歷城周編修永年，最為淵奧，於叢林方丈講僧，鮮所許可。

士大夫間能談佛學者本來就少，他「最為淵奧」，恐怕也就是最為孤獨，難得知音。所以為求得精神上的慰藉，就跑去找和尚們談論，四庫館修書的後期，常常能看到周永年偕友人造訪僧寺的紀錄。

「三變計」

修書是工作，佛教是信仰，周永年對它們都在行，但經濟生活卻是另外一番情形。前文說周永年自己給自己增加了許多負擔，日夜辛勞地校辦《大典》。幹得多，錯可能也就多，因為攤子太大，個人的水平、精力顧不過來，校錯了字還要記過。當時校錯一個字就要被記過一次。周永年一年記過數十次也是常有的。再說，辦好了也不是自己的著作，有人說是費力不討好。章學誠對周永年的評價，叫做「明大而疏於細」，大道理講得、做得，具體的處世技巧就不行了，老吃虧。雖說他不在乎，但正是如此，才讓他在生活上越來越「囧」。

周家原是個富足的小康之家，祖上沒得過多高的功名，家裏常出武弁，沒有秀才。父親做了鹽商，他們家在當時的戶口叫「灶籍」，就住在濟南城西

門外東流水街的一幢小樓裏。父親發了財，常接濟戚里，對周永年更是著意培養。四五歲時候，周就跟書結了緣，跟著大人趕集買了部《莊子》。家裏的財力供著他念書、買書，二十來歲還沒中舉人時，小樓就攢了一半面積的書。

靠著家裏的財力，他才能在北京長住，在山東考了好幾次沒能中舉，到了北京，就以順天籍考過鄉試，又連捷成進士。至少在四庫開館以後，周永年已經將家從濟南搬到了北京宣南地區的一處宅院，妻子兒女也都接了來，藏書也運來。家裏肯定也雇了不少僕人，還從山東請來落拓不達的經生朋友梁鴻翥，做孩子們的老師，兼門客。

清代的翰林雖然是「榮選」，社會地位高，但實際的物質待遇並不算好，乾隆時候翰林官如果不能外放或轉官，年平均「工資」也就在一百兩銀子上下，與很多京官大員比起來，不啻有天壤之別。康熙時候有出戲叫「窮翰林開白口畫餅充饑」，可見翰林的清苦。而當時京城裏五口之家的溫飽，每年至少需要二三百兩銀子來維持。周永年雖說以翰林兼館辦差，收入卻也不會因為朝廷開館而翻番，何況還有大量雇人抄書、買書的花銷，還要養門客、供兒子讀書、給老母寄錢、打理濟南的產業、年節的交際應酬……這些費用加起來，如果僅靠翰林院那點薄俸，顯然是「白白坐在京裏，賠錢度日」。

坐吃山空，不是辦法。乾隆四十年（1775），周永年對剛剛認識不久的朋友章學誠說，翰林地位高而待遇低，只有在經濟生活上獲得自足的保證，才可能維持個人的尊嚴與人格，不至於曲學阿世，做違心的事。這個所謂「治生」的理念是宋代以來，尤其是明清士大夫曾嚴肅探討過的話題。當時大學者錢大昕就說過：「與其不治生產而乞不義之財，毋寧求田問舍而卻非禮之饋。」周永年的這個想法可謂是「明於大」。辦法就是賺外塊。他把在京的一部分房產賣掉，雇人給他從市場上大批量的買賣貨物。他做的是短線投資，運轉週期快，商機來也匆匆去也匆匆，能否盈利立見分曉。結果沒過多久，房產換來的貨賣不動，虧了一大筆錢。

沮喪之中，他對章學誠說，投資商業不靠譜，商賈是「末業」，農畝才是「本業」，穩賺。於是周永年又決定投資農產品，買田種糧食。這回章被他說動，完全支持他的想法，章學誠還說：

> 我輩歸老故山，得有田園林泉之勝，三數知契，衡宇相望，弦誦之餘，因而課耕問蒔，朝夕過從。人在士農之間，不亦可乎？

這首「田園詩」，畢竟還是「狂想曲」。沒有商業頭腦，吃虧的道理總是一樣。

到乾隆四十二年（1777）上，因為兩次大豐收，糧食價格大跌，賣糧食的收入還不夠支付糞肥的，這次農業的投資又讓他血本無歸。

屋漏偏逢連夜雨。這一年，正趕上先前進呈的一千多部書發還。因為四庫開館的時候，皇帝數度諭令在全國範圍內搜訪罕見書籍。周永年於是也像其他藏書家那樣，將數萬卷藏書中選出的精品進呈，其中三十餘部是四庫館沒有著錄的。現在發回來，恰好這批書被一位上司借走了，緊接著該員因罪被查辦，於是這批書就成了查抄對象，再也沒回到他的書齋。作為愛書人，這算是栽了個不小的跟頭。

這一年，「石交」戴震、門客梁鴻翥又去世了。

投資失敗、珍本藏書「一鍋端」、良友謝世，一連串的打擊，周永年有些扛不住了。此時他已經把家裏幾代人攢起來的財富「敗」得差不多了，本來如果只是圍繞書來花錢，還不至於這麼快。可是這兩次在商業上的冒險，大敗虧輸，周永年在半百之年，竟然要舉債度日了。有些朋友送錢給他。廣東詩人趙希璜一次送了五十兩銀子給他，並賦詩一首相贈：

> 髯翁貧病今猶昔，時欠長安賣藥錢。
> 堪笑石倉無粒米，亂書堆裏日高眠。

這時候他確實病了，出門訪友次數也少了，翁方綱有句詩：

> 東原已死書昌病，幾個同心可共談？

五十一歲上，外放典考，算是救了周永年一回。他做了鄉試副主考，前往貴州。那時候翰林外放典考，公私機會撈錢，不論「陽光工資」、「灰色收入」，總能大賺一筆。原先一年百八十兩銀子的俸料，轉眼間甚至可以翻幾番。這次看來周似乎真是緩過一口氣來，回程途中把老母接到北京贍養。翌年秋，兒子周震甲爭氣，得中順天鄉試舉人。

為了維持下去，周永年不得不開始賣書。那時候斯文鼎盛，各省大員刻書修書的不少。他們闊綽，捨得對文化投資。四川人李調元乾隆四十六年來直隸做道員，謀劃著一個大規模的刻書計劃，到處搜討秘本。周永年賣給他三十種抄本，每種合十兩。後來緩過來，後悔了，再去要，人家就不給了。

面對這種局面，周永年還不甘心，他要扭轉投資的失敗。他又對章學誠分析起來：對於讀書人來說，農業實際上也還不是「本業」，科舉才是。於是又決定編印八股文選本，賣給舉子們。他覺得，這才算是義利兩全的事。這回，沒人支持他了。他沒有經濟頭腦，靠大道理就要涉足商業，肯定不行。家

里人也都不答應，因為已是負債經營，只能成不能敗。等他把八股文編成書，朋友們都搖頭。那是因為他閉門造車，不關注考試風氣，覺得自己高中過，就按自己的標準選文，選的都是些「通經服古」的文章——就是「掉書袋」的，沒人看得懂，比如有戴震的一篇，滿是《周官》、《儀禮》，天文算法，曲曲彎彎靠考證講出一番大道理，哪個淺學的士子學得來？又有哪個肯去學？

事先不調查市場行情、客戶需要，乾隆四十九年（1784）刻印出的這個選本——《制藝類編》，印量又大。這下不但書沒賣出去，賠了工錢，搭上高額利息——那可全是借的錢，就是賣一萬本也還不上；他還被考科舉的士子們看了笑話，落了個迂腐的名聲。學術圈的同行們，也私下議論，說周某人不幹正事，熱衷於做買賣。

其實周震甲中舉人那年，這次大敗就已經兆形。兒子考試出場，把八股文默寫下來給周永年看，周指斥兒子違背了「先正」們作文章的規矩，覺得他肯定考不上。孰料榜揭，周震甲赫然在列。周永年的老腦筋，那時候在八股上都已經跟不上時代了，怎麼能不吃虧。

乾隆五十年（1785），經濟生活上輸得一塌糊塗的周永年，在北京再也待不下去了，春夏之間，他在四庫館上請了長假，攜老母家小一齊回了山東。那時之後，四庫館的活動基本完結，周永年也從此結束了在四庫館的生涯。

名山事業

周永年的失敗，是他個人經濟生活的失敗，同時又標誌著傳統士人一個「大公」理想的破滅。周進四庫館也好，經濟生活的屢僕屢起也罷，並不是真的為了過豪奢清貴的文人生活，他有一個可敬的理想，他的一生都在為這個理想奮鬥。他的這個「名山事業」，就是要為辛苦求學的天下寒士們，建立一套以書籍的大規模整理、存儲與共享為核心的、公共的教育系統。這就是後人津津樂道的「儒藏」之說。據周永年自己說，他提出這套說法，是受明末文士曹學佺的啟發。《明史·文苑傳》寫道：

> 曹學佺，字能始，侯官人……嘗謂二氏有藏，吾儒何獨無，欲修儒藏與鼎立。採擷四庫書，因類分輯，十有餘年，功未及竣，兩京繼覆……

周永年的想法也是如此。他的想法，早年就寫成了一篇長文——《儒藏說》，來建設理論。

他認為，古今典籍的收藏，無論官、私，大都不能避免散佚甚至毀滅的

厄運。所以他尋求一個能夠長久保存住典籍的辦法。這個辦法既不是論者所謂「近代型圖書館」，也不是某「感覺主義」史學大師認為的藏書於私人。官府藏書是靠不住的——前人所謂書有「五厄」、「十厄」之說，不都是官府藏書蕩盡的痛史麼？私人藏書，財力則不足以長久維持——君子之澤五世而斬。有鑑於此，就要打破官私界限，以民間自發組織為主體，來建設這麼一套藏書的系統，模擬佛、道兩教的藏書機制，把佛道以外的典籍大彙編——「儒藏」廣置副本，以民間的學宮、書院這些機構為基本建置，盡可能廣泛地進行收藏保管。這樣就不再因為朝代更迭、私門衰落而使典籍淪喪了。

曹學佺因為明清鼎革，沒有辦成，到了乾隆三十幾年的「盛世」，總有更好的條件了吧。於是，至少從不到四十歲（乾隆三十三年，1768）起，周永年就開始為此事奔波游說。三十九歲那年，他約桂馥去青州設立借書園，這個借書園就是他對其「儒藏」理想的初次實踐。四年後，又對好朋友李文藻宣傳，又有做地方官的朋友計劃幫他在泰山腳下和徂徠山麓實現理想。這些努力統統失敗了。

四庫開館後，突被徵召給周永年帶來了巨大的希望，他在給友人的信中提到自己的抱負，是「書卷之外，別有事在」——「欲舉古今事蹟、前賢議論與同志講切而推行之」。這也就是他明知道《永樂大典》輯佚繁難卻迎難而上的原因。《大典》遺書的重新面世，不但是自己的工作，同時也關係到「儒藏」本身內容的豐歉，所以不得不下大力氣搜討。李文藻詩稱：

> 同好周柱史，插架高難攀。
>
> 萬卷不滿意，持錄愁攢顏。

在京認識的名流學者，每有著作，周永年必擇其精華付刻，像惠棟《九經古義》、《易例》、《左傳補注》、江永《古韻標準》、《四聲切韻》、戴震《聲韻考》等考據學名著，都是周在館期間千方百計弄到稿本或抄本付刻的。乾隆五十四年（1789），六十歲的周永年扶病，把先前刻好的十二種書書版運至京城，掏錢印行。也許是十數年來的借貸營書對他造成抹不去的印象，叢書的名字取作「貸園」。這十二種，也僅僅是他所搜集的九牛一毛而已。

然而，同時代的人都不理解這種行為，即使周永年最親近的朋友，也覺得此事迂闊不可行。於是，周的「儒藏」又成為了私人藏書，隨著人生的終結、家族的沒落，捲入了聚散無常的私人藏書史。

我們不禁要問，為什麼這樣一種人人都認為可敬的「大公」理想，會以

這樣一種方式結束呢？略微看看周永年這種「大公」理念的社會背景，恰恰是「大公」，所以它只能是一個「理想」。「公」之於傳統中國，本來就是相當模糊的理念。公與私的分際，常常以個人的身份為衡量的標準。比如一個家族的「公產」，往往正是「私門」之物，可見中國式的公與私，並不截然分明。有學者就指出了四五個「公」的主要涵義，而其中原始與主流的涵義，也就是在政治社會意義上的，即政府、朝廷或政事。所謂「公言」、「公服」、「公車」、「公私兩便」……莫不如此。一言以蔽之，即天子之私事也。但說到超越一切私的「大公」如周永年所主張者，在傳統中國並不是沒有，而是常常在動機的層面作要求，而缺少行動上的規範與檢察。所以「公共」的領域，在傳統中國是微不足道的。

　　時至今日，即便公共圖書館遍地，不仍有「究竟是『圖書館』還是『藏書館』」這樣的疑問麼？這又如何不讓我們再回向二百年前，去憑弔這位提倡「大公」的古人呢？

後　記

　　2005 年，我與同學申斌子質兄一起申請了山東大學本科生的創新基金項目，經費是 2000 元。當時同學們不知道都在忙啥，好像只有我們倆申請這個。我邀請子質兄要一起幹點什麼，想到要找一個家鄉歷史人物來做研究，也不知道怎麼就找到了濟南人周永年。初步地摸索了一番，覺得可行，於是就定了這個目標。填表需要找一個指導老師，我們本來想跨院找文史哲研究院的杜澤遜老師作為指導老師，子質兄和他聯繫，結果杜老師正在出差中，當時急著要填表，就換了文史哲的另一位老師王承略教授。他給我們定了大概是「清代歷城大學者周永年研究」這麼個題目，意思沒人知道周永年，咱們自己得吹著點兒。當時我們都是大二的小孩兒，熱情高漲，整天盤算著怎麼進行、怎麼用經費。一開始好像只知道王紹曾先生有篇文章寫周，我們都很想見見老先生，好從他那裡得到一些他的文章裏面提到的資料線索。跟王老師說了這個想法，他帶著我們去南院拜訪了王先生，那是在 2005 年的 10 月 14 號，我記得很清楚。老爺子九十多了，木然坐在沙發裏，等一提到周永年，他有了精神，開始說一些話，他很熱情，本來都自己站不起來了，還要勉強站起來，王老師叉著他的兩個腋窩，等於把他老人家抱起來，為我們翻找早已過時的電話本。王先生一口江陰話，他兒子一口濟南話，給我們做翻譯，想來頗為滑稽。後來我們通過杜老師認識了沙嘉孫先生，他知道不少關於周永年的事情，給我們提供了不少線索。那時候我們在搜集資料方面大概已經比較成規模了，我倆成了山大圖書館古籍部的常客，往往下課就過去，看完一批線裝書雙手已經滿是黑灰。我發現了一個小竅門，那就是通過交遊去找周永年的資料，我們循著這個思路，真就找到了不少資料，拍照、抄寫，忙得不

亦樂乎。那時候電腦還沒普及，看書找資料只能靠圖書館。張熙惟老師當時正在給我們年級上歷史文選的課程，知道我們在弄這個，就很熱情地寫信把我們介紹給圖書館的蘇位智館長，這樣蘇館長才幫助我們兩個小本科生在古籍部看上書。我當時看書看出點門道之後，開始膨脹，手翻線狀書的時候一點兒都不愛惜，書葉嘩嘩作響。這就是一種顯擺，特別想引起別人的注意，我可是小小本科生，就有權利在這裡看線裝書，而且翻書特別快，這說明我看起來一點兒都不費勁。有一天周洪才老師批評了我，我才猛然醒悟，認識到了自己的錯誤。後來我有了電腦，相機拍的資料照片都能保存在電腦上。記得有一個陰天，我和子質兄從沙嘉孫先生家裏出來，在大院門口，子質兄提出要同去我家，看看我們共同搜集的資料，我堅決不同意，當時覺得家裏挺破的，不好意思。可是這樣一來，不正等於資料都被我霸佔了嗎？我可沒想到這一層。子質兄再也沒跟我再提過去看資料的事。我掌握這些東西，又看出找資料的小門道，這個研究自然就成了以我為主導。後來到了 2005 年年底的那個寒假，我把資料的信息記在了一張張的卡片上，又根據卡片把資料攏成了年譜。到 2006 年秋季學期開始保研的時候，我正好差一點夠得上，於是開始想辦法爭取這個名額。我又找子質兄商量，看這個年譜能否算我一個人的作品，好讓我能夠獲得保送的名額。子質兄並沒有激烈地反對。後來這事兒被學院副書記知道了，把我喊去告訴我，我在共同研究中是怎樣對待自己的夥伴的，一開始捂著資料不讓人家看，現在又想獨吞成果。我才猛省到，原來自己是如此的不堪。輔導員扈老師從旁說，這都十月份了，你現在還在想著保送，還不去抓緊準備考試。若干年之後，我知道了季羨林先生說過的話，壞人在作惡的時候，並不會認識到自己是惡人。這話代入我，確實合適。現在我明白了，那時候的希圖僥倖，才是做出種種錯事的根子。後來子質兄其實就退出了，我能感受得到我們心裏都有了芥蒂，多少的吧。再後來的事，就是我自己在周永年這個事上打轉，2008 年把章學誠寫的《周書昌別傳》做了箋注，杜老師給推薦到了臺灣的《書目季刊》發表。等上了博士，又把年譜投給武大歷史學院的學生刊物《珞珈史苑》，由呂博兄幫助發表。補正也是由呂博兄幫我聯繫另一年度的《珞珈史苑》。到現在這本小冊子要出版了，我覺得有必要把前前後後這十幾年的事交代出來，算是一個了結。

2022 年 1 月 31 日農曆辛丑除夕，尹承識於歷下新橋居